高速铁路基础研究与技术创新丛书

工程施工与组织系列

铁路工程技术接口创新管理

本丛书编委会　总主编
班新林　鲍学英　著
卢春房　主　审

中国铁道出版社有限公司

2024年·北　京

内 容 简 介

本书为“高速铁路基础研究与技术创新丛书”之分册。书中基于国家自然基金委重大专项项目的研究成果和作者长期相关研究积累，将管理思想和系统工程等理论融入铁路工程技术接口全生命周期各阶段，提出了铁路工程技术接口一体化管理体系，深化了技术接口管理理论，为技术接口管理体系的研究提供了新的思路和手段。为实现铁路工程技术接口全过程、全要素、全方位的标准化管理，本书深入研究了铁路工程技术接口规划、分析、设计、实施、验证、维护各阶段的具体任务，建立了铁路工程技术接口管理协同度评价模型，搭建了铁路工程技术接口信息化管理平台架构。

本书适合铁路工程建设单位、设计单位等从事铁路工程接口管理的科研人员以及铁道工程等专业的高校师生阅读。

图书在版编目(CIP)数据

铁路工程技术接口创新管理 / 班新林，鲍学英著. —北京：中国铁道出版社有限公司，2024.3

(高速铁路基础研究与技术创新丛书. 工程施工与组织系列)

ISBN 978-7-113-30702-8

Ⅰ.①铁… Ⅱ.①班… ②鲍… Ⅲ.①铁路工程-接口技术 Ⅳ.①U2

中国国家版本馆CIP数据核字(2023)第219603号

书　　名：铁路工程技术接口创新管理
作　　者：班新林　鲍学英

策　　划：时　博
责任编辑：时　博　　**编辑部电话**：(010)51873065　　**电子邮箱**：crph@163.com
封面设计：高博越　刘　莎　　**丛书标识设计**：崔丽芳
责任校对：苗　丹
责任印制：高春晓

出版发行：中国铁道出版社有限公司(100054，北京市西城区右安门西街8号)
网　　址：http://www.tdpress.com
印　　刷：天津嘉恒印务有限公司
版　　次：2024年3月第1版　2024年3月第1次印刷
开　　本：787 mm×1 092 mm 1/16　**印张**：11.5　**字数**：234千
书　　号：ISBN 978-7-113-30702-8
定　　价：80.00元

序

我国高速铁路起步晚、发展快、后劲足,经过几代人的不懈努力,通过原始创新、集成创新、引进消化吸收再创新,成功地走出了一条符合中国国情路情、具有中国特色的自主创新之路。我国已系统掌握各种复杂地质和气候条件下高速铁路建造成套技术;在工务工程、列车运行控制、牵引供电、动车组等高速铁路核心技术方面实现自主化;形成了复杂路网条件下处理跨线运行的运营管理成套技术,构建了人防、物防、技防三位一体的主动安全保障机制。我国已成为全球高速铁路运营里程最长、在建规模最大、运营速度最快、技术体系最全、运营和管理经验最丰富的国家。我国高速铁路技术已走在世界前列,成为推动世界高速铁路发展的重要力量。

为贯彻落实中共中央、国务院《交通强国建设纲要》,推进国铁集团《新时代交通强国铁路先行规划纲要》的落地,系统总结、梳理我国高速铁路各领域前沿理论和技术,向我国乃至世界高速铁路科研工作者和工程技术人员提供一套前沿性的参考书,中国国家铁路集团有限公司铁道出版社公司特组织编著出版"高速铁路基础研究与技术创新丛书"。

丛书以习近平新时代中国特色社会主义思想为指导,以国家自然科学基金课题、国家基金委-国铁集团高铁联合基金课题、国家"973"课题、国家重点研发计划课题等科研成果为支撑,从高速铁路前沿研究、补短板技术、核心技术、技术发展趋势等方向组织选题,涵盖动车组、供电、通信与信号、列控与检测、工程勘察与设计、智能建造、运营与管理、现代信息技术、安全和维护等领域,规模为100册,是全面系统论述我国高速铁路基础研究与技术创新成就的大型系列原创性科技著作。

丛书力求突出制高点、原创性、权威性、全覆盖特色。丛书各册内容以作者团队长期从事高速铁路科学研究的成果为依托,多数成果居于国内领先水平甚至世界先进水平,多种成果荣获国家科学技术奖一等奖、二等奖,国家技术发明奖一等奖、二等奖,茅以升科学技术奖,詹天佑铁道科学技术奖,铁道科技进步奖等奖项,丛书内容体现了我国当今最新、最前沿以及展现未来发展趋势的高速铁路相关研究成果和应用技术。丛书包括动车组、供电、工程施工与组织等十个系列，基本实现高速铁路各领域全覆盖。

丛书由编委会总负责。编委会阵容强大，认真负责。编委会各成员都是长期从事我国高速铁路科研、技术、生产和管理的一流专家学者，是所从事领域的翘楚，其中包括高速铁路及其相关领域的四位院士。编委会多次开会商讨丛书的体系、内容特色、作者条件及质量保障机制；分工负责，精心审订和修改各册编写提纲；多次遴选选题，先从150多个选题意向中遴选出100个选题，后又剔除了内容特色不太鲜明的8个选题，还对10多个选题提出了较大的改进意见，补充了8个关键技术和弥补技术空白的选题；最后邀请专人对各册内容进行审定，从而保证了各册内容的正确性和先进性。

2021年年底，国家新闻出版署经过严格评审，"高速铁路基础研究与技术创新丛书"(100册)成功入选"'十四五'时期国家重点出版物出版专项规划——重大出版工程"。这是对本丛书项目的认可，也是对编委会、作者和编辑等人员前期工作的认可，更是一种鞭策。我们相信，本丛书的出版，将助力于《交通强国建设纲要》的贯彻落实，推动我国乃至世界高速铁路事业的发展，也将为铁路领域的科研工作者、工程技术人员、管理人员，以及高校相关专业师生提供一套高水平、原创性、权威性、全覆盖的大型高铁科技精品著作。

中国工程院院士
"高速铁路基础研究与技术创新丛书"编委会主任 卢春房

2022年2月

前言

本书为“高速铁路基础研究与技术创新丛书”之分册。按照丛书要求，旨在深入探究铁路工程技术接口管理领域相关理论与方法，力求为读者提供全面而深刻的视角。

铁路作为国家的重要基础设施、国家的大动脉和大众化交通工具，在推动我国经济社会发展中发挥着特别重要的作用。技术接口普遍存在于铁路工程各系统间，是铁路工程管理的薄弱环节，若接口问题处理不当，轻者造成相互扯皮推诿，工程返工，影响工期和投资，重者造成整个系统运行不稳定，部分功能无法正常使用。传统的接口管理多为工程实践过程中接口问题的总结，理论研究深度不够，研究内容比较零散，没有形成系统性较强的铁路工程技术接口管理体系，难以对铁路工程技术接口管理提供一般性的理论和实践指导。因此，对于铁路工程建设项目中的技术接口，如何进行科学合理、高效有序地管理，如何确保不同专业良好衔接、不同建设阶段顺利交接、不同参与单位协调合作，如何保证铁路工程项目顺利开通运营，已成为目前迫切需要研究和解决的问题。

为实现铁路工程全过程、全要素、全方位的接口管理，本书构建铁路工程技术接口全生命周期双V模型，对铁路工程技术接口进行全生命周期管理；在此基础上，建立铁路工程技术接口管理协同度评价模型，定量评估技术接口管理效果；最后将信息技术用于铁路工程技术接口管理，搭建铁路工程技术接口信息化管理平台架构，提出铁路工程接口信息化管理流程。

本书在现有接口管理研究的基础上，将管理思想和系统工程等理论融入铁路工程技术接口全生命周期各阶段，提出了包括技术接口全生命周期管理和技术接口信息化管理的铁路工程技术接口一体化管理体系，深化了技术接口管理理论，内容丰富、重点突出，兼具理论性与实用性，形成了系统性较强的铁路工程技术接口管理体系，为技术接口管理体系的研究提供了新的思路和手段。

本书是在国家自然基金委重大专项项目的资助下，由中国铁道科学研究院集团有限公司班新林和兰州交通大学鲍学英著。在研究和撰写过程中，中国铁道科学研究院集团有限公司冯仲伟、蔡超勋、苏永华、郭辉、董亮、许见超、严乃杰、陈浩瑞和兰州交通大学霍雨雨、李亚娟、贺振霞、黄成峰、任银龙、左芯、文圆圆、赵金霞等人进行了书稿部分内容的撰写和书稿的校对，在此一并表示衷心的感谢！

由于作者水平有限，书中难免存在不足和疏漏之处，敬请广大读者批评指正。

作　者

2023年10月

目　录

第1章 铁路工程系统构成

铁路工程涉及路基、桥梁、隧道、站场、电力等多个子系统，各子系统之间相互联系、相互制约，关系错综复杂。为了全面准确识别铁路工程技术接口，本章从铁路工程系统整体出发，运用解释结构模型将铁路工程系统划分为站前工程系统、站后工程系统和其他工程系统，并利用工程系统分解结构法对铁路工程各子系统进行分解，了解各子系统的内部结构特征，构建各子系统间的关系分析图，为建立铁路工程技术接口清单奠定基础。

1.1 铁路工程系统分解

铁路工程涉及多个高新技术领域，系统间衔接复杂，整体性要求高，具有投资规模大、建设周期长、管理范围广、施工难度大、地理环境复杂等特点，是一项多专业协调、多方参与、多方位推进、多工种交叉作业的复杂系统工程[1]，涉及路基、轨道、桥梁、隧道、站场、电力、通信等多个子系统，各子系统之间相互交叉，相互作用，使得其在时间、空间、物理及功能上产生了许多相互衔接的技术接口，关系错综复杂。若不从整体上系统把握，将难以达到铁路工程建设目标[2]。因此，为实现铁路工程系统的最终目标，须从铁路工程系统整体出发，在遵循子系统相对独立、模块完整、结构层次合理等原则的基础上，将铁路工程系统进行分解，深入研究各子系统的技术方案和匹配关系，为各子系统接口关系的优化奠定基础。

为了保证系统划分模块完整，以便后续进行全面的接口管理，将铁路工程整体作为一个系统，在分析铁路工程系统整体运行要求以及国家战略、行业规范等对铁路工程总体需求和规定的基础上，从构成铁路工程系统不同专业的角度出发，运用解释结构模型（interpretative structural modeling method，ISM）将铁路工程系统划分为站前工程系统、站后工程系统和其他工程系统，如图 1-1 所示。其中站前工程系统是指在铁路工程铺设轨道之前开展活动的专业，即线路、轨道、路基、桥梁等专业；站后工程系统是在铁路工程铺设轨道之后开展活动的专业，即站房客服信息系统、四电、给排水等专业；其他工程系统则是由间接影响铁路工程建设运营的暖通、车辆等专业组成。

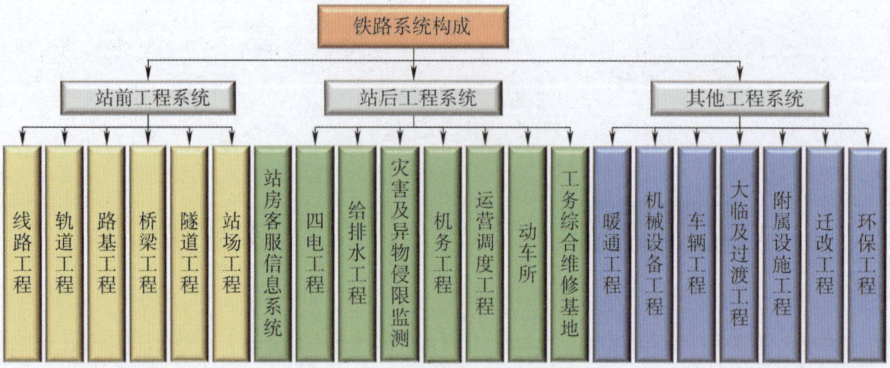

图 1-1 铁路工程系统构成

为了确保关系相近且内在联系紧密的要素被划分到一起，参考《铁路工程实体结构分解指南》(T/CRBIM 001—2014)，利用工程系统分解结构(engineering breakdown structure, EBS)，按专业对铁路工程各子系统进行系统划分，绘制各专业的分解图，现以桥梁工程和隧道工程为例。

1.1.1 桥梁工程

桥梁工程是铁路交通网络中的重要组成部分。我国西部地区地形复杂、地势险峻、沟壑纵横，随着我国西部建设的发展，西部地区铁路建设日益加快。当铁路线路跨越山区 U 形或 V 形深切峡谷地形时，由于地形条件的限制，常常会选择拱桥(图 1-2)。拱桥是山区铁路桥梁常用的桥型之一，具有经济性和耐久性能好，抗震、抗风、承载能力强等优势。

图 1-2 铁路桥梁实景

1. 桥梁工程的组成(以拱桥为例)

拱桥作为横跨深窄峡谷的大型构筑物，其施工环境复杂，具有高空作业多、作业面少、施工组织协作复杂等特点，主要由上部结构、下部结构以及附加部件组成。

(1)上部结构

桥梁的上部结构包括拱圈、桥面系和吊杆三大部分。拱圈是指拱桥上部结构中两端支承在墩台上、呈曲线形向上拱起的主要承重结构,承受桥上的作用荷载,并把荷载传递给桥墩、桥台。按所用材料,分圬工(砖、石或素混凝土)拱圈、钢筋混凝土拱圈和钢拱圈等。桥面系指的是桥梁附属设施中直接承受车辆、人群等荷载并将其传递至主要承重构件的桥面构造系统,包括桥面铺装、桥面板、遮板、人行道等。吊杆是把桥面系的恒载与活载传递到拱肋的关键受力构件,分为刚性、半刚性和柔性三种构造。刚性吊杆一般采用预应力混凝土矩形截面;半刚性吊杆采用高强碳素钢丝、精轧螺纹钢筋和高强低松弛钢绞线的钢管混凝土圆形截面;柔性吊杆采用高强钢丝束组成,其外通常采用热挤高密度聚乙烯工艺形成的 PE 护套作为防护措施,两端用墩头锚具。

(2)下部结构

桥梁的下部结构由桥墩、桥台及基础组成,用以支承桥跨结构。桥墩位于桥梁的中间部位,支承相邻两跨上部结构的建筑物,其作用是将上部结构传来的荷载,有效可靠地传给基础。

桥台位于桥梁两端,是支承桥梁上部结构并和路堤相衔接的建筑物。桥台的作用除了将桥梁上部结构的荷载传递到基础外,还具有抵挡台后的填土压力、稳定桥头路基、使桥头线路和桥上线路可靠而平稳连接的作用。桥台由台帽、台身和基础组成,一般是石砌或素混凝土结构,根据桥址具体条件可分为不同的构造形式,主要有重力式桥台、轻型桥台、框架式桥台、组合式桥台、承拉桥台等。

基础是将桥墩、桥台所承受的各种荷载传递到地基上的结构物,是确保桥梁安全使用的关键部位,可分为扩大基础(明挖浅基础)、桩基础、沉井基础、地下连续墙基础和组合式基础等不同的结构形式。

(3)附加部件

如隔水杆、栏杆、雕刻装饰物件、灯光照明、综合接地部件等。

2. 桥梁工程的特点

(1)桥梁长度占线路总长度比重较大

铁路工程由于采用全封闭行车模式,线路平纵面参数限制严格、轨道平顺性要求高,导致桥梁长度所占线路总长度的比重显著增大,使其成为铁路土建工程的主要组成部分。

(2)长桥多

在人口稠密地区和地质不良地段,为了跨越既有交通路网、节省农田、避免高大路基不均匀沉降,铁路工程往往以高架桥通过。高架桥通常墩身不高,跨度较小,但桥梁很长,往往伸展达十余千米。

(3)梁体刚度大

梁体有足够大的竖向刚度、横向刚度和抗扭刚度,可以限制温差和混凝土徐变产生的上拱变形,以保证线路的高平顺性,避免不良的车、桥动力响应。

(4)墩台纵向刚度大

桥梁墩台有足够大的纵向刚度,以限制桥上无缝线路轨道的附加应力和制动时梁轨的相对位移,从而保证线路的稳定。对于墩型的选用,需结合桥下流水情况以及全桥墩高分布情况,遵循墩型统一、相邻桥墩刚度相近、施工方便的原则,综合选用矩形与圆端形桥墩、实体与空心桥墩、带顶帽托盘与不带顶帽托盘桥墩的优化组合。

(5)多采用无砟轨道

由于无砟轨道弹性均匀状态稳定、大大减少了线路维修的工作量,近年来得到广泛应用。桥梁采用无砟轨道能显著减少二期恒载(使桥梁上恒载减少 40%)、提高结构自振频率、改善车桥动力响应。

3. 桥梁工程分解

以拱桥为例,如图 1-3 所示。

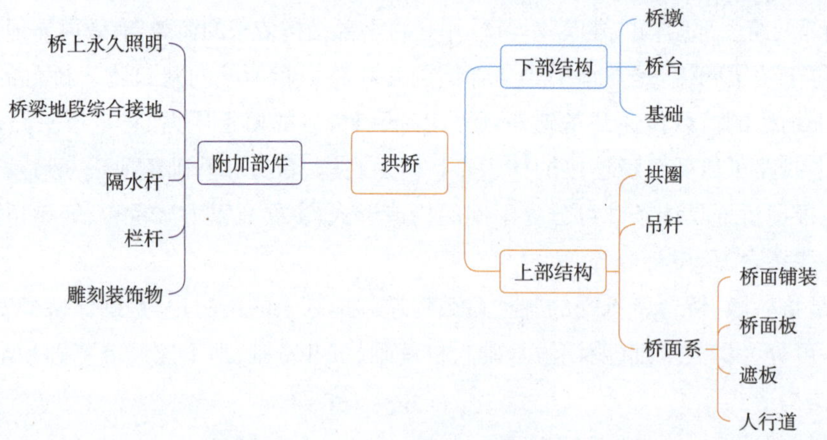

图 1-3 拱桥分解图

1.1.2 隧道工程

隧道是铁路线路用来克服山岭高程障碍或渡江过海而修建的地下、山洞、水下的工程建筑物,如图 1-4 所示。隧道工程通常所处施工区域环境恶劣、水文等地质条件复杂,具有作业难度大、施工工序多、实施工程量大等特点,根据其所在位置可分为山岭隧道、水下隧道和城市隧道三大类。

1. 隧道工程的组成

隧道工程可分为主体建筑物和附属建筑物。主体建筑物是为了保持隧道稳定,确保隧道正常使用而修建的,由洞身支护结构及洞门组成,通常在铁路线上洞口附近容易坍塌或有落石危险处,加筑明洞;附属建筑物是为了保证隧道正常使用所需的各种辅助设施,包括避车洞、消防疏散通道、机械通风设施等。

图 1-4 隧道工程实景

(1)洞身及其衬砌

洞身是隧道结构的主体部分,是列车通行的通道,其长度由两端洞门的位置来决定,净空应符合国家规定的铁路隧道建筑限界的要求。隧道衬砌是承受周围地层压力、阻止周围地层变形、维持地层稳定、提供列车运行所需空间,用于支撑隧道结构和保证通行安全的结构体系,主要由拱圈、边墙、仰拱和底板等部分构成。铁路隧道衬砌按建造材料可分为砖隧道衬砌、料石隧道衬砌、混凝土隧道衬砌等;按隧道埋深可分为深埋隧道衬砌、浅埋隧道衬砌;按隧道围岩性质可分为石质隧道衬砌、土质隧道衬砌;按衬砌结构可分为直边墙式隧道衬砌、曲边墙式隧道衬砌、曲边墙加仰拱隧道衬砌等;按隧道内列车股道数可分为单线隧道衬砌、双线隧道衬砌、多线隧道衬砌;按建造方法可分为拼装式隧道衬砌、混凝土就地灌筑隧道衬砌、喷锚支护隧道衬砌等。

(2)洞门

洞门位于隧道出入口处,是为了保护洞口土体和边坡稳定,引离地表水流,使车辆不受崩塌、落石等威胁,确保行车安全的支挡结构物,通常由坡面稳定构造物、坡面截排水系统、碎落阻挡构件组成。由于隧道洞口所处的地形、地质条件不同,洞门形式主要有翼墙式洞门、柱式洞门、环保型洞门等。

(3)明洞

隧道明洞是用明挖法(即露天开挖)修筑的一种遮护线路的构筑物,筑成后在顶部及侧面填土石,外形大部分和隧道无异,有拱圈,边墙和底板,净空与隧道相同,在地表相连处也设有洞门、排水设施等,常用于地质不良路段或埋深较浅的隧道。明洞的结构类型,根据地形、地质、回填土状况而定,通常由顶部结构和边墙组成,当底部地层可能挤入洞内时,须设置仰拱。明洞主要分为拱式明洞和棚式明洞两大类。

(4)附属建筑物

隧道附属建筑物是指为工作人员、行人及运料小车避让列车而修建的避人洞和避车洞;

为防止和排除隧道漏水或结冰而设置的排水沟和盲沟;为机车排出有害气体设置的通风设备以及电气化铁道的接触网、通信信号、电缆槽等。

2. 隧道工程的特点

(1)作业空间有限、工作面少、工期长

铁路隧道是一个狭长的建筑物,正常情况下只有进、出口两个工作面,相对于桥梁、线路工程来说,隧道施工工作面狭小、各施工工序相互干扰大,工期较长。为此,需要通过合理布置洞内设备、管线线路,附加开挖竖井、斜井、横洞等辅助工程来增加工作面,加快隧道施工进度。

(2)施工环境恶劣、风险性大

隧道工程大多位于偏远的深山峡谷中,通常需要穿越山区、高原、丘陵等地形,地质情况复杂多样,包括岩石、土壤、软弱地层等。在具体的施工中会受到不良地质、水文等条件的影响,使得施工过程极易出现坍塌、地下水突涌等安全事故,加大了施工的技术难度。因此,在施工过程中,常常需要结合工程区域内的实际情况做好相应的技术选择,进行详尽的地质勘察和土壤力学测试,实现对各种不良地质的控制。

(3)隐蔽性大、施工不受气候影响

隧道是埋设于地下的大型隐蔽工程,一旦建成就难以更改,在施工过程中要切实严把质量关,确保每一道工序都严格按有关规定进行。隧道施工在洞内进行,受昼夜更替、季节变换、气候变化等外界气候条件影响较小,可以长年稳定地安排施工。

3. 隧道工程分解

隧道工程分解如图 1-5 所示。

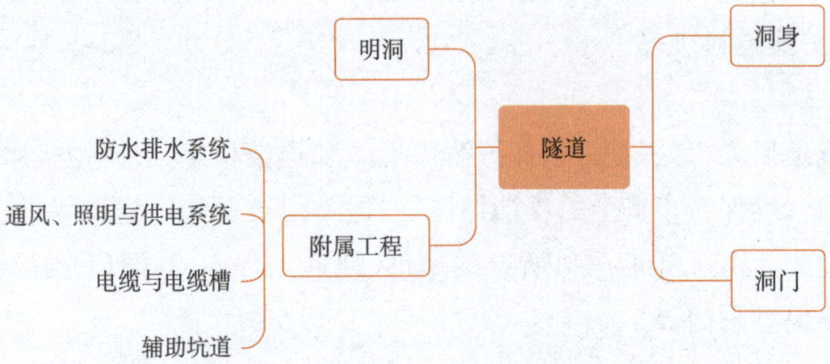

图 1-5 隧道工程分解图

1.2 铁路工程子系统间关系分析

铁路工程是一项多专业协调衔接、多工种交叉作业、多方参与配合的复杂系统工程,涉及多学科、多门类,综合性强。各子系统在时间、空间、物理、功能上相互影响、相互作用、相互制约，形成了一个十分复杂的工程系统，需要通过密切配合、协同运作确保铁路交通的安全性、高效性和可靠性。基于前文各子系统的分解，绘制各子系统间的关系分析图，现以桥梁与路基、隧道、四电工程间关系为例，如图 1-6 所示。

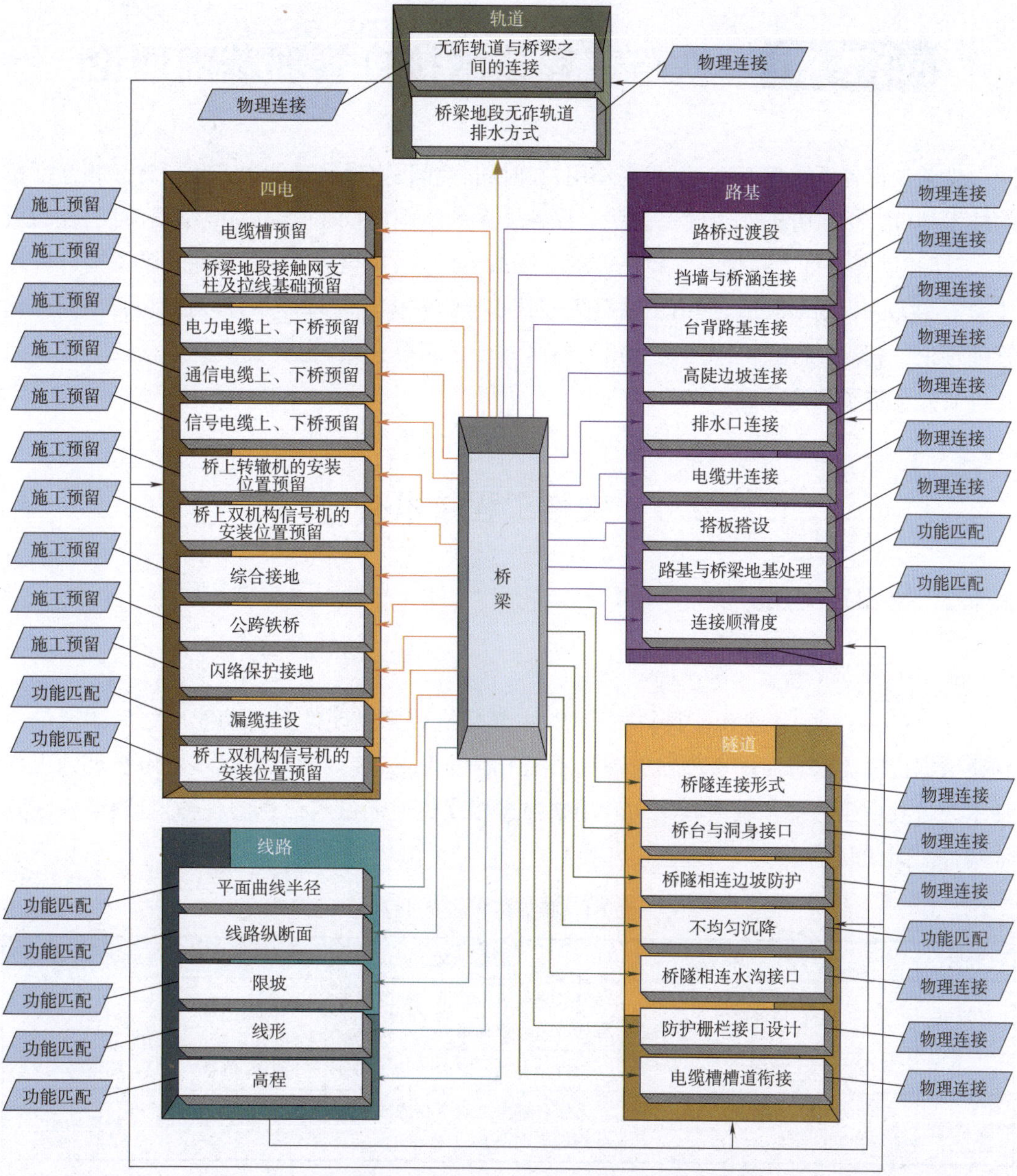

图 1-6　桥梁与路基、隧道、四电工程间关系分析图

第 2 章　铁路工程技术接口管理基础理论

铁路工程各系统相互交叉、相互作用，在时间、空间、物理及功能上产生了许多相互衔接的技术接口。接口管理作为确保铁路工程各子系统之间协同工作的关键过程，对工程的质量、工期和投资有重大影响。本章在详细介绍接口定义、接口分类、接口特征以及接口管理概念等相关内容的基础上，提出了铁路工程技术接口一体化管理体系，并对其包含的标准化管理理论、一般系统论、协同理论等相关理论进行了简要介绍，为后文铁路工程技术接口的管理研究奠定了理论基础。

2.1　铁路工程技术接口

2.1.1　接口定义及分类

1. 接口定义

接口(Interface)概念源于计算机领域，主要是指计算机硬件系统功能层之间的通信规则及数据传输需求。后随着项目管理和系统工程的发展，接口的范围逐步引申扩展到工程技术领域及项目管理领域中(表 2-1)，用来描述相互传递能量与信息的各种仪器、设备或其他组件之间的联系。

表 2-1　接口概念演变过程

领域	对　象	定　义	传递内容	功　能
计算机	硬件、软件、通信协议	系统之间进行数据交换的标准程序或协议数据格式	数据、信息	信息功能
工程技术	仪器、设备、部件	组件结合在一起时的结合部分	能源、信息	物理功能
接口管理	组织、部门、功能或计划工序、流程之间的关系	系统各部分之间存在的或人为分割的界面关系	信息、物资、财务	管理功能

在工程中，接口概念常与界面概念混为一体，但两者存在一定程度的区别，一般来说，接口是指两个或多个系统相互交接并彼此作用的部分[3]，而界面是指两个或多个物体彼此接触的地方。接口除了表示接口的状态外，还表示系统之间相互影响、相互作用的状态，因此在工程领域中，将接口定义为项目系统之间、系统各部门之间或者项目实施的各流程、各专

业之间存在的连接部位物质、信息、能量的交互作用状况。

2. 接口分类

铁路工程接口有多种形式，不同文献会依据不同的划分标准，将接口划分为不同的种类，本书依据参考文献[4]，对其进行分类归纳，见表2-2。通过文献的分析总结，可将接口按照性质划分为技术接口和管理接口两大类，技术接口的含义是满足系统以及专业之间的整体功能，包括物理接口、功能接口以及信息传递；管理接口更多涉及工程各组织方及参与方之间的活动，包括组织接口和合同接口。铁路工程建设过程中存在大量工程实体间的衔接、施工工序间的交接、参建单位间的协调配合等工程关系，根据接口的定义，铁路工程中这些需要协调配合的部分称为铁路工程接口。只有确保铁路工程实体各个专业间无缝衔接，各个施工工序间顺利交接，各个参建单位间相互配合良好协调，做好各项接口的预留工作以及各种类型的接口管理工作，才能满足铁路工程的建设需要，完成建设目标。

表 2-2 接口分类

依 据	接口类型	具体描述
性质	物理接口	两个或者多个系统或部件处于连接状态，又称为连接接口、实体接口等
	合同接口	通过合同约束，对双方进行任务分配，避免责任之间的重叠
	功能接口	通过功能匹配，使其满足系统之间的运行功能
	组织接口	各参与方之间责任界面的划分、责权分配
	管理接口	项目参与各方的管理过程、上下层级关系相互制约等
	技术接口	为了完成系统设计功能，系统都遵循着相同的技术规则、要求、条件等
范围	内部接口	专业内部结构之间产生的接口
	外部接口	不同的专业或系统之间相互作用产生的接口

技术接口是其他接口以及解决其他各类接口问题的基础[5-6]。技术接口决定铁路工程的质量，若对技术接口处理不当，则会影响铁路工程施工进度。因此本研究以技术接口为研究对象，考虑铁路工程沿线环境特点、工程结构特征，基于铁路工程结构的需求，将技术接口定义为：为实现铁路工程各系统之间的特定功能，不同子系统、结构、组织在时间和空间上的工作界面搭接关系及协调配合关系，如图2-1所示。从宏观管理层面角度[7]，接口反映的是铁路工程各阶段间的工作界面、接口任务及接口管理的合理划分以及接口参与方之间的协调配合等；从微观技术层面角度，接口指的是不同子系统或不同专业在不同阶段、不同时间等的信息和资源的交换过程。

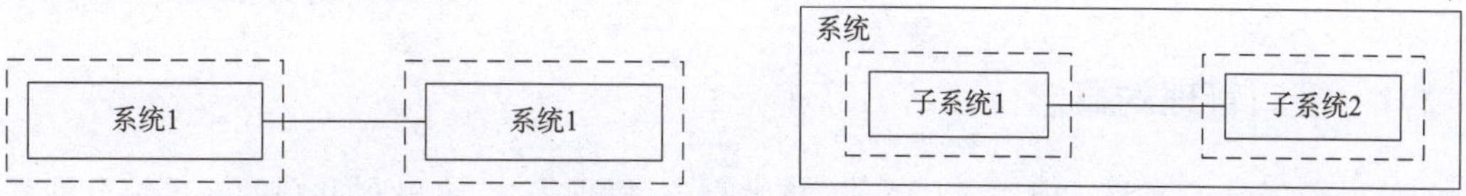

(a)两个不同系统之间 (b)同一系统不同子系统之间

图 2-1 技术接口示意图

2.1.2 铁路工程技术接口特征

铁路工程各专业相互交叉，在时间、空间、物理及功能上产生了许多相互衔接的技术接口。沿线恶劣的自然环境和复杂的管理环境，导致技术接口通常呈现出不同的特点及属性，其具体特征如下：

1. 客观性

铁路工程建设项目存在多个不同的子系统，为了保证铁路工程建设顺利进行，不同子系统之间必须保持紧密协调与配合，各系统或各专业之间搭接，导致技术接口出现，使得技术接口是有形、客观存在的。

2. 复杂性

技术接口是一项复杂动态的系统工程，其复杂性体现在技术接口任务及技术接口实施过程的不确定性上。技术接口本身存在的复杂性体现为连接部位由于能量、空间、信息上的相互依赖关系形成的结构；技术接口活动的复杂性体现为并行活动之间的重叠和迭代关系；技术接口实施不确定的复杂性体现为技术接口实施过程中由于管理和环境而构成关系的复杂网络。

3. 阶段性

在铁路工程建设过程中，不同阶段会出现不同的接口，同一接口在不同发展阶段也会表现出不同的特征和问题。随着工程的不断推进，技术接口的需求会不断细化、深化和具体化，接口任务也会按照进度计划的逻辑关系一步步完成，具有明显的阶段性特征。

4. 不稳定性

在铁路工程建设过程中，尽管设计阶段就会考虑接口预留问题，但由于缺乏系统性的接口管理体系，早期的接口管理方法落后，使得技术接口施工过程中面临突发的恶劣天气、艰险的自然环境等一些不确定性因素时，接口实施不稳定，会出现接口所需材料性能不符、接口技术参数出现偏差、接口工艺工法选择不当等问题，相应的接口技术及管理方案也会发生变化。因此，接口具有动态性。

2.2 铁路工程技术接口管理

2.2.1 接口管理的概念

接口管理是一项兼具现实应用需求、技术需求、管理需求、多学科并存的一项综合性强、专业要求高的研究，目前对于接口管理没有统一的定义。Nooteboom[8]将接口管理定义为：对相互依存的项目方、阶段或实体之间的沟通、责任和协调进行管理的过程。Shokri 等[9]

将两个或多个接口之间的通信、关系和可交付成果的管理定义为接口管理。在《投资建设项目组织》中将接口管理定义为：按照系统论的思想，对建设项目管理过程中各子系统的接口进行识别、规划和控制，保证各子系统之间的物资、能量、信息通畅流动，协调并处理好系统与外部环境的关系，使得各子系统之间界面契合，确保整个建设项目的管理系统始终处于有效平稳状态[10]。

铁路工程规模庞大、接口数量多、涉及面广，接口管理作为铁路项目管理中的一项非常重要的部分，对工程的质量、工期和投资有重大影响。因此，在铁路工程中，接口管理是指为了铁路工程建设的顺利进行，对管理过程中各子系统之间的接口进行分析识别，采用一定的方法和工具进行控制，并在各参与者之间建立协作和沟通方式，通过各参与方的积极协调配合，保证各子系统之间信息流、质量流、价值流畅通流动，有效整合和调配资源，从接口全生命周期的早期阶段控制接口问题，减少项目不确定性并降低项目风险，有效实现资源效用最大化[11]。

2.2.2 铁路工程技术接口管理不足

1. 接口管理体系不完善

目前对接口的研究侧重于接口管理的原则、方法及手段等方面，研究内容多为纪实性研究，对接口的处理措施和接口问题的总结较为重视，较多强调接口管理的意义，但在理论研究方面深度不够，系统性和全面深入的研究成果较少，没有形成系统性较强的铁路工程技术接口管理体系及实施体系，难以对铁路工程接口管理提供一般性的理论和实践指导。同时，现有铁路工程接口管理手段较为落后，大多通过接口查询手册、召开协调会等方式进行信息交换，沟通效率低下，难以及时对接口问题进行实时跟踪并处理。

2. 接口数据整合困难

铁路工程包含多个子系统，各子系统间接口数量多、关系复杂，多源异构数据种类繁多，按照时间维度可将数据资源划分为：静态数据、动态数据和公共基础数据等。各个系统之间会采用不同的数据格式、数据结构和数据定义，使得整合数据变得复杂。各参与方也会采用各自熟练和惯用的信息系统、管理模式和方法对接口进行信息管理，导致接口的表述形式和质量都存在较大差异，给接口管理带来极大挑战。因此在信息提取和数据整合过程中，需要考虑数据存储和查询性能，采用合适的数据处理和分析技术（分布式计算和存储系统等），并遵守相关的数据安全和隐私政策，确保对数据的访问和处理符合权限控制要求。

3. 信息沟通方式存在缺陷

铁路工程面临复杂的建设环境和庞大的建设体量，工程建设参与方众多，专业交叉、业务繁多，导致铁路建设过程中存在大量的接口，接口产生的信息量随着建设过程的推进和新参与方的加入呈级数增长。一些组织或个人在接口管理过程中存在着相互隐瞒信息的行法,并主要依赖于传统的沟通方式,如传真、纸质邮件或面对面会议等,导致沟通效率低下、信息传递延迟,信息无法在组织内部或个人之间流畅共享和获取,容易产生信息孤岛问题,影响铁路工程项目在实施过程中协同工作的效率和项目决策的质量。

2.2.3 铁路工程技术接口管理的意义

接口问题贯穿于铁路工程项目建设各个阶段,需通过高效地接口管理,使各建设阶段、各参与方、各专业等能够紧密衔接、协调合作,避免铁路工程项目实施过程中产生纠纷、冲突以及工作上的重复,有利于提高铁路工程项目管理效率,实现项目管理目标。因此,接口管理作为铁路工程建设管理中的重要组成部分,具有极其重要的意义,主要体现在以下几个方面:

1. 统筹规划,明确各参与方职责和分工

接口管理目标与项目总体目标具有一致性,通过项目前期对接口的重视,会对项目管理起到统筹规划作用,有效提高各参与方的沟通协作能力,明确接口不同参与方的责任和义务,规范工作流程,实现科学管理,从而保证铁路工程项目的顺利实施。

2. 保证工程项目工期

铁路工程技术接口生命周期长、内容多、涉及面广、技术复杂,多专业相互交叉作业,不同工序在时间、空间等方面出现冲突,造成工期拖延、质量下降、成本提高,显著降低项目的整体绩效。通过接口管理,可以提前明确各参与方接口工作任务,形成铁路工程项目实施网络计划,基于各方沟通与协调,及时处理各种冲突问题,从而保证各项工序顺利进行。

3. 提高接口管理效率,控制工程质量

接口管理可以在明确接口管理目标及各参与方责任与义务的同时,对接口进行统筹管理,减少阶段间、参与方间的信息偏差,通过制定接口管理相关流程,改善管理组织结构松散的问题,使得组织结构精简化,实现人员协调、流程协同、信息共享,进一步规范铁路工程接口建设过程,保证铁路工程各专业在各阶段密切协调配合,提高接口管理效率,及时处理并反馈出现的接口问题,为铁路工程质量提供保证。

2.3 铁路工程技术接口一体化管理

2.3.1 铁路工程技术接口一体化管理体系

为实现铁路工程全过程、全要素、全方位的接口管理,本书在接口管理的基础上,提出了铁路工程技术接口一体化管理体系。技术接口一体化管理体系源于“一体化”和“一体化体

系”两个概念，“一体化”是将两个或两个以上相互区别且独立的事项，采取适当方法或措施，将其有机地融合为一个整体，达到高效、协同、统一的目的；而“一体化体系”是指整个项目在实施计划、一整套执行程序下运行，在其统一协调下，各系统相互协同、相互关联、相互作用，以保证项目整体运行。铁路工程技术接口一体化管理体系是将管理思想和系统工程理论融入接口全生命周期各阶段，并运用信息化手段对接口全生命周期进行统筹管理，实现接口管理的高效化和规范化，主要包括接口全生命周期管理和接口信息化管理两个模块，具体思路如图 2-2 所示。在接口全生命周期管理模块中，首先对铁路工程系统进行细化分解，分析识别出铁路工程技术接口；然后依据接口设计说明和分工界面明确接口内容、工作要求以及各参与方的职责，并基于接口设计整体文件指导接口实施；最后通过对接口实施情况的验证，检验接口技术方案的实施效果，并进行反馈和优化。在接口信息化管理模块中，以全生命周期管理为基础建立信息化管理平台，对接口进行集成化、标准化、精细化地实时动态管理，提高铁路工程建设的效益与效率。

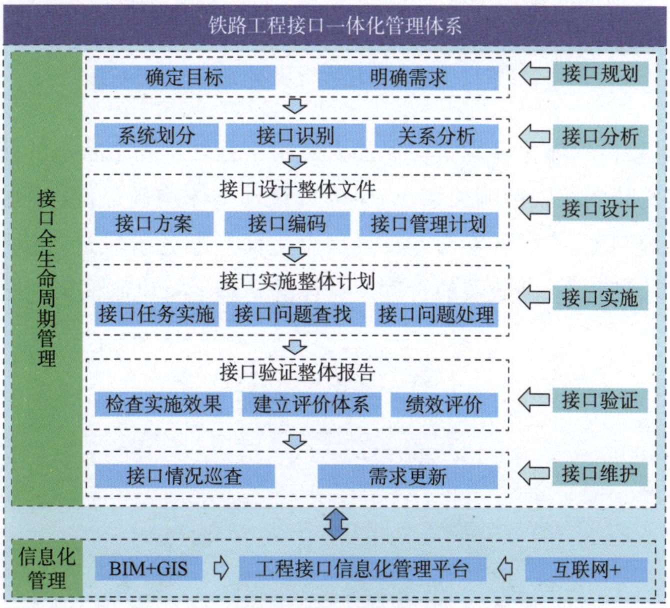

图 2-2　铁路工程接口一体化管理体系

2.3.2　铁路工程技术接口一体化管理机制

基于铁路工程接口全生命周期，各参与方在明确接口与其匹配管理影响因素的作用路径及交互影响机理的基础上，通过管理模式、管理制度等其他管理手段实现铁路工程技术接口一体化管理目标，如图 2-3 所示。

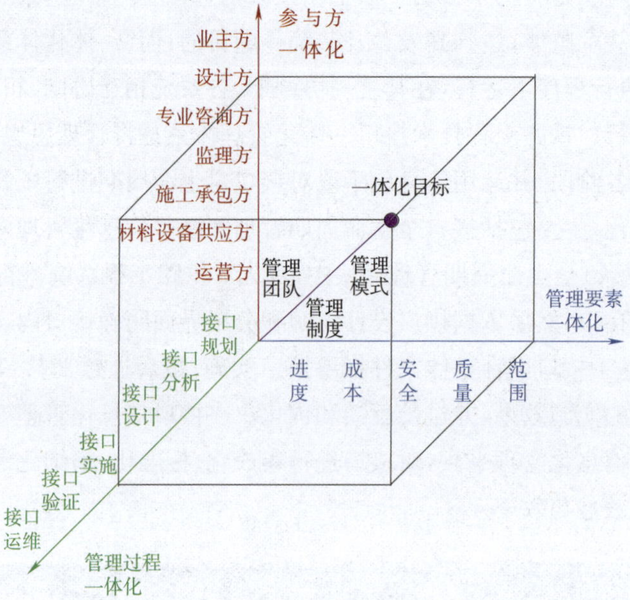

图 2-3　接口一体化管理运行机制霍尔三维分析图

铁路工程技术接口一体化管理是在保证人员及工程处于安全状态的前提下，分析进度、质量、成本等要素之间的关联影响关系，确保接口管理整体均衡最优，并通过设计接口管理程序、制定接口管理制度，指导各参与方在接口全生命周期各阶段进行接口技术的落实，从而实现接口高质量、高效率、高效益的管理。具体的管理运行机制框架如图 2-4 所示。

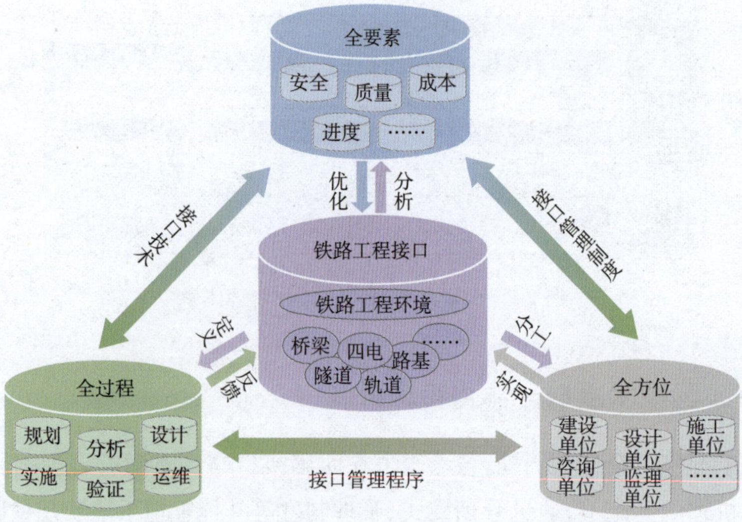

图 2-4　接口一体化管理运行机制框架

2.4 铁路工程技术接口一体化管理基本理论

2.4.1 标准化管理理论

标准化管理是指对于管理工作的内容、程序和依据等制定统一的技术、管理、作业标准，对标准化工作进行计划、组织、协调、监督等工作，以符合和应用特定范围标准为基础的管理体系，包括人员配备标准化、现场管理标准化、过程控制标准化和管理制度标准化。

1. 人员配备标准化

在工作分解基础上，明确部门和岗位职责，制定具体的岗位任职标准，以此为依据选配素质和能力达标的人员，确保岗位设置满足管理需求、人员素质满足岗位要求，规范各级管理层的机构设置，并加强人员配置、培训和考核，做好一线作业队伍的人员配备、培训和日常管理等工作。

2. 现场管理标准化

将现场布局和标示、临时设施与现场检查、作业纪律与文明施工等各项工作的内容和方法具体化、定量化，并制订作业标准。

3. 过程控制标准化

将项目质量、安全、工期、投资控制、环境保护、队伍稳定等工作目标进行分解，建立责任制及工作流程，落实到具体单位、部门和岗位上，通过检查考核、奖惩和监控，使每一项工作流程受控，保证每个环节工作质量和成果达到规定的标准要求。

4. 管理制度标准化

在严格执行国家法律和强制性标准基础上，构建一套目标明确、结构清晰、职责分明、内容稳定、系统集成的项目管理制度。

标准化管理主要通过机械化、专业化、工厂化、信息化等手段，依据标准和工作流程，对建设项目管理机构、项目部、工地等的管理制度、人员配备、现场管理和过程控制进行标准化管理，实现建设项目质量、安全、工期、投资控制、环境保护、队伍稳定等六大目标，从而提高项目管理效率以及效益，标准化管理体系如图 2-5 所示。

铁路工程项目历经不同建设阶段、涉及众多专业，施工范围广，区域跨度大，其外部环境复杂、组织复杂、目标复杂等加剧了接口管理的难度。标准化管理作为一种管理思想、管理手段，本研究将铁路工程系统细化分解，分析识别出技术接口，运用信息化手段对技术接口全生命周期进行统筹管理，以此建立了技术接口一体化管理体系，通过实施标准化管理流程，对接口工作进行监督管理、反馈优化，有利于实现接口管理的程序化、高效化、规范化管理。

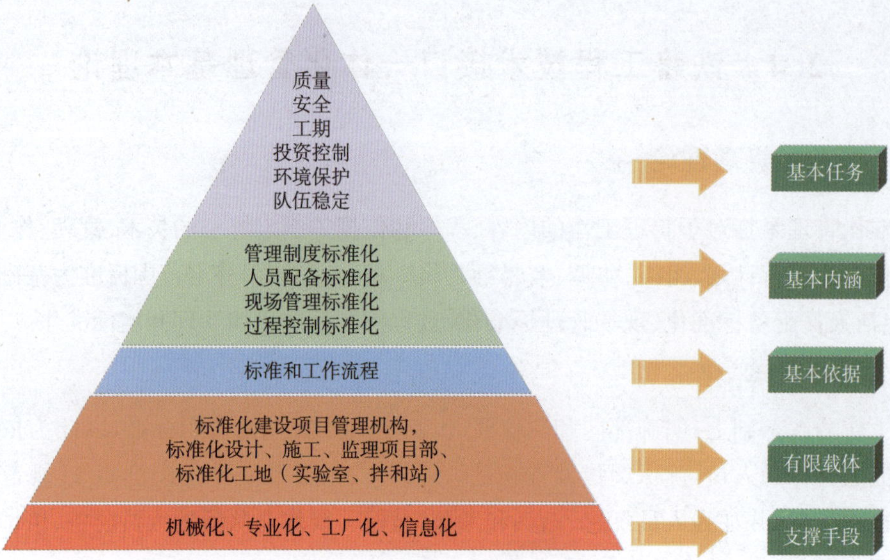

图 2-5　标准化管理体系

2.4.2　一般系统论

一般系统论是以系统为研究对象，整体分析系统和构成系统各要素的相互关系，从根本上说明系统的结构、功能、行为和动态。贝塔朗菲提出，一般系统论（general system theory）的系统思想是"任何系统都存在着适用于该系统或组成该系统的子系统的一般模式、原则和规律"[12]。系统思想是一般系统论的认识基础，也是对系统本质属性（包括整体性、关联性、层次性、统一性）的根本认识。系统思想的核心问题是如何根据系统的本质属性使系统最优化。

铁路工程技术接口管理是一个复杂、动态和相对开放的系统，涉及众多子系统和要素，各子系统和要素间不断进行物质、能量和信息的交换，相互联系、相互影响，推动技术接口管理的变化和发展，保证接口管理工作高效有序进行。从系统工程角度来看，铁路工程各子系统间相互作用、相互匹配产生了接口。接口是否匹配是导致铁路工程系统整体目标能否实现的核心问题，因此只有将各子系统接口进行层次管理和协调管理，着眼于各子系统的接口关系，才能实现各子系统的动态调整，确保铁路工程系统的综合集成，实现系统效能最大化。

2.4.3　协同理论

20 世纪 70 年代，协同理论的概念最先由德国著名物理学家哈肯提出，它以复杂系统理论为研究对象，研究系统内部各子系统间、外在环境与内部系统间以及系统与各因素间的协作效应，通过将系统结构进行有序化的重新排列，以达到"1＋1＞2"的效果。协同理论在各个系统中均发挥着作用，具有一个共通的理论框架，从系统的内部到外部环境，通过伺服原理进行协作同步，通过协同效应协调优化，通过自组织原理与外部环境相互作用，最终达到系统稳态。协同理论框架如图 2-6 所示。

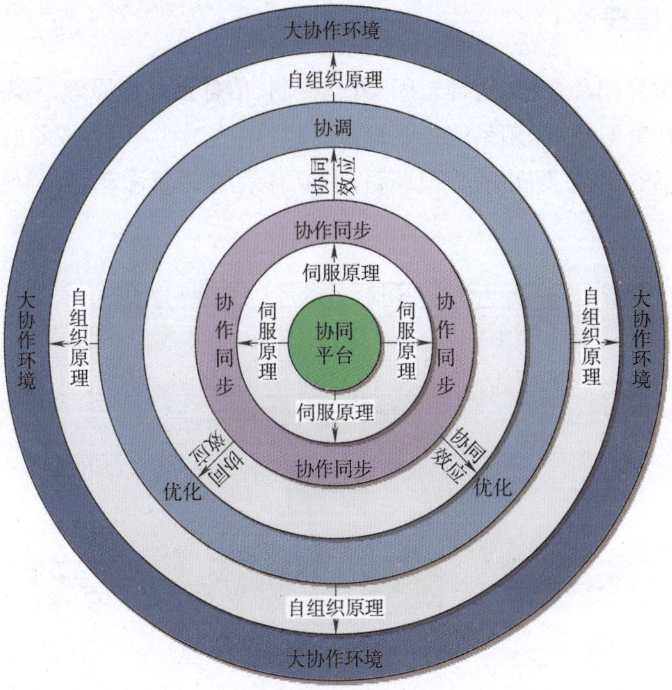

图 2-6　协同理论框架

技术接口作为铁路工程建设的重要组成部分，其实施涉及多个不同阶段、不同专业，具有工序复杂、交叉作业多、外部环境多变等特点。为了分析接口管理过程中不同要素之间的相互关系，对各个接口任务活动进行相互关联、有效衔接，利用协同学理论，使铁路工程各子系统之间相互协调配合、整体工作，对全过程、全要素、全方位的信息和资源进行统筹规划，减少不同建设阶段、不同参与方间的信息偏差，实现人员协调、流程协同、信息共享，打破各参建方不协同的壁垒，提升技术接口管理效率，确保建设目标的实现。

2.4.4　集成管理

集成管理是指对生产要素的集成活动、集成体的形成、维持及发展变化，进行能动的计划、组织、指挥、协调、控制，以达到整合增效目的的过程。集成管理突出一体化的整合思想，贯穿于接口管理的全局和整个过程，通过综合运用各种不同的方法、手段、工具，促进各项要素、功能和优势之间互补、匹配，提高各项管理要素的交融度，实现全方位、全范围和全阶段的优化，激发单项优势之间的聚变放大作用，使其产生“1＋1＞2”的效果，最终实现整个管理活动效果和效率的提高。

铁路工程系统集成便是通过将不同的子系统，根据系统的实际需求及特点，有机组成为一个不断与外界进行信息交流的"巨系统",在实现系统内部有机协调的基础上,保证整个系统内部的高效运转,既满足大型且复杂化的实际使用需求,又有效地进行资源整合与高效管理。

2.4.5 闭环管理理论

闭环管理是综合闭环系统、管理封闭、管理控制、信息系统等原理形成的一种管理方法,以多环节工作为研究对象,运用系统控制理论,将特定的工作单元,按照时间和过程的先后顺序,构成一个连续、封闭、回路的管理环路,形成有效的安全管理、监督保证体系。闭环原理如图 2-7 所示。

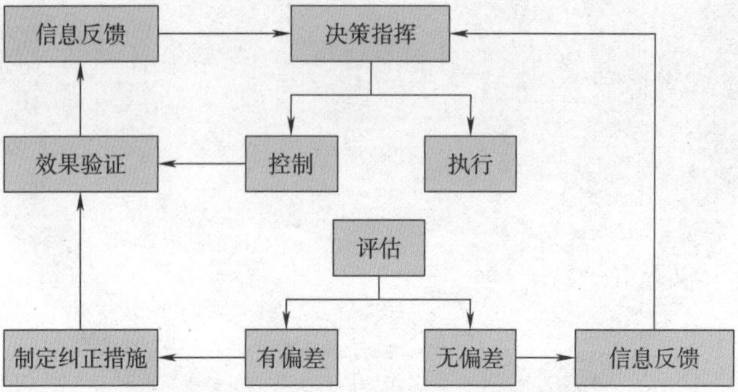

图 2-7 闭环原理示意图

在铁路工程技术接口一体化管理体系中,将技术接口规划、分析、设计、实施、验证到维护的全生命周期过程作为一个闭环系统,从系统的细化分解到接口技术方案实施效果的优化,对其进行闭环反馈管理。

2.4.6 动态联盟理论

动态联盟最初由制造业领域提出,随着建筑市场竞争逐渐激烈,建筑业在企业动态联盟的基础上发展形成了建设项目动态联盟。建设项目动态联盟是在复杂项目目标驱使下,依据项目参与各方自愿互利的原则,就项目的建设任务,联合形成一个松散、灵活多变的组织联盟体。联盟体通过整合项目所需的各类资源,充分发挥各自的优势,实现参与各方的多赢目标,提高项目建设效率。

铁路工程项目建设规模庞大、周期冗长、任务繁多、技术复杂,是一种参与方众多的跨组织行为过程,各参与方在工程实施过程中由于利益不一致或施工工序衔接不当出现大量需要协调的接口问题,可能导致工期延误、费用增加,甚至影响工程质量。采用动态联盟模式对铁路工程建设过程进行管理,使彼此关联合作的各接口参与方实现信息集成,消除接口各参与方在传统管理模式下责权主体分离、工作任务协调难度大、信息扭曲或延误等各类问题,实现多主体、全过程、全要素的动态协同管理,提高接口管理效率,进一步实现铁路建设项目目标。

第 3 章　铁路工程技术接口全生命周期管理

技术接口作为铁路工程潜在问题和风险的源头，在铁路工程整个生命周期中，若接口不匹配、集成不完整等，可能会导致铁路工程系统故障、性能下降，甚至出现安全隐患。为了提高铁路工程系统的整体性能和可靠性，确保铁路工程系统在不同阶段顺利集成和运作，本章基于全生命周期理论，构建技术接口全生命周期双 V 模型（图 3-1），将技术接口全生命周期划分为接口规划、分析、设计、实施、验证、维护六个阶段，对各阶段的工作任务进行详细深入研究，并通过管理手段增加各阶段信息传输通道（图 3-2），以此缩短信息传递的路径，及时识别、评估和处理技术接口可能存在的问题，从而实现铁路工程技术接口稳定、高效的动态反馈优化管理。

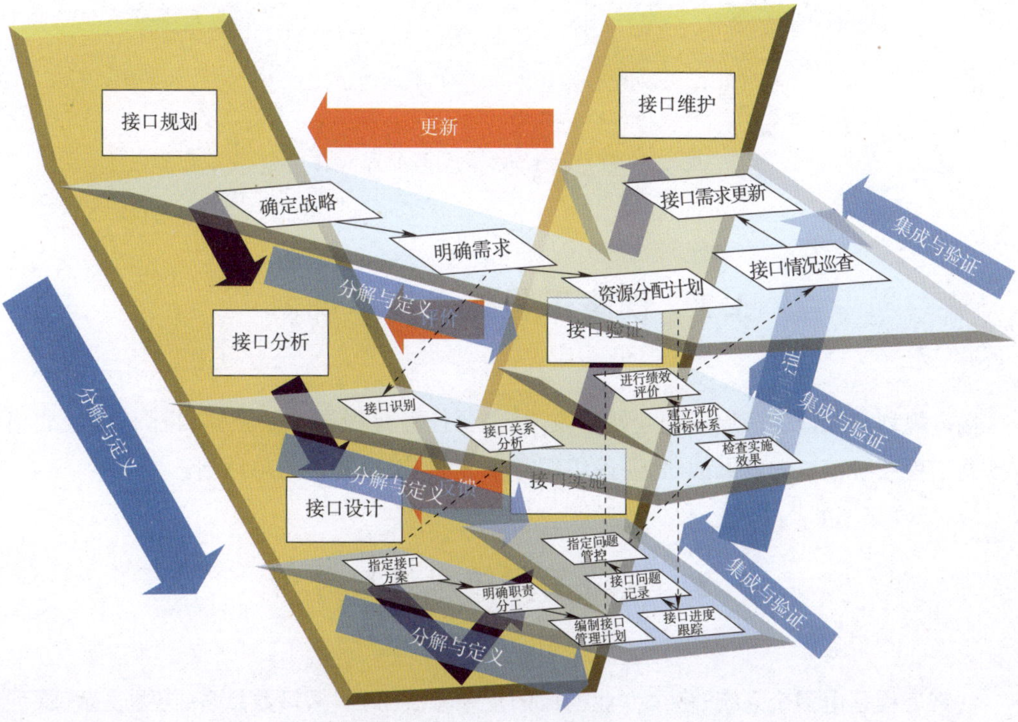

图 3-1　铁路工程接口生命周期管理双 V 模型

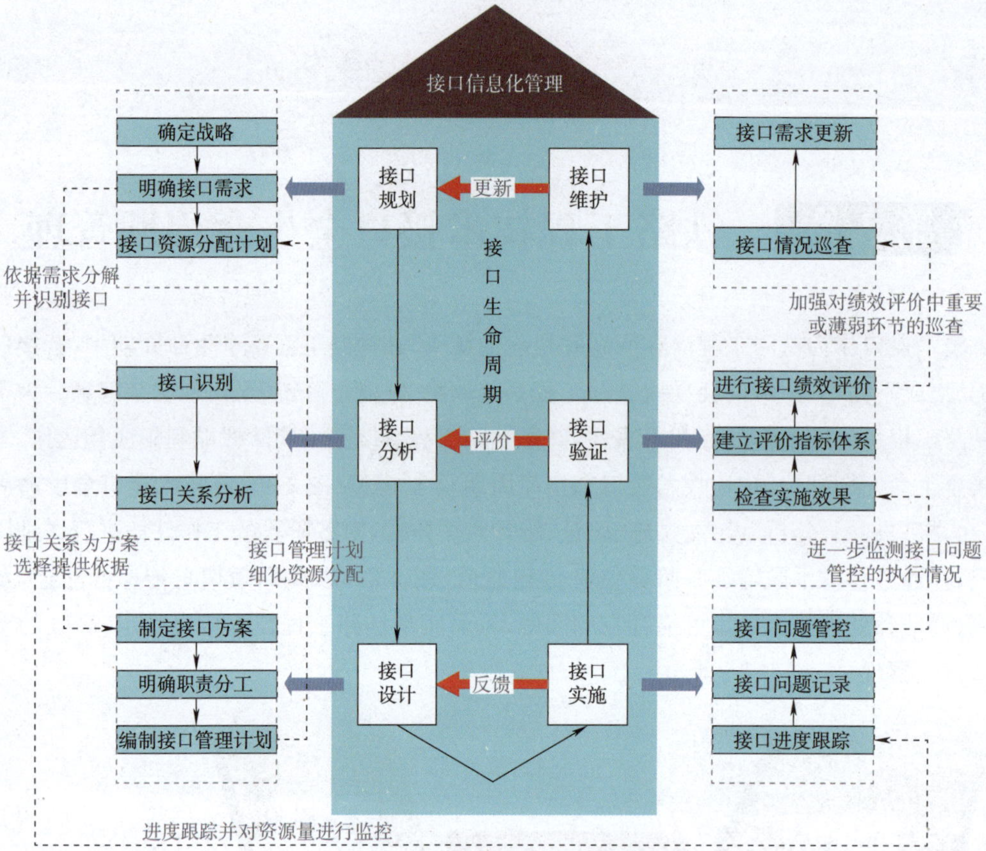

图 3-2　接口全生命周期管理研究框架

3.1　铁路工程技术接口规划

接口规划是接口生命周期的起始阶段，其主要任务是根据铁路整体目标和发展战略确定铁路工程系统接口的发展战略，明确组织需求，制定接口管理的总计划。

3.2　铁路工程技术接口分析

铁路工程是由多个系统、多个专业构成的复杂系统工程，接口数量多、类型复杂、管理难度大。任何环节接口问题处理不当，轻者造成相互扯皮推诿、工程返工、影响工期和投资，重者造成整个系统运行不稳定，部分功能无法正常使用。因此很有必要对铁路工程技术接口进行全面、系统的分析，为接口进一步管理奠定基础。

接口分析阶段主要任务是划分系统、明确系统边界、识别接口以及对接口关系进行分析。故本节首先运用解释结构模型(ISM)将铁路工程系统划分为多个子系统(1.1节),然后在此基础上利用分析分解法对各子系统内外部技术接口进行识别,最后基于决策试验评估实验室法对识别出的接口关系进行分析,划分出接口重要程度等级,找出关键接口和相似接口,为项目管理者提供决策依据,有助于简化接口管理工作。

3.2.1 铁路工程技术接口识别

接口识别是指在铁路工程全生命周期内,对铁路工程各系统或各专业边界范围及功能需求的界定,是一个动态且持续的过程。在识别接口时利用分析分解法将铁路工程各子系统或各专业分解为具体的组成结构,从中分析可能存在的技术接口。以桥梁工程和路基工程为例,识别的部分铁路工程技术接口见表3-1。

表3-1 铁路工程接口识别(部分)

接口名称	专业1	专业2	接口内容
路基地基处理与桥台基础接口	桥梁	路基	桥梁专业向路基专业提出桥台基础方案;路基专业提出路基地基处理与桥台基础的施工衔接顺序要求
路基过渡段与桥台接口	桥梁	路基	桥梁专业向路基专业提出桥台结构参数、基坑开挖回填方式;路基专业进行过渡段设计,提出路基填筑与桥台及锥坡顺接要求
路基与桥台边坡挡护接口	桥梁	路基	桥梁专业向路基专业提出桥台锥坡防护形式、挖方桥台边坡防护参数;路基专业综合进行边坡防护设计,提出桥台边坡防护与路基顺接要求
路基与横向结构物地基处理接口	桥梁	路基	桥梁专业向路基专业提出横向结构物地基处理方案;路基专业提出路基地基处理与横向结构物的施工衔接顺序要求
路基过渡段与横向结构物接口	桥梁	路基	桥梁专业向路基专业提出横向结构物结构参数、基坑开挖回填方式;路基专业进行过渡段设计,提出路基填筑与横向结构物顺接要求
路基与倒虹吸接口	桥梁	路基	路基专业向桥梁专业提出倒虹吸处路基设计参数;桥梁专业综合进行倒虹吸设计,提出倒虹吸与路基顺接要求
路基与渡槽及公跨铁桥接口	桥梁	路基	路基专业向桥梁专业提出渡槽处路基设计参数;桥梁专业综合进行渡槽及公跨铁桥设计,提出渡槽及公跨铁桥立柱基础与路基顺接要求
路涵过渡段	桥梁	路基	桥梁专业向路基专业提供相关资料;路基专业进行过渡段设计

3.2.2 铁路工程技术接口影响关系分析

铁路工程技术接口具有数量多、类型复杂、涉及面广、差异性大等特点,各专业接口之间存在着紧密的逻辑关系,相互关联、相互制约、相互促进,若对所有接口实施同等程度管理,难度大且效率低。因此,为了提高接口管理效率,采用模糊决策试验评估实验室方法(Fuzzy DEMATEL)对铁路工程接口进行量化分析,从大量接口中梳理出关键接口和相似接口,作为接口管理的重点。

3.2.2.1 调查方法

采用德尔菲法进行全面深入的实证调查，以此分析铁路桥梁工程与其他工程技术接口的关系。

调查问卷通过电子邮件的方式分发给相关领域的高校学者、设计单位从业者和施工单位负责人等三方专家。专家结合铁路工程实际情况对铁路桥梁技术接口（$C_1, C_2, \cdots, C_n$，n 表示铁路桥梁技术接口的个数）的影响度进行两两对比，通过“无影响”“较小影响”“中等影响”“较大影响”和“强烈影响”进行评价描述。

专家组成员分 3 轮，每轮在 1～2 周内完成调查。调查结果一致性水平通过肯德尔和谐系数（Kendall's W）进行量度，见式(3-1)～式(3-3)，$W \in [0,1]$。W 值为 0，表示各位专家没有一致意见；W 值为 1，表示各位专家意见完全一致[13]。本次调查在 3 轮之后达到了可接受和令人满意的一致性水平，并且肯德尔和谐系数 W 通过了显著性检验。

同一评价者无相同等级评定时：

$$W = \frac{\sum_{i=1}^{n} R_i^2 - \frac{1}{n}\left(\sum_{i=1}^{n} R_i\right)^2}{\frac{1}{12}K^2(N^3 - N)} \tag{3-1}$$

同一评价者有相同等级评定时：

$$W = \frac{\sum_{i=1}^{n} R_i^2 - \frac{1}{n}\left(\sum_{i=1}^{n} R_i\right)^2}{\frac{1}{12}K^2(N^3 - N) - K\sum_{i=1}^{K} T_i} \tag{3-2}$$

$$T_i = \sum_{i=1}^{m} \frac{n_{ij}^3 - n_{ij}}{12} \tag{3-3}$$

式中，N 为被评对象的数量；K 为评价者人数；R_i 为第 i 个被评对象所评等级之和；m_i 为第 i 个专家的评价结果中重复等级数；n_{ij} 为第 i 个专家的评价结果中第 j 个重复等级的相同等级数。

3.2.2.2 模糊决策试验评估实验室法

1. 三角模糊数

设 $\tilde{x}$ 是实数集上的模糊集，若 $\tilde{x}$ 是正规的，且对任意 $\lambda \in (0,1]$，$\tilde{x}\lambda$ 是闭区间，则称 $\tilde{x}$ 是一个模糊数。三角模糊数隶属函数图像如图 3-3 所示，模糊数 $\tilde{x} = (l, m, h)$ 称为三角模糊数，其中 l、m 和 h 为实数，分别为三角模糊数 $\tilde{x}$ 的主值、下限和上限，且 $h \geqslant m \geqslant l \geqslant 0$；$m-l$ 和 $h-m$ 为 $\tilde{x}$ 的下界和上界。

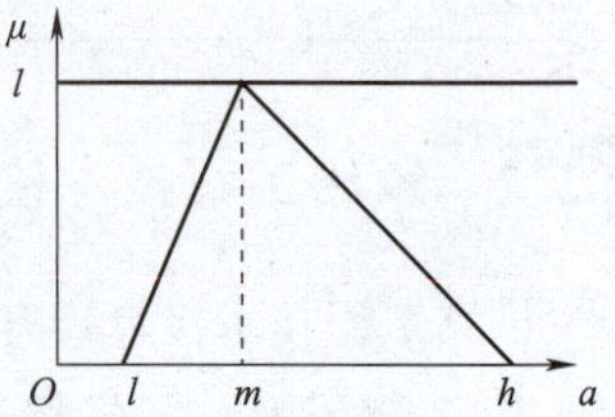

图 3-3 三角模糊数隶属函数图

若 $l=m=h$，则 $\tilde{x}$ 成为普通意义上的实数。$h-l$ 的数值越大，三角模糊数 $\tilde{x}=(l,m,h)$ 越模糊，隶属度函数[14]见式(3-4)。

$$\mu_{\tilde{x}}(a)=\begin{cases}0 & a<l \\ \dfrac{a-l}{m-l} & l\leqslant a\leqslant m \\ \dfrac{h-a}{h-m} & m\leqslant a\leqslant h \\ 0 & a>h\end{cases} \tag{3-4}$$

任意两个三角模糊数 $\tilde{x}_1=(l_1,m_1,h_1)$，$\tilde{x}_2=(l_2,m_2,h_2)$ 具有以下运算法则：

$$\begin{cases}\tilde{x}_1\oplus\tilde{x}_2=(l_1+l_2-l_1l_2,m_1+m_2-m_1m_2,h_1+h_2-h_1h_2) \\ \tilde{x}_1\otimes\tilde{x}_2=(l_1\cdot l_2,m_1\cdot m_2,h_1\cdot h_2) \\ \lambda\tilde{x}_1=[1-(1-l_1)^{\lambda},1-(1-m_1)^{\lambda},1-(1-h_1)^{\lambda}],\lambda\geqslant 0 \\ \tilde{x}_1^{\lambda}=(l_1^{\lambda},m_1^{\lambda},h_1^{\lambda}),\lambda\geqslant 0\end{cases} \tag{3-5}$$

根据熵函数的定义：

$$h(x)=4x(1-x) \tag{3-6}$$

式中，$h(x)$：$[0,1]\rightarrow[0,1]$，在 $[0,0.5]$ 上为增函数，$[0.5,1]$ 上为减函数。

假设 $\tilde{x}$ 为非空模糊集，a 在模糊集 $\tilde{x}$ 上的映射为 $\tilde{x}(a)$，$\tilde{x}(a)$：$a\rightarrow[0,1]$，则 $\tilde{x}(a)$ 的熵为

$$H(\tilde{x})=\int\limits_{a\in A}h(\tilde{x}(a))p(a)\mathrm{d}a \tag{3-7}$$

式中，$p(a)$ 为概率密度函数；$H(\tilde{x})$ 为模糊集 $\tilde{x}$ 的模糊程度，值越大，模糊集所含信息越模糊。

由三角模糊数隶属度函数和熵函数的定义，可得三角模糊数 $\tilde{x}=(l,m,h)$ 的熵函数为

$$h(\mu_{\tilde{x}}(a))=\begin{cases}4\left(\dfrac{a-l}{m-l}\right)\left(1-\dfrac{a-l}{m-l}\right) & l\leqslant a\leqslant m \\ 4\left(\dfrac{h-a}{h-m}\right)\left(1-\dfrac{h-a}{h-m}\right) & m\leqslant a\leqslant h \\ 0 & a<l \text{ 或 } a>h\end{cases} \tag{3-8}$$

假定 $p(a)=s$，s 为常量，则三角模糊数 $\tilde{x}=(l,m,h)$ 的熵为

$$\begin{aligned}H(\tilde{x})&=\int_l^m\frac{4[-a^2+(l+m)a-lm]}{(m-l)^2}p(a)\mathrm{d}a+\int_m^h\frac{4[-a^2+(h+m)a-hm]}{(h-m)^2}p(a)\mathrm{d}a \\ &=\frac{2s(h-l)}{3}\end{aligned} \tag{3-9}$$

2. TFNCD 算子

为了更好地定量分析，将12位专家给出的语言变量 $r_k(r_k\in R)$ 利用式(3-10)转化为三角模糊数。设评价的语言变量集为：$R=\{r_k\mid k=1,2,\cdots,s;s\geqslant 1\}$，$r_k$ 是第 k 个评价语。$R=\{r_0=WY,r_1=XY,r_2=ZY,r_3=DY,r_4=QY\}$ 代表两个被评接口施工、运行对对方产生的

影响程度，分别为“没有影响、有较小影响、有中等影响、有较大影响和有强烈影响”。

$$\tilde{x}=\{l_k,m_k,h_k\}=\left\{\max\left(\frac{k-1}{4},0\right),\frac{k}{4},\min\left(\frac{k+1}{4},1\right)\right\} \tag{3-10}$$

式中，$k=0,1,\cdots,4$ 对应语言变量 r_k 的下标数字。

设$(\tilde{x}_1,\tilde{x}_2,\cdots,\tilde{x}_m)$为三角模糊数集合中的一个行向量，$H(\tilde{x}_i)$为 $\tilde{x}_i$ 的熵，则 $\tilde{x}_i$ 的确信度 $T(\tilde{x}_i)$为

$$T(\tilde{x}_i)=1-\frac{H(\tilde{x}_i)}{\sum_{i=1}^{m}H(\tilde{x}_i)} \tag{3-11}$$

确信度 $T(\tilde{x}_i)$将三角模糊数的模糊性转化为正关系数值，三角模糊数的熵越小，信息模糊度越低，其确信度越高。在此基础上，构建三角模糊数确信度算子[15]（triangular fuzzy number certitude degree，TFNCD），利用 TFNCD 算子集合各方专家评价形成模糊综合评价，其集合算法为

$$\begin{aligned}\tilde{X}_i&=\mathrm{TFNCD}(\tilde{x}_{i1},\tilde{x}_{i2},\cdots,\tilde{x}_{in})=(l_i,m_i,h_i)\\&=\frac{T(\tilde{x}_{i1})\tilde{x}_{i1}\oplus T(\tilde{x}_{i2})\tilde{x}_{i2}\oplus\cdots\oplus T(\tilde{x}_{in})\tilde{x}_{in}}{\sum_{j=1}^{n}T(\tilde{x}_{ij})}\end{aligned} \tag{3-12}$$

$$\begin{cases}l_i=1-\prod_{j=1}^{n}(1-l_{ij})^{\frac{T(\tilde{x}_{ij})}{\sum_{j=1}^{n}T(\tilde{x}_{ij})}}\\m_i=1-\prod_{j=1}^{n}(1-m_{ij})^{\frac{T(\tilde{x}_{ij})}{\sum_{j=1}^{n}T(\tilde{x}_{ij})}}\\h_i=1-\prod_{j=1}^{n}(1-h_{ij})^{\frac{T(\tilde{x}_{ij})}{\sum_{j=1}^{n}T(\tilde{x}_{ij})}}\end{cases} \tag{3-13}$$

式中，$\tilde{x}_{ij}=(l_{ij},m_{ij},h_{ij})$表示第 j 位专家的第 i 个三角模糊数评价。

3. 去模糊化

为了将用三角模糊数形式表示的综合评价转化为易于理解分析的确定数值，在求得模糊综合评价的基础上进行去模糊化处理。常见的去模糊化方法[16]有：

$$\mathrm{Crisp}(\tilde{x})=\frac{\int a\mu_{\tilde{x}}(a)\mathrm{d}a}{\int\mu_{\tilde{x}}(a)\mathrm{d}a} \tag{3-14}$$

$$\mathrm{Crisp}(\tilde{x})=\frac{l+km+h}{k+2} \tag{3-15}$$

$$\mathrm{Crisp}(\tilde{x})=m+\frac{l-2m+h}{k+2} \tag{3-16}$$

式中，k 为任意正整数。

上述去模糊化的方法存在数据信息丢失较多、k 的取值太过主观等问题。因此，本研究采用 Opricovic 提出的 CFCS 法将模糊三角数利用模糊数的界限换算实现去模糊化，让具有较大隶属度函数的三角模糊数对应较大的确定值[17]，见式(3-17)。

$$\mathrm{Crisp}(\tilde{x})=L+\frac{\Delta[\alpha(m-L)+\beta(h-L)]}{\alpha(\Delta+m-l)+\beta(\Delta+h-m)} \tag{3-17}$$

式中，$L=\min\{l_1,l_2,\cdots,l_s\}$，$H=\max\{h_1,h_2,\cdots,h_s\}$，$\Delta=H-L$，$\alpha=(H-l)\cdot(\Delta+h-m)^2$，$\beta=(h-L)(\Delta+m-l)^2$。

4. 决策试验评估实验室方法(DEMATEL)

1971 年美国 Battelle 实验室学者 A. Gabus 和 E. Fontela 率先提出决策试验评估实验室法，主要研究分析客观世界中存在的复杂、困难等问题，是一种有效的系统化综合分析方法[18-19]。DEMATEL 模型运用图论思想与矩阵工具，利用有向网络图对系统中各元素之间的相互影响关系进行分析，以此建立直接影响矩阵，通过计算每个元素对其他元素的影响度、被影响度、原因度和中心度，准确确定每个元素在系统中的重要程度和元素间的因果关系。

为了让去模糊化后的评价值能更好地反映接口之间的关系，更直观地展现出接口的重要程度，需综合使用 DEMATEL 法，具体分析步骤如下：

步骤 1：建立铁路桥梁技术接口之间直接相互影响的关系网络(图 3-4)，用网络节点表示技术接口元素；节点之间不同类型带箭头的单向连线表示专家评价得出的接口元素之间的影响程度(—►代表“强烈影响”，- - -►代表“较大影响”，-·-►代表“中等影响”，·····►代表“较小影响”，节点之间没有连线则代表“无影响”)。

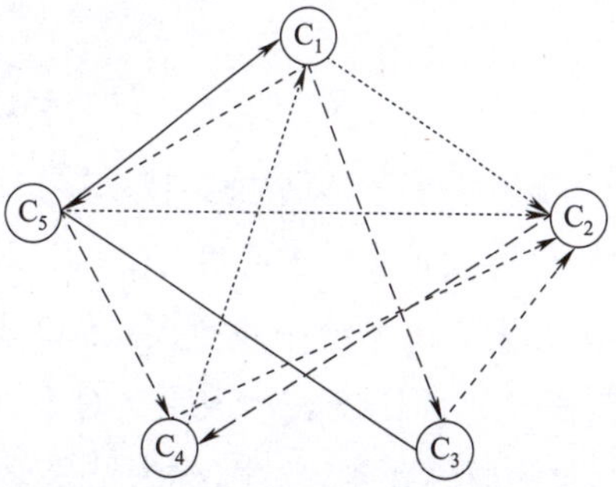

图 3-4　直接相互影响关系图

步骤 2：根据形成的有向网络关系图构建元素间的直接影响矩阵，见式(3-18)。

$$[\mathrm{Crisp}(\tilde{X})_{ij}]_{n\times n}=\begin{bmatrix} 0 & \mathrm{Crisp}(\tilde{X})_{12} & \cdots & \mathrm{Crisp}(\tilde{X})_{1n} \\ \mathrm{Crisp}(\tilde{X})_{21} & 0 & \cdots & \mathrm{Crisp}(\tilde{X})_{2n} \\ \vdots & \vdots & & \vdots \\ \mathrm{Crisp}(\tilde{X})_{n1} & \mathrm{Crisp}(\tilde{X})_{n2} & \cdots & 0 \end{bmatrix} \tag{3-18}$$

$\mathrm{Crisp}(\tilde{X})_{ij}$ 表示第 i 个接口元素 C_i 对第 j 个接口元素 C_j 的去模糊化后的直接影响程度确定值。根据决策试验评估实验室方法的性质，允许 $\mathrm{Crisp}(\tilde{X})_{ij}\neq 1/\mathrm{Crisp}(\tilde{X})_{ji}$，但是

DEMATEL 模型中的元素值不能为负值，且不允许出现自环网络。CFCS 法去模糊化后的确定值为非负数，因此只需令技术接口元素 C_i 对自身的影响为 0，即对应的直接影响矩阵中所有主对角线上的元素均为 0，则可满足 DEMATEL 法的使用条件。

步骤 3：通过对原始关系矩阵进行规范化处理，得到规范直接影响矩阵 $\boldsymbol{Z}$，在矩阵 $\boldsymbol{Z}$ 的基础上计算综合影响矩阵 $\boldsymbol{T}=(t_{ij})_{n\times n}$。

$$\boldsymbol{Z}=\left[\frac{\mathrm{Crisp}(\widetilde{X})_{ij}}{\max\sum\limits_{j}^{n}\mathrm{Crisp}(\widetilde{X})_{ij}}\right]_{n\times n} \tag{3-19}$$

$$\boldsymbol{T}=(\boldsymbol{Z}+\boldsymbol{Z}^2+\boldsymbol{Z}^3+\cdots+\boldsymbol{Z}^m)=\sum_{m=1}^{\infty}\boldsymbol{Z}^m=\boldsymbol{Z}(\boldsymbol{I}-\boldsymbol{Z})^{-1} \tag{3-20}$$

式中，$\boldsymbol{I}$ 为单位矩阵，$(\boldsymbol{I}-\boldsymbol{Z})^{-1}$ 表示$(\boldsymbol{I}-\boldsymbol{Z})$的逆矩阵。

步骤 4：计算铁路桥梁技术接口的影响度和被影响度。影响度由综合影响矩阵 T 中各行元素的值累加得到，表示各行对应元素对其他元素的影响程度，该集合记为 $F=(F_1,F_2,F_3,\cdots,F_n)$。被影响度由综合影响矩阵 $\boldsymbol{T}$ 中各列元素的值累加得到，表示各列对应元素受到其他元素的影响程度，该集合记为 $E=(E_1,E_2,E_3,\cdots,E_n)$。

$$F_i=\sum_{j=1}^{n}t_{ij}\quad(i=1,2,3,\cdots,n) \tag{3-21}$$

$$E_j=\sum_{i=1}^{n}t_{ij}\quad(j=1,2,3,\cdots,n) \tag{3-22}$$

步骤 5：计算铁路桥梁技术接口的中心度和原因度。接口元素 i 的影响度和被影响度相加得到该元素的中心度(F_i+E_i)，中心度表示该元素在复杂系统中的影响程度，值越大，表示元素 i 在系统中越重要；接口元素 i 的影响度和被影响度相减得到该元素的原因度(F_i-E_i)，原因度表示该元素对系统的净影响，原因度大于 0，表明该元素对其他元素影响大，称为原因要素，反之，称为结果要素。

基于上述模糊决策试验评估实验室法分析铁路桥梁工程与其他工程技术接口的相互影响关系，建立铁路桥梁技术接口之间直接相互影响的关系网络，形成直接影响矩阵，通过计算铁路桥梁技术接口的影响度、被影响度、中心度和原因度，找到关键接口和相似接口，有效提高铁路工程技术接口的管理效率。

3.2.2.3 调研分析

铁路工程中各个子系统的功能千差万别，性能各不相同，产生了各种各样的接口，如路桥过渡段的物理连接、电气性能交互的电气参数接口、防灾安全监控与实体工程的信息交换、桥梁刚度与墩台沉降控制的功能匹配、桥梁地段接触网支柱及拉线基础预留等。从系统组成的角度来看，接口所涉及的范围大，技术涵盖面广且要求高，以识别的铁路桥梁工程技术接口为例（图 3-5），结合铁路工程实际，以此来验证上述提出的研究分析方法。

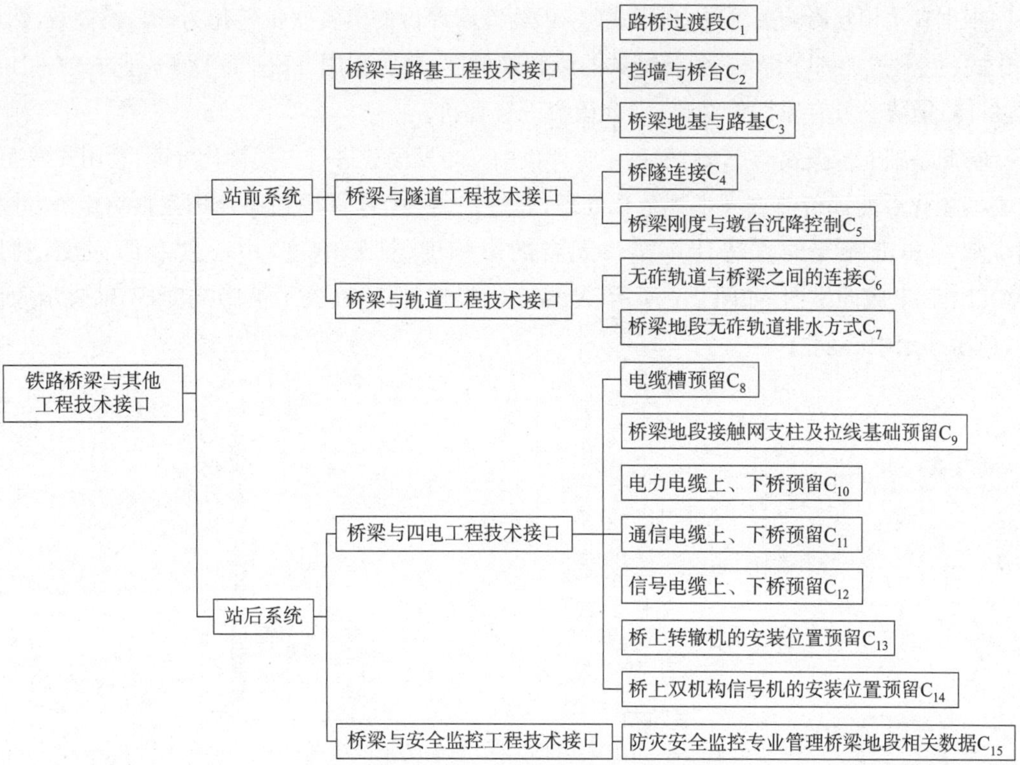

图 3-5　铁路桥梁工程与其他工程技术接口图

通过德尔菲法收集整理来自高校、设计单位和施工单位三方对铁路桥梁技术接口的评价语言变量，其中 WY、XY、ZY、DY、QY 代表两个被评接口中一个接口施工、运行对另一个接口施工、运行的影响程度，分别为“没有影响、有较小影响、有中等影响、有较大影响和有强烈影响”。

根据专家评语，基于铁路桥梁工程技术接口之间的相互影响关系，利用绘图软件生成铁路桥梁技术接口的直接相互影响关系图，如图 3-6 所示。

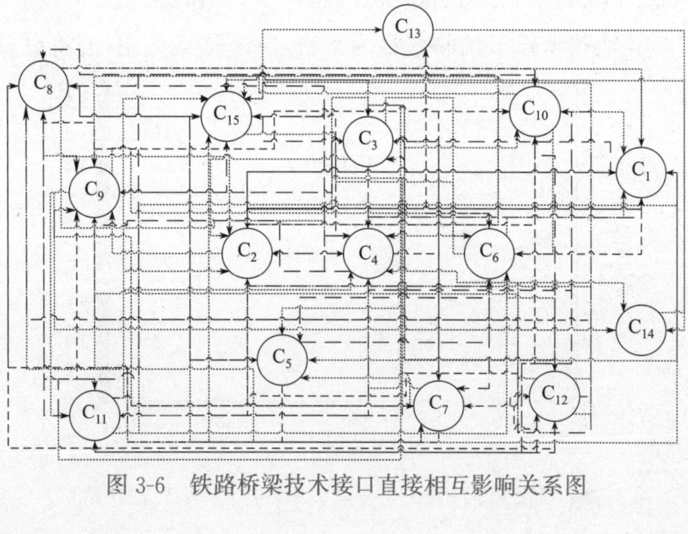

图 3-6　铁路桥梁技术接口直接相互影响关系图

根据直接相互影响关系图，利用式(3-10)将专家评价的语言变量转化为三角模糊数，然后基于式(3-9)、式(3-11)求得三角模糊数的熵和确信度，最后利用 TFNCD 算子，通过式(3-12)、式(3-13)集结三方专家评价结果，形成模糊综合评价。

在此基础上依据式(3-17)对模糊综合评价中三角模糊数进行去模糊化处理；利用式(3-19)对去模糊化后的评价值进一步规范化处理，通过式(3-20)计算得到综合相互影响矩阵，并根据步骤 4 和步骤 5 的方法计算接口元素的影响度、被影响度、中心度和原因度，利用 MATLAB 生成四维图，如图 3-7 所示（X 轴表示影响度，Y 轴表示被影响度，Z 轴表示原因度，色阶表示中心度）。

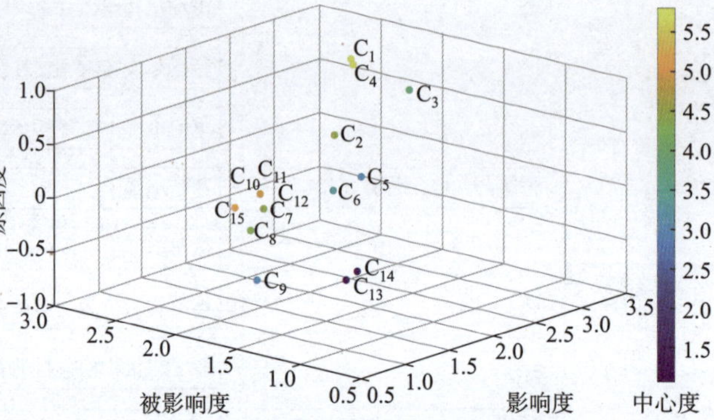

图 3-7　DEMATEL 综合影响关系四维图

根据得到的 DEMATEL 综合影响关系四维图，C_{10}、C_{11} 和 C_{12} 处在坐标轴的同一位置，表明电力电缆上、下桥预留（C_{10}）、通信电缆上、下桥预留（C_{11}）和信号电缆上、下桥预留（C_{12}）等接口元素具有极强的相似性，可以把它们归为一类进行管理，从而降低整个铁路桥梁技术接口管理的复杂度。

根据 DEMATEL 综合影响关系四维图的 X-Y 轴视角（图 3-8），C_1 和 C_4 的影响度、被影响度和中心度都处于较高水平，表明路桥过渡段（C_1）和桥隧连接（C_4）是铁路桥梁技术接口的敏感点，它们与其他技术接口的联系最为紧密，应该重点关注，需将更多资源投入其中。

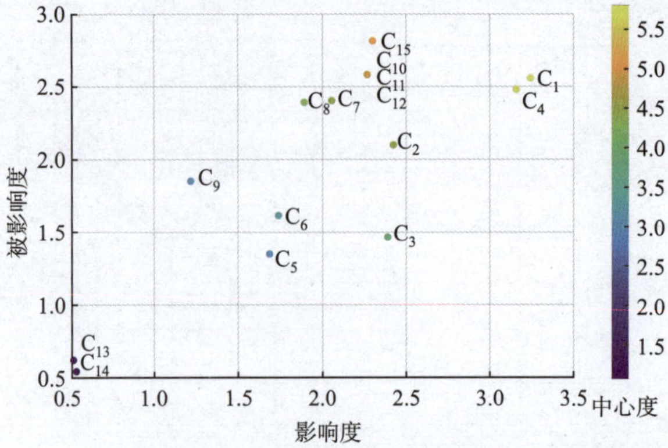

图 3-8　DEMATEL 综合影响关系四维图（X-Y 轴视角）

结合 DEMATEL 综合影响关系四维图的 X-Z 轴视角（图 3-9）和 Y-Z 轴视角（图 3-10），显示 C_1、C_2、C_3、C_4、C_5 和 C_6 的原因度都大于 0，表明路桥过渡段（C_1）、挡墙与桥台（C_2）、桥梁地基与路基（C_3）、桥隧连接（C_4）、桥梁刚度与墩台沉降控制（C_5）和无砟轨道与桥梁之间的连接（C_6）属于原因要素，在策划与设计阶段应该提前考虑这些技术接口的施工、运行对其他接口的影响，妥善安排施工顺序与施工方法，以避免返工带来的损失。

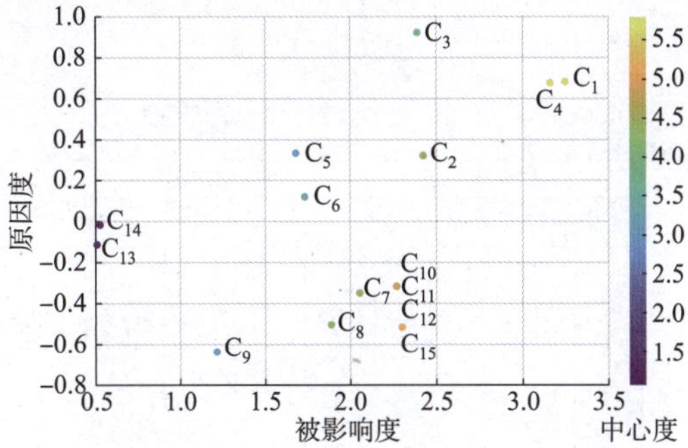

图 3-9　DEMATEL 综合影响关系四维图（X-Z 轴视角）

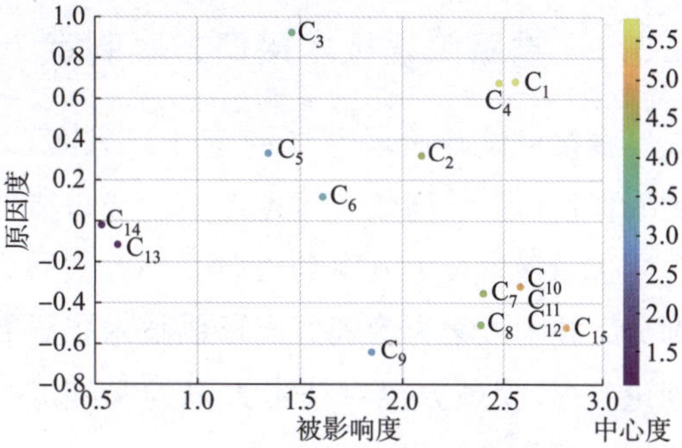

图 3-10　DEMATEL 综合影响关系四维图（Y-Z 轴视角）

3.3　铁路工程技术接口设计

接口设计阶段的主要任务是制定技术方案和管理方案，明确接口相关责任方的职责分工，并编制接口管理计划。设计阶段技术接口管理流程如图 3-11 所示。

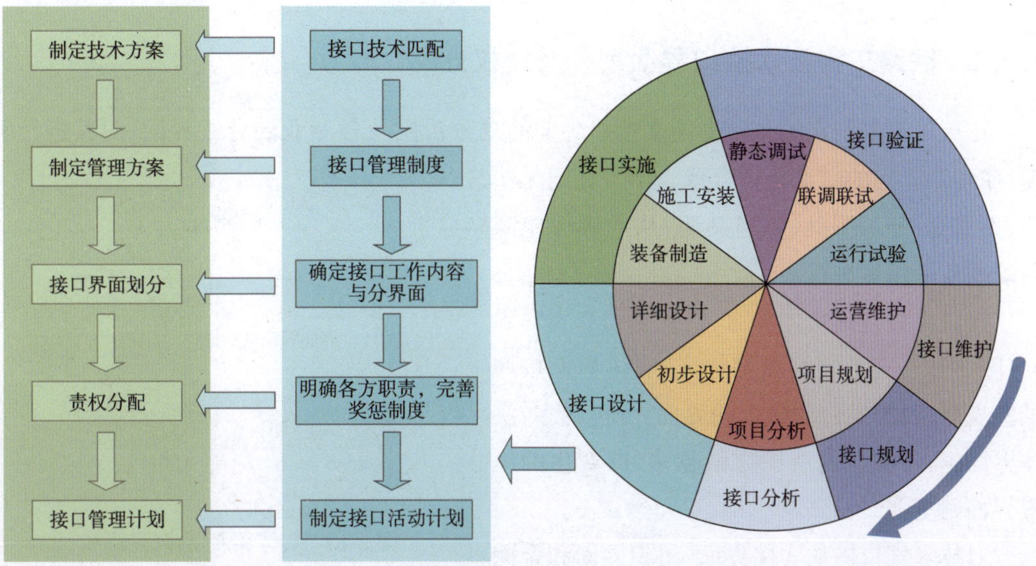

图 3-11　设计阶段技术接口管理流程

本节首先研究铁路工程系统接口的技术方案和管理方案，提出接口界面划分及相关责任单位职责分配；然后按照编码规则，制定11位铁路工程技术接口编码形成编码表，确定接口类型，详细阐述接口设计说明和接口分工界面。最后，在此基础上为实现接口进度优化和资源均衡分配的接口管理计划，通过分析技术接口进度风险影响因素，优化技术接口关键要素，编制接口管理计划控制表。

3.3.1 铁路工程技术接口方案制定

在接口设计阶段需要制定接口方案，以此确保接口活动高效有序地进行。接口方案主要包括接口技术方案和接口管理方案两个部分。技术方案为管理方案提供技术指导和理论支撑，管理方案对技术方案的实施进行管控，如图3-12所示。

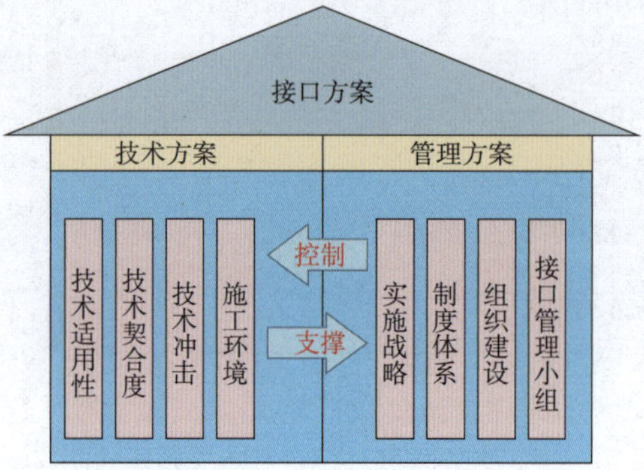

图3-12 接口方案的制定

接口技术方案的制定既要考虑技术本身的适用性和施工环境对技术的要求，也要考虑技术在运用实施时是否会产生冲突，是否会对项目实施与管理造成冲击。

通过建立接口管理制度，协同组织配合等方式，以此制定接口管理方案。设立接口管理小组，由项目经理及其下属组成，全权负责项目全过程的接口管理工作。各职能部门可协同其管理的监理、供货商和承包商协商解决实施过程中出现的一般性接口问题，对于影响较为重大或意见分歧较大的接口问题必须由接口管理小组报告到指挥部，由主要领导来决策并予以解决[20]。

3.3.2 铁路工程技术接口界面划分及责权分配

在接口方案制定的基础上明确接口界面的划分范围及各专业的分工界面，对其进行管理，使各专业间的交叉配合合理、有序，做到无遗漏、不重复、分工明确、各司其职，从而确保施工活动顺利平稳地进行[21]。

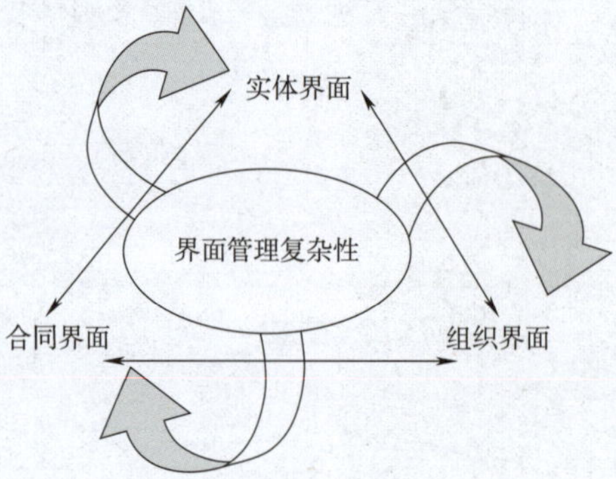

图3-13 实体界面、合同界面和组织界面之间的相互关系

接口界面包括实体界面、组织界面和合同界面(图3-13)，三者之间相辅相成，实体界面按照某些规则，归类发包形成合同界面，分包越多，实体界面越多，参与的组织方就越多，即产生的组织界面则更多[22]。

对技术接口需从实体界面、组织界面和合同界面三个维度进行界面划分。按工程实体部位的接触点或接触面划分实体界面，确定具体施工边界；按不同组织之间或同一组织不同部门之间的关系和作用划分组织界面，了解每一个岗位的工作内容、工作目标、工作条件、上下级、内外部关系等，明确各岗位的职责权限、规范工作流程；按项目参建方之间签订的合同划分合同界面，明确任务权限和责任，实现科学管理。

3.3.3　铁路工程技术接口编码制定

为明确接口的隶属关系，明晰接口双方的责任主体，根据《铁路工程实体结构分解指南(1.0版)》(T/CRBIM 001—2014)，提出了接口编码规则。具体编码规则如下：接口编码由11位构成，第1、2位表示铁路工程系统内部或外部，即01表示铁路工程系统内部、02表示铁路工程系统与外部；第3、4位表示站前工程、站后工程、其他工程等不同子系统，即01表示站前工程子系统内部接口、02表示站后工程子系统内部接口、03表示其他工程子系统内部接口、04表示站前工程子系统与站后工程子系统间接口、05表示站前工程子系统与其他工程子系统间接口、06表示站后工程子系统与其他工程子系统间接口；第5、6位及第7、8位分别表示不同工程类别，如01表示线路工程、02表示轨道工程、0102表示线路工程与轨道工程接口；第9、10、11位为接口顺序号。铁路工程类别代码见表3-2。接口编码一般结构如图3-14所示。

表3-2　铁路工程类别代码

工程子系统	编码	类　别	工程子系统	编码	类　别
站前工程	01	线路	其他工程	15	暖通
	02	轨道		16	机械设备
	03	路基		17	车辆
	04	桥梁		18	大临及过渡
	05	隧道		19	附属设施
	06	站场		20	迁改
站后工程	07	站房客服信息系统		21	环保
	08	四电			
	09	给排水			
	10	灾害及异物侵限监测			
	11	机务			
	12	运营调度			
	13	动车所			
	14	工务综合维修基地			

注：①站后工程中四电工程包括通信(含信息)、信号(含综合接地)、电力(含供变电及接触网工程)、电气化。

②铁路工程附属设施，是指为维护铁路和保障铁路安全畅通所设置的铁路防护、维修、管理、服务、交通安全、监控、通信等设施、设备以及专用建筑物、构筑物等。

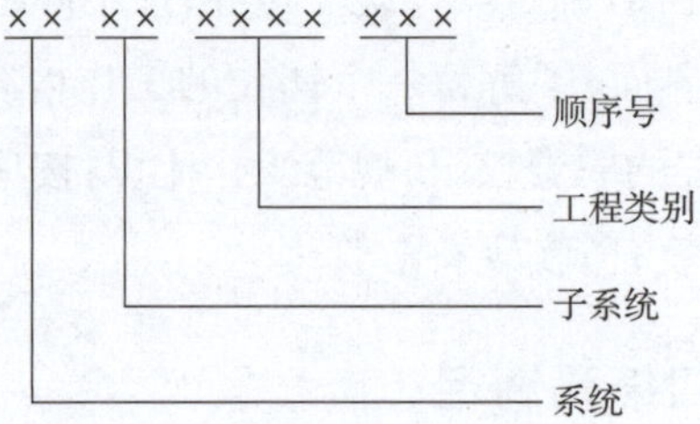

图 3-14　接口编码一般结构

部分接口编码如图 3-15 所示。

序号	接口名称	系统（内/外部）	站前/站后	工程代码				序号	编　码	最终编码
				专业 1		专业 2				
				名称	代码	名称	代码			
1	防护栅栏接口设计	01	01	桥梁	04	隧道	05	001	01010405	01010405001
2	桥隧相连开挖与防护衔接接口	01	01	桥梁	04	隧道	05	002	01010405	01010405002
3	桥梁伸入隧道设计接口	01	01	桥梁	04	隧道	05	003	01010405	01010405003
4	桥隧相连处电缆槽衔接	01	01	桥梁	04	隧道	05	004	01010405	01010405004
5	隧道出口桥上紧急救援站	01	01	桥梁	04	隧道	05	005	01010405	01010405005
6	铁路隧道防灾疏散救援导向标志牌	01	01	桥梁	04	隧道	05	006	01010405	01010405006
7	线间距与站内桥梁工程的接口	01	01	桥梁	04	站场	06	001	01010406	01010406001
8	洪水位与场坪高程	01	01	桥梁	04	站场	06	002	01010406	01010406002
9	站内其他站线立交净空	01	01	桥梁	04	站场	06	003	01010406	01010406003
10	站场股道间水沟与涵洞覆土厚度	01	01	桥梁	04	站场	06	004	01010406	01010406004
11	站场路基外侧排水沟与排洪涵的衔接	01	01	桥梁	04	站场	06	005	01010406	01010406005
12	过轨保护涵接口	01	04	桥梁	04	四电	08	001	01040408	01040408001
13	桥梁声屏障与接触网	01	04	桥梁	04	四电	08	002	01040408	01040408002
14	小桥涵与接触网立柱基础	01	04	桥梁	04	四电	08	003	01040408	01040408003
15	桥梁综合接地	01	04	桥梁	04	四电	08	004	01040408	01040408004
16	桥上转辙机安装	01	04	桥梁	04	四电	08	005	01040408	01040408005
17	桥上设置通信、信号、电力电缆槽道	01	04	桥梁	04	四电	08	006	01040408	01040408006

图 3-15　接口编码汇总

根据以上规则，以桥梁综合接地为例（表 3-3），编制接口编码表，确定接口类型，详细地阐述接口设计说明和接口分工界面。其中接口类型包括物理连接、功能匹配、参数匹配以及施工预留等。

表 3-3　桥梁综合接地

接口编码	01040408004	接口类型	施工预留
接口名称	桥梁综合接地		
接口设计说明	(1)根据信号专业接地要求，接触网支柱、距接触网带电部分 5 m 范围以内的金属结构物和电气设备必须接入综合接地系统；距贯通地线 20 m 范围以内的铁路建筑物构筑物的接地装置应与综合接地系统等电位连接；敷设在电缆槽内的贯通地线与通信信号电缆之间应采取物理隔离措施 (2)桥梁梁体、墩台及基础下部、桥面附属设施及桥上无砟轨道板、接触网基础、声屏障、结构柱及雨棚柱等均需要参照《铁路综合接地系统》(通号(2016)9301)预埋接地装置。同时需根据桥梁、承台的布置情况进行综合接地系统设计，保证整个桥梁上综合接地系统的电气连接		
接口分工界面	信号专业提供贯通地线、横向连接线的设置，分支引接线、接地端子的设置，接地装置的设置，接地材料连接工艺，车站内的综合接地连接方案等；桥梁专业负责梁体、墩台及基础接地端子预埋		

3.3.4　铁路工程技术接口管理计划

在明确接口设计内容及接口双方责权的基础上制定接口管理计划。接口管理计划是接口实施、接口验证的指导性文件，包括接口进度优化和资源均衡分配等内容。通过分析技术接口进度风险的影响因素，确定进度最大完工概率及其工期，优化技术接口的关键要素，以此编制接口管理计划控制表，使人力、材料、机械等各种资源充分有效运用，确保铁路工程能够同时实现优质、快速、经济、安全的最优化管理目标。

3.3.4.1　铁路工程技术接口进度分析

1. 技术接口系统—协调耦联分析

技术接口系统是一项复杂动态的系统工程，其复杂性体现在技术接口、技术接口任务以及技术接口实施过程中的不确定性。其中，技术接口本身存在的复杂性体现为连接部位由于能量、空间、信息上的相互依赖关系形成的结构；技术接口活动的复杂性体现为并行活动之间的重叠和迭代关系；技术接口实施不确定的复杂性体现为技术接口实施过程中由于管理和环境等因素相互作用形成的复杂网络，将其视为风险。由于技术接口施工过程中存在的不确定性大、影响进度的因子多且关系错综复杂，因此有必要对技术接口系统进行协调耦联分析，如图 3-16 所示。

2. 技术接口进度风险识别

技术接口风险对工程进度的影响具有多链式效应，外部因素表现为技术接口实施人员的技能、材料以及施工器具等对技术接口施工效率产生的影响，内部因素则从工作顺序、交接时间、施工逻辑以及信息传递等多条路径来反映。因此，通过分析技术接口问题对进度产生的影响，参考相关文献[7]，识别出影响技术接口的风险因素，见表 3-4。

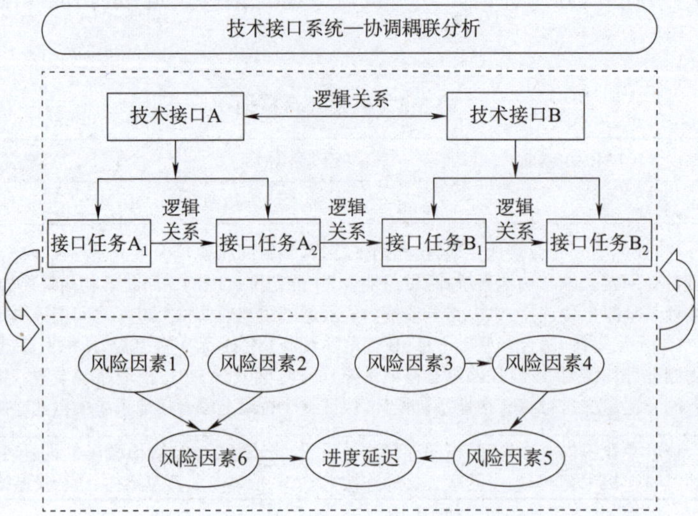

图 3-16　技术接口系统-协调耦联分析图

表 3-4　技术接口风险因素

风险因素		风险因素描述
外部因素 B_1	作业人员技术水平 B_{11}	缺乏熟练工；工人没有达到工种技能要求
	接口施工材料质量性能 B_{12}	材料质量差、尺寸误差大；材料性能不符合要求
	技术应用合理性 B_{13}	特殊施工技术的适用性；技术接口特殊施工技术与新设备的匹配性
	设备应用合理性 B_{14}	人-机界面差；设备之间空间位置冲突
	接口资源配置 B_{15}	接口双方资源的不合理分配；资源分配不及时
	接口管理落实情况 B_{16}	管理体系不够完善；缺乏接口管理知识和资源；未制定有效的接口管理方法和程序；管理措施不合理、未落实
	接口施工环境条件 B_{17}	地质条件恶劣；自然灾害频发；难以预料的极端天气条件
内部因素 B_2	接口信息传递 B_{21}	未知的信息需求；不良的沟通方式；缺乏统一的信息标准
	接口逻辑顺序 B_{22}	交叉作业工序安排不合理；缺少合理的进度控制措施
	接口施工方法 B_{23}	不适当的施工方法和程序；缺少快速跟踪接口进度的方法
	接口交接时间 B_{24}	设计文件的交接不及时；设计与施工之间技术交底不完全
	接口工作分包 B_{25}	不当的工作分解；工作范围划分不当；专业接口划分不合理
	接口双方协作 B_{26}	接口管理职责与分工不清晰；缺乏专业协调

3. 基于 BBNs 的施工进度风险因素分析

BBNs[23](Bayesian belief networks)是将多元知识图解可视化的一种概率知识表达与推理模型，具有基于变化信息而更新事件的能力，可通过采用条件概率表达各个要素之间的相关关系，计算出各要素之间因条件相关而产生的不确定性。对于不同的技术接口，风险发生概率不一样，对技术接口进度产生的影响程度也不同。本研究通过贝叶斯信念网络计算技术接口在多种不确定性风险因素综合影响下，各技术接口风险影响因素表现情况概率边界，从而确定风险对技术接口施工进度的影响。

假设贝叶斯网络包含 k 个风险变量 $x_1, x_2, \cdots, x_k$，每个技术接口的风险变量 x_k 有 r_k 种可能取值，分别对应风险等级“好、正常、差”。根据贝叶斯定理：

$$P(B|D)=\frac{P(B,D)}{P(D)}=\frac{P(B)\cdot P(D|B)}{P(D)} \tag{3-23}$$

式中，$P(B)$为先验概率分布，$P(D)$是与网络结构无关的正规化常数。$P(D|B)$为似然概率，而后验概率是近端风险与其远端风险节点贡献的评分累计，见式(3-24)。

$$P(D|B)=\prod_{k=1}^{K}\text{score}(k,\pi_k) \tag{3-24}$$

式中，评分函数 score 是根据候选网络结构，将风险变量等级取值在相应样本的占比作为估计，见式(3-25)。

$$\text{score}(k,\pi_k)=\prod_{m=1}^{q_k}\frac{(r_k-1)}{(N_{km}+r_k-1)!}N_{km}\prod_{m=1}^{q_k}N_{kml}! \tag{3-25}$$

式中，π_k 为风险变量 x_k 的远端风险集，远端风险集有 q_k 种不同的组合，N_{kml} 表示样本数集 D 中风险变量 x_k 为 r_k 中第 l 种风险等级且 x_k 远端风险集为第 m 种组合的样本个数，N_{kml} 与 N_{km} 满足式(3-26)。

$$N_{km}=\sum_{l=1}^{r_k}N_{kml} \tag{3-26}$$

通过分析风险因素关系(表 3-5)以及风险对技术接口自身的影响，基于 BBNs 方法，利用 GeNIe2.3 软件对技术接口施工进度风险绘制贝叶斯网络图，描述风险因素之间的因果关系(图 3-17)，确定风险对技术接口施工进度的影响，得到风险表现情况概率边界。

表 3-5　技术接口风险因素关系

远端风险		近端风险	目标结果
远端风险 1	远端风险 2 (受远端风险 1 的影响)		
作业人员技术水平 B_{11}	—	接口实施效率 B_{18}	技术接口实施进度
接口施工材料质量性能 B_{12}	—		
技术和设备应用合理性 B_{13}	—		
接口施工环境条件 B_{17}	接口资源配置 B_{15}	接口工作顺序 B_{23}	
	接口信息传递 B_{21}		
接口管理落实情况 B_{16}	接口双方协作 B_{26}	接口交接时间 B_{24}	
—	—	接口逻辑顺序 B_{22}	
—	—	接口工作分包 B_{25}	

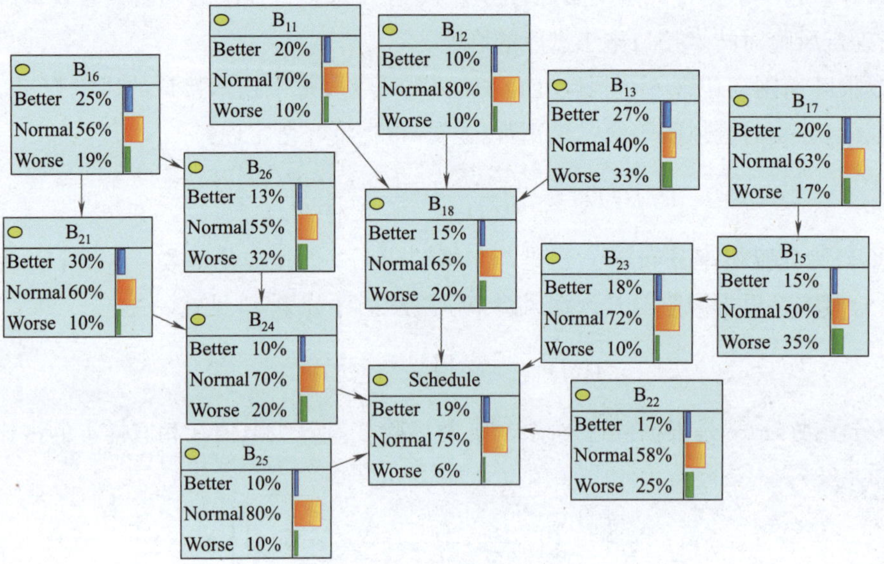

图 3-17　贝叶斯网络关系图

通过改变技术接口进度风险的发生概率(变化范围−30%～+30%),对技术接口的风险进行敏感性分析,以此研究风险不确定变化时对技术接口进度的影响,得到技术接口进度风险因素敏感性分析图。以“综合接地技术接口和电缆槽技术接口”为例,进度风险因素敏感性分析如图 3-18 所示。

在图 3-18 中,13 条直线分别代表 13 个不确定风险变量对技术接口进度的敏感性。从图 3-18(a)可以看出,作业人员技术水平对综合接地技术接口进度最为敏感;其次是技术接口管理情况;而接口工作分包变化对“综合接地技术接口”进度影响最小。从图 3-18(b)可以看出,接口管理落实情况对“电缆槽技术接口”进度的影响最为显著;接口逻辑顺序的变化对其进度影响最小。而对于某山区铁路桥梁与四电工程技术接口,接口管理是否落实是导致进度变化的主要原因;其次是作业人员的技术水平;而接口施工的工作环境变化对技术接口进度影响程度最小。因此,为保障桥梁与四电工程技术接口施工工期,应重点关注技术接口管理的落实情况和技术接口施工人员的技术水平。

4. 基于 CSRAM 的技术接口进度分析模型

CSRAM(correlated schedule risk analysis model)[24]是一种基于仿真的施工进度影响因素分析模型,该模型从影响因素驱动技术接口活动持续时间不确定的角度出发,基于影响因素随技术接口施工进度的随机变化规律,考虑了内部影响因素相关性、技术接口活动相关性以及影响因素对技术接口实施进度的综合影响,实现了计划工期的完工仿真分析,其计算过程如下所示。

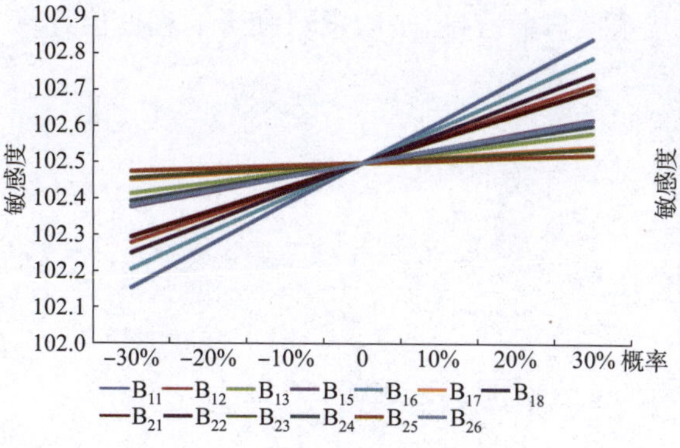

(a)综合接地技术接口

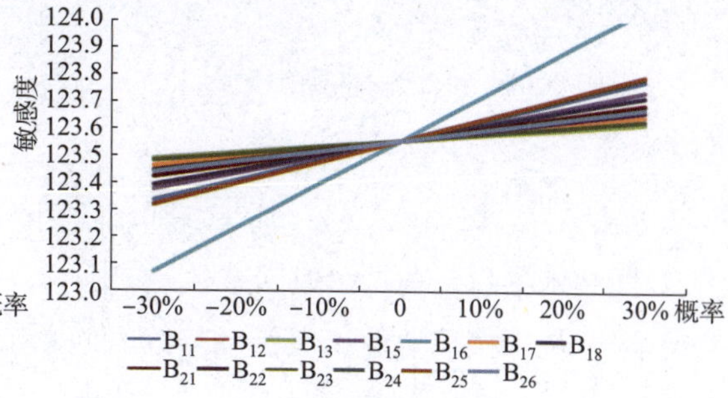

(b)电缆槽技术接口

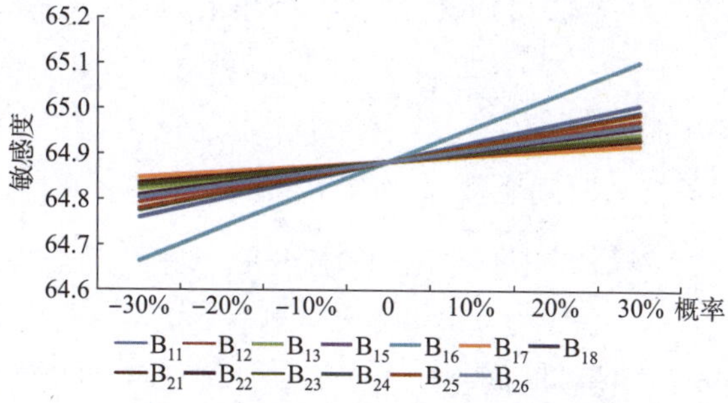

(c)某山区铁路桥梁工程与四电工程技术接口

图 3-18　技术接口进度风险敏感性分析图

(1)模型参数输入

①技术接口 CPM 网络信息

从资源配置、逻辑关系等方面理清技术接口任务冲突，合理优化技术接口任务，从而确定关键路线网络信息。

②确定各技术接口任务的三时估计值

通过咨询专家以及查阅相关资料，确定各技术接口任务的最乐观时间 a_i、最悲观时间 b_i 和最可能持续时间 m_i。

③影响因素—技术接口任务影响程度矩阵

对于技术接口影响因素，按照“非常显著(2)、显著(1)、不显著(0)”三个等级，定性量化影响因素对接口活动的影响大小，得到 CSRAM 所需的因素影响程度矩阵。

④影响因素表现情况概率边界

基于 BBNs 考虑影响因素相关性，计算得到影响因素表现情况概率边界。

(2)技术接口活动持续时间系数的计算

①影响因素对技术接口任务影响程度

在 CSRAM 模型中，用 0.7 标定技术接口任务定性值为“很显著”的风险因素，用 0.3 标定任务定性值为“显著”的风险因素。对于某技术接口而言，风险因素对其影响程度值计算见式(3-27)。

$$D_{ij}=\begin{cases}\dfrac{0.7}{\text{“非常显著”风险因素个数}} & w_iR_j=2\\[2ex]\dfrac{0.3}{\text{“显著”风险因素个数}} & w_iR_j=1\end{cases}\tag{3-27}$$

②技术接口任务持续时间系数

对于技术接口活动 i，其活动持续时间系数 coeff_i 计算式见式(3-28)。

$$\mathrm{coeff}_i=\sum_{j=1}^{m}(q_j\times \mathrm{rnd}_j\times D_{ij})\tag{3-28}$$

式中，rnd_j 为风险因素发生概率值，为随机数；D_{ij} 为影响因素 j 对技术接口任务 i 的影响程度值。

③技术接口任务持续时间

在得到技术接口任务持续时间系数 coeff_i 后，按式(3-29)计算活动持续时间：

$$t_i=\begin{cases}m_i+(b_i-m_i)\times \mathrm{coeff}_i & \mathrm{coeff}_i>0\\ m_i+(m_i-a_i)\times \mathrm{coeff}_i & \mathrm{coeff}_i\leqslant 0\end{cases}\tag{3-29}$$

式中，t_i 为技术接口任务 i 的持续时间；m_i 为三时估计中任务 i 的最可能时间；b_i 为三时估计中任务 i 的最悲观时间；a_i 为三时估计中任务 i 的最乐观时间；coeff_i 为任务 i 的持续时间系数。

(3)耦合 BBNs 和 CSRAM 的技术接口实施进度分析模型

根据耦合 CSRAM 和 BBNs[25]原理及施工进度网络结构，构造耦合优化 CSRAM 和 BBNs 方法的铁路工程技术接口群进度分析数学模型，如图 3-19 所示。

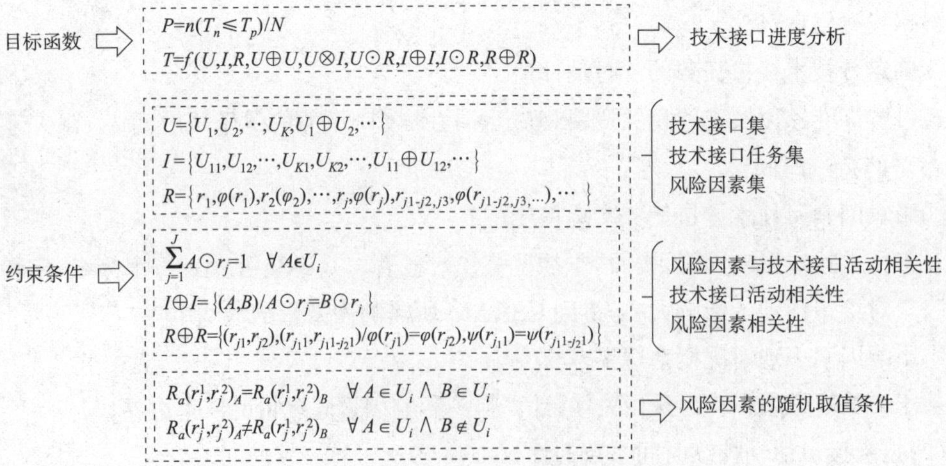

图 3-19　技术接口进度分析模型

模型中：P 为桥梁与四电工程技术接口施工总工期的完工概率；N 为仿真计算的总次数；T_n 为第 n 次仿真计算得到的技术接口施工进度计划时间；T_p 为桥梁与四电工程技术接口预计进度；T 为施工总工期，$U \oplus U$ 为桥梁与四电工程技术接口之间的相关性；$U \otimes I$ 为技术接口与技术接口活动之间存在的关系；$U \odot R$ 为技术接口与风险因素之间的相互关系；$I \oplus I$ 为技术接口活动之间的相互关系；$I \odot R$ 为技术接口活动与风险因素之间的相互关系；$R \oplus R$ 为影响技术接口风险因素之间的相互关系；$\varphi(r_j)$为近端风险直接影响技术接口进度情况的发生概率边界；$\varphi(r_{j1-j2,j3,\cdots})$为受远端风险的影响，近端风险对技术接口进度的影响情况的发生概率边界；$A \odot r_j$ 为风险因素对技术接口活动 A 的影响程度；$\psi(r_{j_1 1-j_2 1})$为第一个技术接口活动受远端风险因素影响的近端风险 j_1 的概率值，$R_a(r_j^1, r_j^2)_A$ 为技术接口活动 A 的风险因素表现情况量化随机数和风险因素发生概率随机数。

5. 技术接口进度仿真分析

蒙特卡罗方法（Monte Carlo）[26]通过应用随机数数列对不确定性问题进行模拟实验、获得问题的近似解。采用蒙特卡罗方法可以估算影响因素作用下技术接口进度概率，仿真流程图如图 3-20 所示。

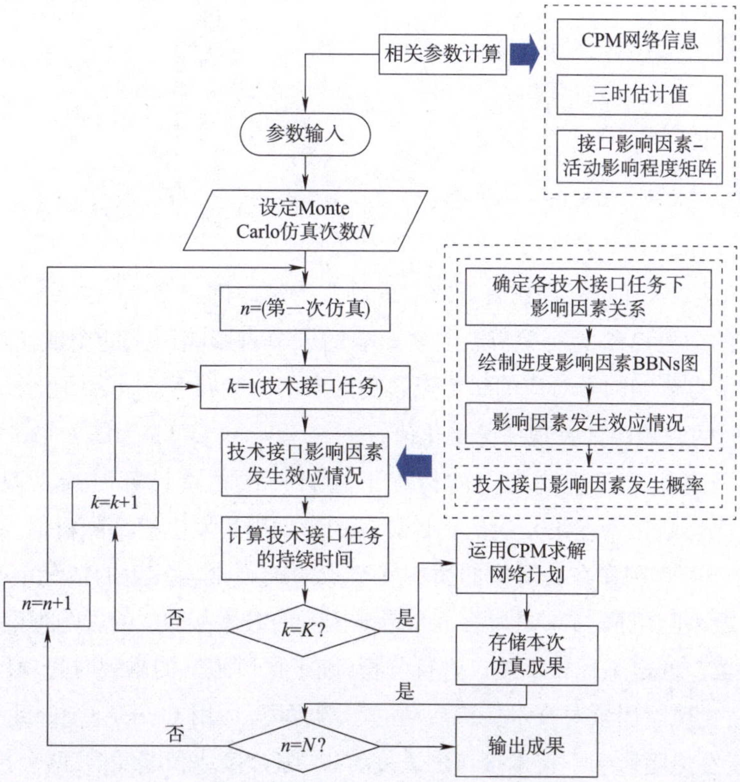

图 3-20　技术接口进度仿真流程图

在每次仿真计算过程中，每个技术接口的因素发生概率用随机数表示，具体计算流程如下：

步骤1：基于因素贝叶斯信念网络图从上到下的逻辑顺序，对各影响因素依次产生第一组随机数，对影响因素的效应情况进行量化，计算影响因素表现情况概率边界。

步骤2：产生第二组随机数确定各影响因素发生导致进度变化概率随机值，即影响因素发生概率随机数。

步骤3：利用式(3-30)求解各个技术接口活动的施工持续时间。

$$t_i^n=\begin{cases} m_i+(b_i-m_i)\times\left\{\sum_{j=1}^{M1}[P^n(S_j)\times q^n(S_j)\times\psi(r_{sj})]+\sum_{j=1}^{M2}[P^n(S_k/S_1,\cdots,S_{M3})\times q^n(S_k/S_1,\cdots,S_{M3})\times\psi(r_{sj})]\right\} & \sum_{j=1}^{M1}[P^n(S_j)\times q^n(S_j)\times\psi(r_{sj})]+\sum_{j=1}^{M2}[P^n(S_k/S_1,\cdots,S_{M3})\times q^n(S_k/S_1,\cdots,S_{M3})\times\psi(r_{sj})]>0 \\ m_i+(m_i-a_i)\times\left\{\sum_{j=1}^{M1}[P^n(S_j)\times q^n(S_j)\times\psi(r_{sj})]+\sum_{j=1}^{M2}[P^n(S_k/S_1,\cdots,S_{M3})\times q^n(S_k/S_1,\cdots,S_{M3})\times\psi(r_{sj})]\right\} & \sum_{j=1}^{M1}[P^n(S_j)\times q^n(S_j)\times\psi(r_{sj})]+\sum_{j=1}^{M2}[P^n(S_k/S_1,\cdots,S_{M3})\times q^n(S_k/S_1,\cdots,S_{M3})\times\psi(r_{sj})]\leqslant 0 \end{cases} \tag{3-30}$$

式中，t_i^n 为技术接口 i 在第 n 次仿真计算时的施工持续时间；$M1$ 为无父结点因素影响的子节点影响因素的个数；$M2$ 为有父节点因素影响的子节点影响因素的个数；$M3$ 为有父节点因素影响的子节点影响因素对应的父节点影响因素的个数；$P^n(S_j)$为第 j 个影响因素在第 n 次仿真计算时的影响因素表现情况量化值；$P^n(S_k/S_1,\cdots,S_{M3})$为第 k 个子节点因素在其对应的所有父节点影响因素均发生的情况下在第 n 次仿真计算时的表现情况量化值；$q^n(S_j)$为第 j 个影响因素在第 n 次仿真计算时的影响因素发生概率随机值；$q^n(S_k/S_1,\cdots,S_{M3})$为第 k 个子节点因素在其对应的所有父节点影响因素均发生的情况下在第 n 次仿真计算时的发生概率随机值；$\psi(r_{sj})$为第 j 个影响因素对技术接口 i 的影响程度量化值。

通过对桥梁与四电工程技术接口进行分析，确定接口施工的乐观时间、最有可能时间以及悲观时间，量化风险因素对技术接口活动的影响程度，运用 Oracle Crystal Ball 软件进行进度仿真，确定在风险影响下技术接口的进度。以“综合接地和电缆槽”两个技术接口为例，将其进度风险参数输入 CSRAM 模型，并采用 Monte Carlo 进行仿真求解，得到工期频率和累计频率图如图 3-21、图 3-22 所示。

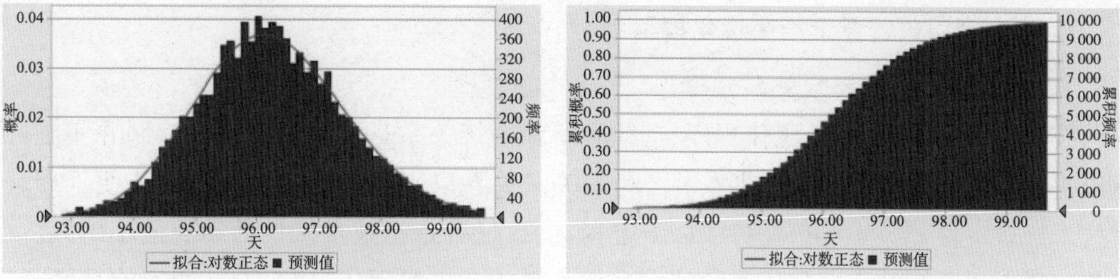

(a)综合接地技术接口工期仿真频率　　(b)综合接地技术接口工期仿真累计频率

图 3-21　综合接地技术接口工期仿真

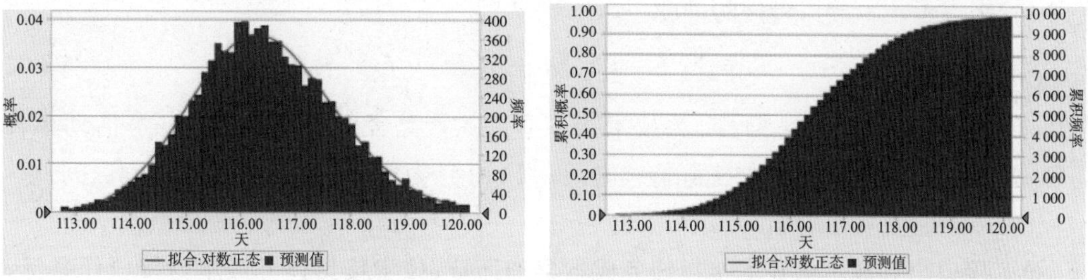

(a)电缆槽技术接口工期仿真频率　　(b)电缆槽技术接口工期仿真累计频率

图 3-22　电缆槽技术接口工期仿真

由图 3-21 可知，综合接地技术接口最有可能完工工期为 96 天，此时完工概率为 40%，相应的风险概率达到 60%，按期完工概率较小；当工期为 98 天时，此时累计概率达到 90%，相应的风险概率达到 10%，此时该技术接口的完工概率较大；当工期为 100 天时，累计概率为 100%，此时已为最悲观时间，会造成一定资源以及人力浪费。

由图 3-22 可知，电缆槽技术接口最有可能完工工期为 116 天，此时完工概率为 38.25%，相应的风险概率达到 61.75%，风险概率较大，按期完工可能性较小；当工期为 118 天时，完工概率达到 87.32%，相应的风险概率为 12.68%，此时，按期完工可能性较大；当工期为 120.1 天时，累计概率为 100%，此时已为最悲观时间。

3.3.4.2　铁路工程技术接口关键要素均衡优化研究

在明确进度的基础上，分析质量、成本、安全与进度之间的关系[27]（图 3-23），将各关键要素之间的关联关系以多属性效用函数的形式量化，构建技术接口关键要素均衡优化模型，利用 ASF-PICEA-g 算法对均衡优化模型进行动态演化求解，得到整体模型最优解下各关键要素的较优解，实现对铁路工程技术口关键要素的协调优化控制。

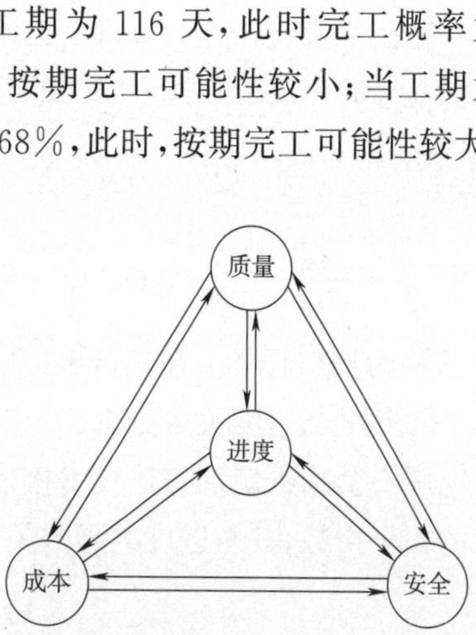

图 3-23　进度—质量—安全—成本之间的关系

1. 技术接口关键要素均衡优化模型

(1)技术接口关键要素关系分析

技术接口的工作内容、工作程序、持续时间和衔接关系是根据进度目标编制并实施，因此以进度为自变量[28]，将各关键要素之间的关联关系以函数的形式量化。为了便于理解，对技术接口事件和技术接口任务作以下定义：接口任务是指技术接口活动的最小单元。接口事件是由一系列特定接口任务的特定逻辑关系相互搭接而成，接口事件的实施是为了实现各专业之间的功能。

将技术接口事件分解为一系列有逻辑关系的接口任务，根据接口任务的逻辑关系，用式(3-31)来表示技术接口事件的进度。

$$T=\sum_{j\in K}T_j=\sum_{j\in K}\left[a+b(T_j-T_j^i)^2\right] \tag{3-31}$$

式中，T 为技术接口事件工期；K 为技术接口事件关键路径上的技术接口任务活动集合；$T_j\in[T_j^i,T_j^s]$，T_j 为活动 j 的实际持续时间；$[T_j^i,T_j^s]$为活动 j 的实际持续时间区间。

①成本与进度关系分析

技术接口事件成本由技术接口任务成本累加而成，技术接口任务成本与接口任务活动持续时间存在一定函数关系，用式(3-32)表示。

$$C=\sum_{j=1}^{m}C_j=c+d\left\{\sum_{j=1}^{m}\left[c_j(T_j-T_j^s)^2+C_j^s\right]\right\} \tag{3-32}$$

式中，$c_j=\dfrac{C_j^s-C_j^i}{(T_j^s-T_j^i)^2}$；$C$ 为技术接口事件成本；m 为该技术接口事件包含的技术接口任务数量；$C_j\in[C_j^i,C_j^s]$，C_j 为接口任务 j 的实际成本；$[C_j^i,C_j^s]$为技术接口任务 j 成本区间。

②质量与进度关系分析

将技术接口任务的质量情况通过 0～1 之间的数值进行定性描述。技术接口任务质量水平提高的速度随其持续时间的延长而变缓，因此它们之间的非线性关系用式(3-33)表示。

$$Q=e+f\left\{\sum_{j=1}^{m}w_j^Q\left[-q_j(T_j-T_j^s)^2+Q_j^s\right]-\sum_{j=1}^{m}Q_j^s\right\}^2 \tag{3-33}$$

式中，$q_j=\dfrac{Q_j^s-Q_j^i}{(T_j^s-T_j^i)^2}$；$[Q_j^i,Q_j^s]$为接口任务 j 的质量保证区间；Q_j 为接口任务 j 的质量水平；w_j^Q 为接口任务 j 在接口事件中的质量权重。

③安全与进度关系分析

用安全指数定性描述技术接口的安全水平状态，通过 0～1 连续的数值表示技术接口任务的安全指数，其与进度的函数关系用式(3-34)表示。

$$S=g+h\left\{\sum_{j=1}^{m}w_j^s\left[-S_j(T_j-T_j^s)^2+S_j^s\right]-\sum_{j=1}^{m}S_j^s\right\}^2 \tag{3-34}$$

式中，$S_j=\dfrac{\Delta P_j^s-\Delta P_j^i}{(T_j^s-T_j^i)^2}$；$(\Delta P_j^i,\Delta P_j^s)$为接口任务 j 安全事故概率随持续时间变化而变化的

区间；S_j 为接口任务 j 的安全指数；P_j 为安全事故发生概率；ΔP_j 为在接口任务持续时间延长后，安全事故发生概率减少比例 w_j^S 为活动 j 在接口事件的安全权重。

（2）多属性效用函数

基于多属性效用函数原理，以进度 T、成本 C、质量水平 Q、安全指数 S 为多属性函数变量，对于偏好关系，满足式（3-35）：

$$(T',C',Q',S')\begin{pmatrix}>\\\sim\\<\end{pmatrix}(T'',C'',Q'',S'')\Leftrightarrow\mu(T',C',Q',S')\begin{pmatrix}>\\=\\<\end{pmatrix}\mu(T'',C'',Q'',S'') \tag{3-35}$$

则函数 $\mu=\mu(T,C,Q,S)\in U\subset R$ 为多属性数。

按照多属性效用函数理论的分解类型 $\mu=\mu(T,C,Q,S)$ 采用加式分解有

$$\begin{gathered}\mu=\mu(T,C,Q,S)=k_T\mu(T)+k_C\mu(C)+k_Q\mu(Q)+k_S\mu(S)\\ k_T,k_C,k_Q,k_S\geqslant 0,k_T+k_C+k_Q+k_S=1\end{gathered} \tag{3-36}$$

式中，$\mu(T)$，$\mu(C)$，$\mu(Q)$，$\mu(S)$ 为工期 T、成本 C、质量水平 Q、安全指数 S 单变量的效用函数，k_T，k_C，k_Q，k_S 分别是单变量效用函数的决策偏好系数，根据决策者的偏好进行设定。

（3）构建技术接口关键要素均衡优化模型

将各技术接口任务的进度 T、成本 C、质量水平 Q、安全指数 S 的表达式以及定义的各单变量效用函数 $\mu(T)$，$\mu(C)$，$\mu(Q)$，$\mu(S)$ 代入多属性效用函数，建立技术接口关键要素均衡优化模型。

①QCT-S 多要素模式下，以安全作为约束条件构建的技术接口关键要素均衡优化模型见式（3-37）。

$$\begin{aligned}\max\mu(QCT-S)=&k_T\sum_{j\in K}[a+b(T_j-T_j^i)^2]+k_C\{c+d\sum_{j=1}^{m}[c_j(T_j-T_j^s)^2+C_j^s]\}+\\&k_Q\{e+f(\sum_{j=1}^{m}w_j^Q[-q_j(T_j-T_j^s)^2+Q_j^s]-\sum_{j=1}^{m}Q_j^s)^2\}\end{aligned} \tag{3-37}$$

约束条件：$S=\sum_{j=1}^{m}w_j^sS_j=g+h\{\sum_{j=1}^{m}w_j^s[-S_j(T_j-T_j^s)^2+S_j^s]-\sum_{j=1}^{m}S_j^s\}^2$

②SQC-T 多要素模式下，以进度作为约束条件构建的技术接口关键要素均衡优化模型见式（3-38）。

$$\begin{aligned}\max\mu(SQC-T)=&k_C\{c+d\sum_{j=1}^{m}[c_j(T_j-T_j^s)^2+C_j^s]\}+\\&k_Q\{e+f(\sum_{j=1}^{m}w_j^Q[-q_j(T_j-T_j^s)^2+Q_j^s]-\sum_{j=1}^{m}Q_j^s)^2\}+\\&k_S\{g+h(\sum_{j=1}^{m}w_j^s[-S_j(T_j-T_j^s)^2+S_j^s]-\sum_{j=1}^{m}S_j^s)^2\}\end{aligned} \tag{3-38}$$

约束条件：$T=\sum_{j\in K}[a+b(T_j-T_j^i)^2]$

③QTS-C 多要素模式下，以成本作为约束条件构建的技术接口关键要素均衡优化模型见式(3-39)。

$$\max\mu(QTS-C)=k_T\sum_{j\in K}[a+b(T_j-T_j^i)^2]+ k_Q\left\{e+f\left(\sum_{j=1}^{m}w_j^Q[-q_j(T_j-T_j^s)^2+Q_j^s]-\sum_{j=1}^{m}Q_j^s\right)^2\right\}+ k_S\left\{g+h\left(\sum_{j=1}^{m}w_j^s[-S_j(T_j-T_j^s)^2+S_j^s]-\sum_{j=1}^{m}S_j^s\right)^2\right\} \tag{3-39}$$

约束条件：$C=c+d\left\{\sum_{j=1}^{m}([c_j(T_j-T_j^s)^2+C_j^s]\right\}$

④CTS-Q 多要素模式下，以质量作为约束条件构建的技术接口关键要素均衡优化模型见式(3-40)。

$$\max\mu(CTS-Q)=k_T\sum_{j\in K}[a+b(T_j-T_j^i)^2]+ k_C\left\{c+d\left(\sum_{j=1}^{m}[c_j(T_j-T_j^s)^2+C_j^s]\right)\right\}+ k_S\left\{g+h\left(\sum_{j=1}^{m}w_j^s[-S_j(T_j-T_j^s)^2+S_j^s]-\sum_{j=1}^{m}S_j^s\right)^2\right\} \tag{3-40}$$

约束条件：$Q=e+f\left\{\sum_{j=1}^{m}w_j^Q[-q_j(T_j-T_j^s)^2+Q_j^s]-\sum_{j=1}^{m}Q_j^s\right\}^2$

2. 技术接口关键要素作用机理分析及决策偏好系数确定

质量、安全为常数，是刚性的，进度、成本一般为可变的。为得到技术接口关键要素均衡优化模型决策偏好系数，通过分析技术接口对关键要素作用机理，运用 WSR 方法论识别影响技术接口关键要素的因素，并借助网络层次分析法(ANP)[29]进行求解。

(1)技术接口对关键要素的作用机理

技术接口作为铁路工程中最为薄弱的地方，在接口任务实施过程中不可避免地会受到一系列影响因素的制约，这些影响因素在一定环境条件下作用于技术接口，造成了技术接口实施的障碍，导致技术接口质量低下、进度延迟、成本增加，对整个铁路工程项目产生影响。故而技术接口、关键要素、影响因素之间的作用机理可通过“调节效应”来解释，如图 3-24 所示。因此，通过分析技术接口对关键要素的作用机理，识别出关键要素的影响因素，对于技术接口关键要素的均衡优化具有十分重要的作用。

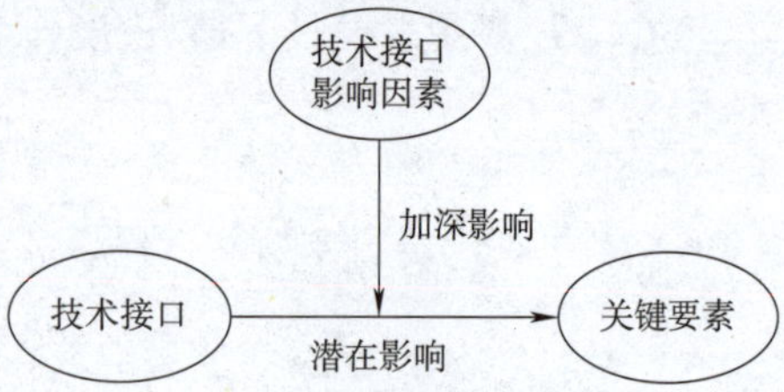

图 3-24 技术接口对关键要素作用机理图

考虑铁路沿线复杂的环境条件，基于技术接口问题并参考相关文献[30-31]，从铁路工程质量、进度、成本、安全的影响角度出发，利用 WSR（物理-事理-人理）方法论梳理出 19 个影响因素（图 3-25），以此确定均衡优化函数中的决策偏好系数。

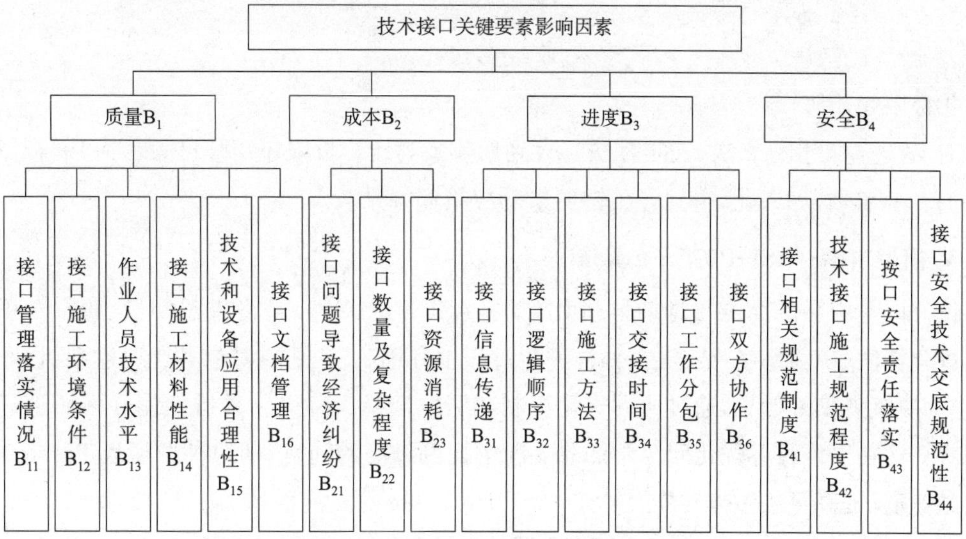

图 3-25　技术接口关键要素影响因素指标

（2）基于 ANP 的均衡函数决策偏好系数求解

铁路工程技术接口各关键要素之间存在着耦合关系，传统的重要性分析方法在确定决策偏好时仅考虑了影响因素对技术接口关键要素的影响程度，没有考虑各因素之间的相互作用。因此采用网络层次分析法（ANP）计算决策偏好系数，该方法的优势在于考虑了层次结构之间的循环、反馈以及技术接口各关键要素之间的相互依存关系。

①权矩阵

权矩阵反映关键要素各影响因素之间的相互影响程度。以技术接口关键要素 p_s（$s=1,2,\cdots,m$）为准则，以其中的某一组影响因素 C_i（$i=1,2,\cdots,n$）为次准则，进行各影响因素组间的相对重要度比较，得到加权矩阵 $A=(a_{ij})$。

②超矩阵

超矩阵反映技术接口关键要素之间的相互影响程度。设元素组 C_i 中有元素（即次因子）e_{i1}，e_{i2}，$\cdots e_{iN_i}$，以技术接口 p_s 为准则，以 C_i 中的关键要素 e_{ik} 为次准则，元素组 C_i 中各关键要素按其对 e_{ik} 的影响力大小进行优势度判断并计算其特征向量，组成矩阵 W_{ij}。将所有的矩阵 W_{ij} 组成块矩阵，以便获得准则 p_s 下的超矩阵 W。

$$W_{ij}=\begin{pmatrix} w_{i1}^{j1} & \cdots & w_{i1}^{jN_i} \\ \vdots & & \vdots \\ w_{iN_i}^{j1} & \cdots & w_{iN_i}^{jN_i} \end{pmatrix} \quad W=\begin{pmatrix} w_{11} & \cdots & w_{1n} \\ \vdots & & \vdots \\ w_{n1} & \cdots & w_{nn} \end{pmatrix} \tag{3-41}$$

③加权超矩阵

加权超矩阵 W 表示 ANP 结构中各影响因素之间的实际影响关系。

$$\overline{W}=(\overline{W}_{ij})$$
$$\overline{W}_{ij}=a_{ij}W_{ij} \tag{3-42}$$

④极限超矩阵

对 $\overline{W}$ 进行自相乘 β 次(又叫幂法),直到积收敛为止。极限超矩阵可表示为 $\overline{W}^{\beta}$,对矩阵 $\overline{W}^{\beta}$ 的每一列进行归一化,得到各关键要素的决策偏好系数。

3. 模型求解—ASF-PICEA-g 算法

偏好向量引导的高维目标协同进化算法(ASF-PICEA-g)是将收益标量函数(ASF)和协同进化算法(PICEA-g)结合,在种群进化过程中利用 ASF 函数将参考点映射到目标空间中,作为决策者偏好信息,通过协同进化机制和区域选择策略引导种群朝偏好区域逼近,有效解决算法在高维目标优化问题中的非支配解比例过高的问题,加快种群逼近 Pareto 前沿的收敛速度,提高算法整体性能[29][32]。ASF-PICEA-g 算法流程如图 3-26 所示。

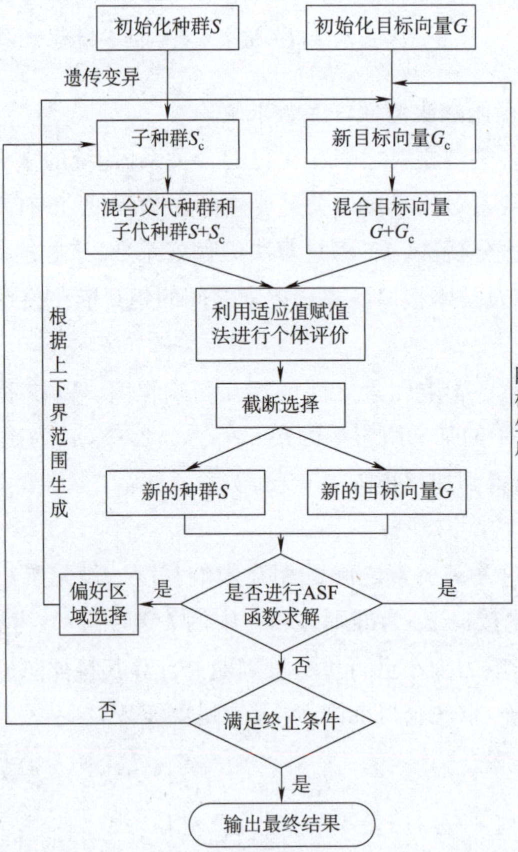

图 3-26 算法流程图

步骤 1：设置初始参数，产生初始种群 $P=(P_1,P_2,\cdots,P_N)$ 和初始化偏好集 $G=(G_1,G_2,G_{N_{\mathrm{goal}}})$ 偏好集上界 $\mathrm{goal}_{\mathrm{Upper}}=1.2\times\max\limits_{1\leqslant i\leqslant 2N} f_j(x^i)$，偏好集下界 $\mathrm{goal}_{\mathrm{Lower}}=1.2\times\min\limits_{1\leqslant i\leqslant 2N} f_j(x^i)$。

步骤 2：对初始种群 P 进行交叉变异产生新的子代种群 P_c，更新偏好集 G 上下界，并随机产生新的偏好 G_c，更新外部集合 Q_t，将种群 P 和 P_c、偏好向量 G 和 G_c 混合计算其各自适应值，截断选择产生新子种群和新偏好向量集。

步骤 3：利用 ASF 扩展函数将进化种群中的参考点映射至目标空间，并将其作为偏好向量引导种群进化的参考方向，然后利用偏好区域选择策略获取两个临时参考点进而构建 ROI 区域，确定随机偏好向量集产生的上下界范围(图 3-27)。

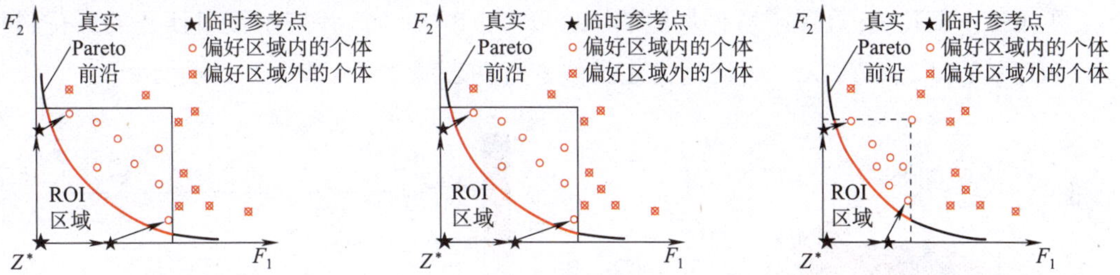

(a)临时参考点　(b)偏好区域　(c)种群进化

图 3-27　偏好区域选择策略

步骤 4：利用协同进化机制对目标函数进行优化，在 ROI 区域内的候选解中选择适应值最大的 N 个候选解进入下一代进化，引导种群朝偏好区域收敛。

步骤 5：判断是否满足终止条件：若不满足，返回步骤 2；否则，算法终止运行。

基于技术接口关键要素的相互影响关系，依据建立的 ANP 结构模型和 ANP 计算原理，确定各关键要素相互重要程度，并利用 Super Decision 软件求解出决策偏好系数。利用 ASF-PICEA-g 算法原理，对相关参数进行设置[33]，种群规模和偏好规模均为 100，距离参数为 14，位置参数为 18，每个算法迭代次数均为 250 代，且在相同环境下运行 20 次。选取“桥隧连接型式、桥隧相连边坡防护、桥台与洞身接口”3 个有代表性的接口，分别对 QTS-C、SQC-T、QCT-S、CTS-Q 多要素模式进行验证。

(1)桥隧连接型式

某山区铁路桥梁工程与隧道工程之间依靠 24 m 棚洞连接，该技术接口事件分解为“立柱基础施工、纵梁施工、横梁施工、T 型梁施工及柔性网施工”5 个技术接口任务，建立技术接口关键要素均衡优化模型：

$$\mu(Q,T,S)=k_T\left[1-\frac{1}{21^2}\left(\sum_{j=1}^{m}T_j-125\right)^2\right]+$$

$$k_Q\left\{1-\frac{1}{15.7^2}\left(\sum_{j=1}^{m}w_j^Q\left[-q_j(T_j-T_j^s)^2+Q_j^s\right]-100\right)^2\right\}+$$

$$k_S\left[1-\frac{1}{15.7^2}\left(\sum_{j=1}^{m}w_j^S S_j-100\right)^2\right]$$

$$
st.\begin{cases}0 \leqslant k_C\left\{1-\dfrac{1}{33.39^2}\sum_{j=1}^{m}\left[c_j(T_j-T_j^s)^2+C_j^s\right]\right\}\leqslant 1\\ 14\leqslant T_1\leqslant 18\\ 31\leqslant T_2\leqslant 37\\ 35\leqslant T_3\leqslant 40\\ 25\leqslant T_4\leqslant 28\\ 20\leqslant T_5\leqslant 23\\ T_j\in z(j=1,2,3,4,5)\end{cases}
$$

由 ASF-PICEA-g 算法求解得最优效用值 $\mu=0.82$；此时，各技术接口任务的最优进度依次为 15、33、36、26、21 天。对均衡优化函数进行动态演化[34]，如图 3-28 所示。

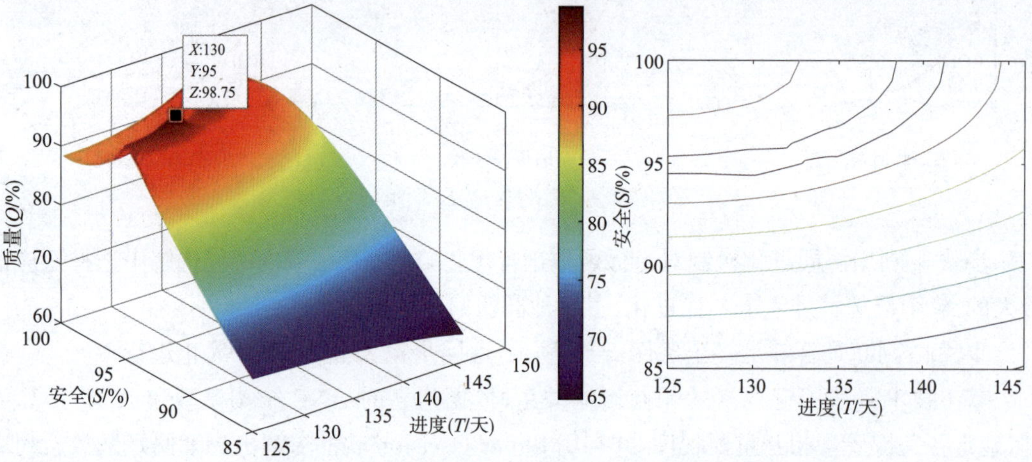

(a)QTS-C　　(b)T-S

图 3-28　桥隧连接形式均衡优化函数动态演化

由图 3-28 可知，安全和质量成正相关关系，当安全指数处于 0.95 时，质量水平处于最优，但是过度追求安全，则会对质量产生一定影响。同时，时间要素也会对质量产生影响，波动范围为 80%～98.55%。在动态演化过程中，当进度为 137 天、安全指数达到 0.97 时，质量水平达到最优为 0.981 4。

(2)桥隧相连边坡防护

某山区铁路隧道工程进口拱部设置一环 ϕ108 mm 超前管棚加强支护。该技术接口任务包括“清除松动危岩落石、安装锚杆、初喷射混凝土、悬挂钢筋网片、复喷射混凝土”。求解得最优效用值 $\mu=0.9312$；此时各技术接口任务的最优进度依次为 12、24、16、32、12 天。对均衡优化函数进行动态演化，如图 3-29 所示。

由图 3-29 可知，当成本一定时，安全和质量呈现正相关关系，但是过分追求质量，则会对安全产生一定影响；成本和安全也为正相关，安全的波动范围为 90%～98%。在动态演化过程中，当成本为 189.3 万元、质量水平达到 0.97 时，安全指数为 0.953 4，此时桥隧相连边坡防护接口关键要素达到均衡最优。

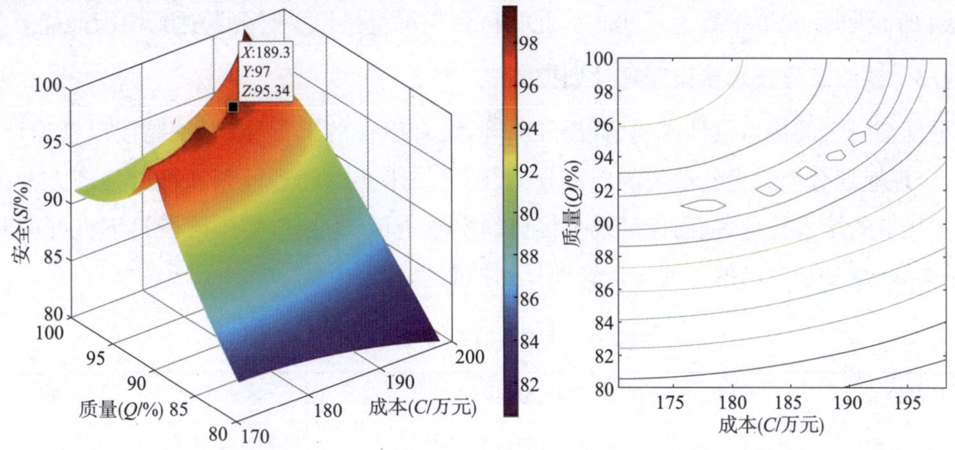

(a)*SQC-T* (b)*C-Q*

图 3-29 桥隧相连边坡防护均衡优化函数动态演化

(3)桥台与洞身接口

某山区铁路桥梁工程 3 号桥台深入隧道内，不设台身，由隧道专业在隧道底板上预留承台基础，基础上预留支承垫石位置，施工时应待隧道洞口成型后，再施工相应的桥梁工程。技术接口任务为隧道开挖预留、隧道洞口成型、再次超前加固、桥台施工等。求解得最优效用值 $\mu=0.7312$；此时各技术接口任务的最优进度依次为 22、60、38、26、24、20、18 天。对均衡优化函数进行动态演化，如图 3-30 所示。

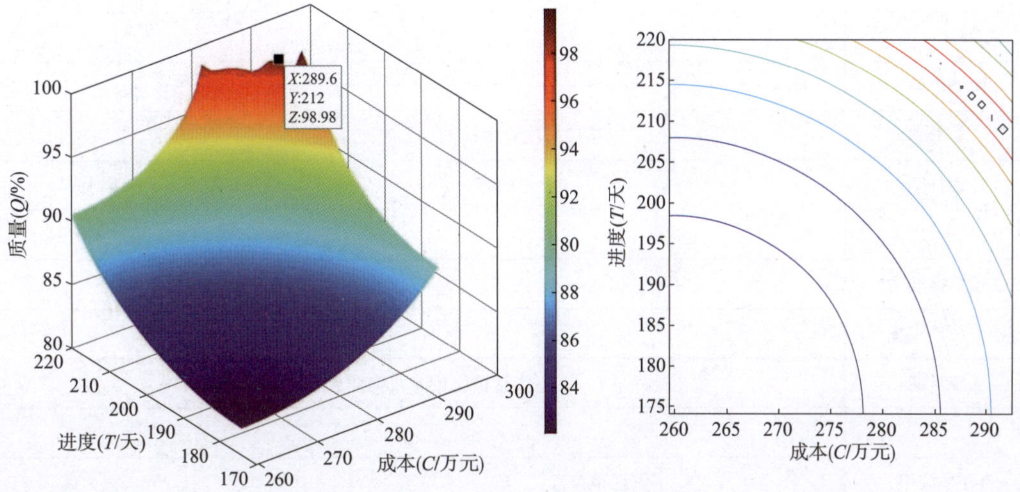

(a)*QCT-S* (b)*T-C*

图 3-30 桥台与洞身接口均衡优化函数动态演化

由图 3-30 可知，进度和质量、成本和进度呈现正相关非线性关系，在进度和成本变化区间内，质量水平波动范围为 80%～99.98%。在动态演化过程中，当成本为 289.6 万元、进度达到 212 天时，安全指数为 0.989 8，此时桥台与洞身接口关键要素达到均衡最优。

3.3.4.3 铁路工程技术接口管理计划控制表

根据编码表的接口设计说明、责任分工等，结合以往的工程经验，编制接口管理计划控制表，合理地划分接口责任单位的职责分工，确定技术接口管理计划和接口处理方案，实现对技术接口的统筹管理，从而保证技术接口的实施进度，为接口实施阶段打下良好的基础。以“桥梁综合接地”为例编制的接口管理计划控制表见表 3-6。

表 3-6 技术接口管理计划控制表

<table>
<tr><td>接口编码</td><td>01040408004</td><td>编制日期</td><td>×××</td><td>更新日期</td><td>××××</td></tr>
<tr><td>接口名称</td><td colspan="3">桥梁综合接地</td><td>接口重要度</td><td></td></tr>
<tr><td>接口类型</td><td colspan="3">施工预留</td><td>接口管理阶段</td><td>设计阶段</td></tr>
<tr><td>接口设计说明</td><td colspan="5">(1)根据信号专业接地要求，接触网支柱、距接触网带电部分 5 m 范围以内的金属结构物和电气设备必须接入综合接地系统；距贯通地线 20 m 范围以内的铁路建筑物构筑物的接地装置应与综合接地系统等电位连接；敷设在电缆槽内的贯通地线与通信信号电缆之间应采取物理隔离措施
(2)桥梁梁体、墩台及基础下部、桥面附属设施及桥上无砟轨道板、接触网基础、声屏障、结构柱及雨棚柱等均需要参照《铁路综合接地系统》(通号(2016)9301)预埋接地装置。同时需根据桥梁、承台的布置情况进行综合接地系统设计，保证整个桥梁上综合接地系统的电气连接</td></tr>
<tr><td colspan="6">接口管理单位职责分工</td></tr>
<tr><td>单位名称</td><td colspan="5">职责及分工</td></tr>
<tr><td>×××</td><td colspan="5">×××</td></tr>
<tr><td>×××</td><td colspan="5">×××</td></tr>
<tr><td>协调单位</td><td colspan="5">×××</td></tr>
<tr><td colspan="6">接口进度管理计划</td></tr>
<tr><td>计划日期</td><td colspan="4">计划内容</td><td>计划成果</td></tr>
<tr><td>×/×/×～×/×/×</td><td colspan="4">××××</td><td>××××</td></tr>
<tr><td>接口标准</td><td colspan="5">××××</td></tr>
<tr><td>接口管理实施</td><td colspan="5">××××</td></tr>
<tr><td>实施日期</td><td colspan="5">实施情况记录及提交成果</td></tr>
<tr><td></td><td colspan="5"></td></tr>
<tr><td>责任单位甲</td><td>×××</td><td>责任单位乙</td><td>×××</td><td>协调单位</td><td>×××</td></tr>
</table>

3.4　铁路工程技术接口实施

接口实施阶段是铁路工程系统接口管理的核心阶段，其主要任务是根据技术接口管理计划控制表对接口实施进度进行跟踪，通过接口工序质量链网络图查找接口各类问题并进行记录，分析产生接口问题的影响因素，找出这些因素对接口活动的作用机理并提出相关建议，从根源上减少接口问题的产生。接口实施阶段管理流程如图3-31所示。

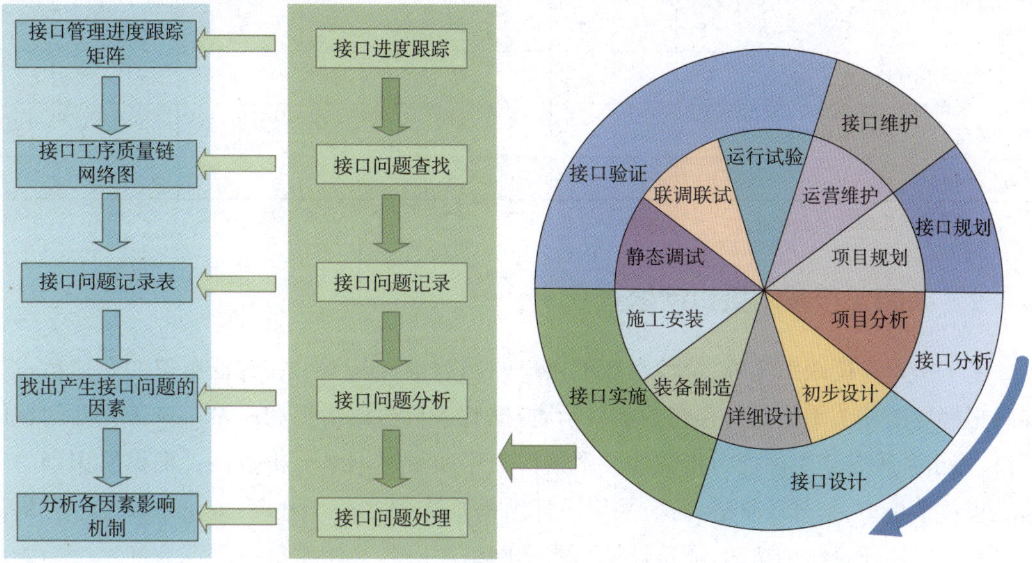

图3-31　实施阶段技术接口管理流程

根据接口实施阶段接口管理的需求，本节依据技术接口管理计划控制表跟踪接口实施进度，通过DSM法建立技术接口工序质量链网络图，查找各类接口问题并进行记录。针对记录的接口问题，运用WSR—K-Means++模型识别出导致技术接口问题的关键因素，进行分层管控。在接口问题分析的基础上，提出相关假设，建立演化博弈模型寻求稳定策略，通过系统仿真，分析各因素对接口合作的影响，明确各因素对接口合作的影响机理。基于分析结果提出相关建议，对各问题因素进行管控，从而减少接口问题的发生，使接口活动稳定高效地进行，确保铁路工程接口功能的实现。

3.4.1　铁路工程技术接口进度跟踪

在接口管理计划控制表的基础上，建立铁路工程技术接口管理进度跟踪矩阵表（表3-7），直观、方便地跟踪各单位接口实施活动的进展情况以及存在的问题，显示各参与方是否按照计划正常开展工作。

表 3-7 接口管理进度跟踪表

接口名称	计划进度	实施情况											
		建设单位		咨询单位		设计单位		施工单位		监理单位		供应商	
		甲 1 单位	乙 1 单位	甲 2 单位	乙 2 单位	甲 3 单位	乙 3 单位	甲 4 单位	乙 4 单位	甲 5 单位	乙 5 单位	甲 6 单位	乙 6 单位
路基地段接触网支柱及拉线基础预留	X/X～X/X	Y	—	—	Y	Y	—	—	Y	—	—	Y	—
	X/X～X/X	Y	—	Y	—	Y	—	—	Y	—	Y	N	—
电力电缆路基基底过轨和手孔预留	X/X～X/X	Y	—	—	Y	Y	—	—	Y	—	—	Y	—
	X/X～X/X	N	—	Y	—	Y	—	Y	—	N	—	Y	—
路基地段两侧电力电缆槽和电缆井预留	X/X～X/X	Y	—	—	Y	Y	—	—	Y	—	—	Y	—
	X/X～X/X	Y	—	N	—	Y	—	N	—	Y	—	Y	—
…	…	…	…	…	…	…	…	…	…	…	…	…	…

注："Y"表示按照计划正常进行，"—"表示该单位在此阶段与本接口无关，"N"表示存在问题。

3.4.2 铁路工程技术接口问题查找

基于接口进度跟踪矩阵，统计存在的接口问题数量，便于业主、责任单位的总体负责人准确把握当前相关单位之间存在的接口矛盾，据此进行协调指挥和决策。对于存在问题的接口，提出一种基于工序能力指数的技术接口工序质量链网络分析方法。根据所识别的铁路工程技术接口，结合质量链理论，采用设计结构矩阵（design structure matrix，DSM）构建技术接口工序质量链网络图，通过计算质量链网络图中各工序质量控制点的基本过程能力指数（basic process capability index，BPCI）、基于主成分的多元工序能力指数（multivariate process capability index，MPCI）、综合多工序能力指数（comprehensive multiple process capability index，CMPCI），定量判定施工单位的技术接口工序质量管理能力，查找导致接口进度延误的技术接口问题。

3.4.2.1 铁路工程技术接口工序质量

技术接口是各施工单位交叉配合的关键部位，技术接口质量取决于一系列相互关联、相互制约的工序质量[35]。工序作为施工阶段质量管理的基础，是质量管理的核心[36]。工序质量管理的关键在于对质量控制点的质量控制，由于铁路工程工序复杂，各工序质量控制点较多，且工序间相互联系，某工序质量可能与上道工序或之前某些工序均有关，因此本研究依据技术接口工序质量的流动情况构建技术接口工序质量链，各工序为工序质量链的链节点。

技术接口工序质量管理是指施工单位通过所建立的质量方针、质量策划、质量控制、质量保证等活动对技术接口的工序开展质量管控，从而保证技术接口工序质量符合质量标准。

从质量链的整体视角看，技术接口工序质量管理是全面质量管理的具体实践，能够保障技术接口的质量，促进整个质量链的运行和发展。

本节根据具体工程工序质量标准要求对技术接口工序质量进行检查，依据质量检查结果统计分析质量信息，并运用工序能力指数量化工序施工过程能力。将工序质量链与工序能力指数结合，探寻施工过程质量短板，分析质量短板出现的原因，通过控制各因素，实现技术接口工序质量不断循环优化，达到提升工序能力指数的过程。具体技术接口工序质量控制实施流程如图 3-32 所示。

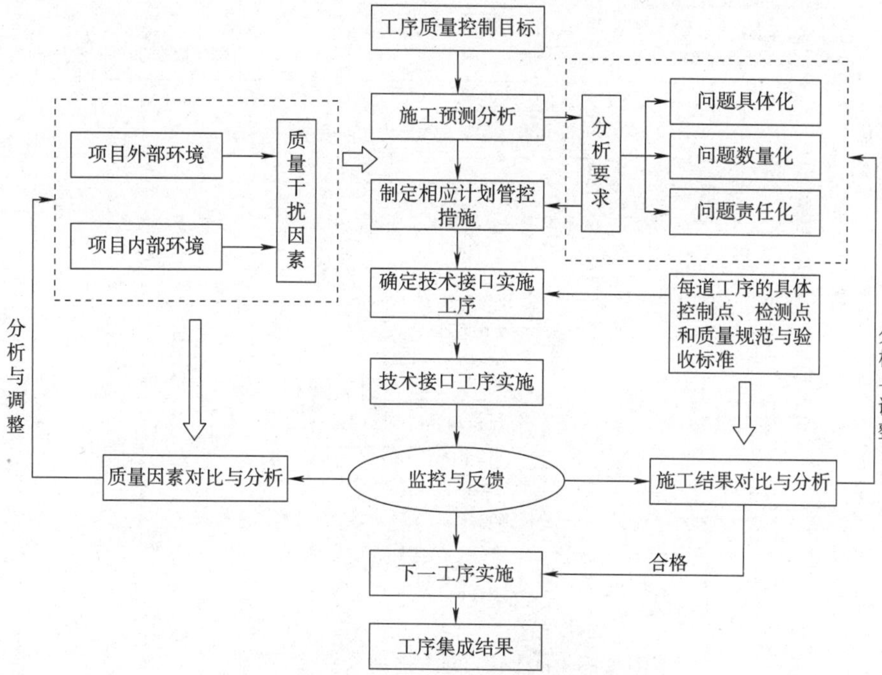

图 3-32　技术接口工序质量控制实施流程图

3.4.2.2　基于 DSM 法的技术接口工序质量链构建

DSM 是反映任务间关系的 N 阶方阵（N 为任务或作业数量），能够简洁直观表达任务之间的信息流向，上、下三角矩阵分别表示任务顺序进行和信息顺序流动、任务可能出现迭代和信息反馈流动，弥补了传统进度管理工具无法进行信息反馈的缺陷[37]。将技术接口施工工序作为 DSM 的任务，采用可视化的方法分析技术接口施工过程中质量流的流向，描述施工流程中工序的动态质量特性，改善信息流的传递，优化施工工序，减少施工过程中的返工次数，保证技术接口工序的施工质量和进度。DSM 的操作流程如下：

步骤 1：定义铁路工程系统和技术接口工作范围，选择不同的 DSM 类型；

步骤 2：建立技术接口工作流程，包含所有技术接口工序任务；

步骤 3：对所有工序作业任务进行信息关联；

步骤 4:选择适当的方法对技术接口矩阵进行优化。

3.4.2.3 技术接口工序质量过程能力分析

过程能力反映了工序的实际施工质量满足技术标准的能力。过程能力分析是一种周期性、持续性的工作,以预防方法为手段进行质量控制,其流程如图 3-33 所示。

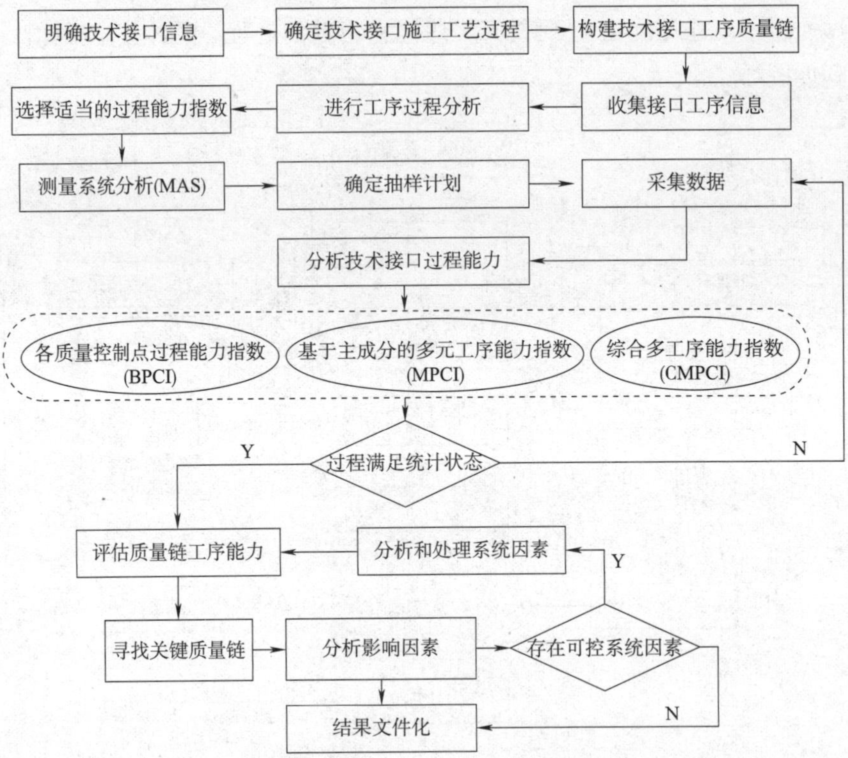

图 3-33 技术接口过程能力分析流程图

在实际工程中,不同工序质量取决于各种不同质量特性,而过程能力可以分析工序不同质量特性的状态。为使过程能力分析更加符合铁路工程实践,提出采用多元工序能力指数量化具有多个质量特性的工序质量,各工序可以同时考虑多个质量指标维度。将铁路工程所有技术接口描述为集合 $\Delta=\{A,B,\cdots,N\}$,其中,每个技术接口工序集合为 $N=\{N_1,N_2,\cdots,N_i,\cdots,N_n\}$,分别对每个工序建立质量控制点集合 $I=\{I_{i1},I_{i2},\cdots,I_{ij},\cdots,I_{ip}\}$,其中 N_i 表示第 N 个技术接口施工过程中第 i 个施工工序,I_{ij} 表示第 i 个施工工序的第 j 个质量控制点。对于技术接口每个工序 N_i 而言,都有对应的质量控制点 I_{ij} 以及质量控制点对应的质量特征输出值 X_{ij},对任一质量控制点 I_{ij} 而言,存在与其对应的工序质量验收参数 y_{ij} 以及控制阈上下限[$\mathrm{LSL}_y(I_{ij})$,$\mathrm{USL}_y(I_{ij})$]。

在实际技术接口管理过程中,技术接口工序质量是多个质量特性综合作用产生的结果,主成分分析法可解决变量不同贡献度的问题,因此结合主成分分析法,运用多元工序能力指数计算技术接口的工序质量水平。现对施工过程中技术接口各工序的质量控制点所对应的质量特征输出值 X_{ij} 进行数据收集，并采用基于主成分分析法的多元工序能力指数及综合多工序能力指数进行分析，具体步骤如下：

1. 数据样本量的选取

合适的样本量是结果准确性的前提，样本量不足导致误差增大，不具代表性；样本量太多导致工作量大，浪费时间精力。因此在分析技术接口质量链某工序时，选取的最低样本量须达到贝叶斯置信下限。

假设样本 X 服从正态分布，过程能力指数 c_p 的估计为 $\hat{c}_p=\dfrac{\mathrm{USL}_y-\mathrm{LSL}_y}{6S}$，$c_p$ 的置信下限为 $c_p^1=\hat{c}_p\sqrt{\dfrac{\chi_{n-1}^2(p)}{n-1}}$，给定 $c_p^1/\hat{c}_p$、p、n 时，使用迭代方法求得达到置信下限 c_p^1 所需样本量，见表 3-8。一般情况下，样本 n 应不少于 50。

表 3-8 X_{ij} 样本量大小

$1-p$	$c_p^1/\hat{c}_p$			
	90%	95%	99%	99.9%
0.80	$n=24$	$n=36$	$n=67$	$n=115$
0.85	$n=40$	$n=63$	$n=120$	$n=207$
0.90	$n=87$	$n=139$	$n=269$	$n=469$

2. 数据的异常值处理

基于 T^2 分布特性对数据异常值进行处理。采用 T^2 统计量在多元工序 T^2 控制图中显示，控制图中仅有上控制限，若观测值 T^2 统计量超过此值，则该观测值为异常值，需从样本中剔除。

设定 α_1 为异常值观测水平，p 为质量控制点数，n 为样本数量，当 $\dfrac{n-p}{p(n-1)}T^2\geqslant F_{\alpha_1(p,n-p)}$ 时，此观测值被判定为异常值，从样本数据中剔除，保证样本数据的有效性。

3. 基于主成分的多元工序能力指数

矩阵特征值与特征向量相互正交，特征值反映承担信息量的大小，因此对 T^2 统计量中的协方差矩阵进行特征分解，根据特征向量计算各主成分的均值、上下规格限以及 BPCI。具体计算流程如下：

由样本数据可得各质量控制点输出值 X_{ij} 的均值向量 $\mu=(\mu_1,\mu_2,\cdots,\mu_p)$，设各主成分质量控制点 I_{ij} 的均值向量为 $\mu=(\mu_{pc_1},\mu_{pc_2},\cdots,\mu_{pc_p})$，上界限为 $\mathrm{USL}_{pc}=(\mathrm{USL}_{pc_1},\mathrm{USL}_{pc_2},\cdots,\mathrm{USL}_{pc_p})$，下界限为 $\mathrm{LSL}_{pc}=(\mathrm{LSL}_{pc_1},\mathrm{LSL}_{pc_2},\cdots,\mathrm{LSL}_{pc_p})$，根据协方差矩阵计算特征向量 U_i，根据式(3-43)～式(3-45)计算 μ_{pc_i}、USL_{pc_i}、LSL_{pc_i}。

$$\mu_{pc_i}=U_i^T\mu \tag{3-43}$$

$$\text{USL}_{pc_i}=U_i^T(\text{USL}_1,\text{USL}_2,\cdots,\text{USL}_p) \tag{3-44}$$

$$\text{LSL}_{pc_i}=U_i^T(\text{LSL}_1,\text{LSL}_2,\cdots,\text{LSL}_p) \tag{3-45}$$

由此可计算出各主成分质量控制点的基本过程能力指数 BPCI_i：

$$\text{BPCI}_i=\frac{1}{3}\Phi^{-1}\left[\frac{1}{2}\Phi\left(\frac{|\text{USL}_{pc_i}-\mu_{pc_i}|}{\sigma}\right)+\frac{1}{2}\Phi\left(\frac{|\mu_{pc_i}-\text{LSL}_{pc_i}|}{\sigma}\right)\right] \tag{3-46}$$

式中，σ 为 I_{ij} 的总体标准差，此处用 X_{ij} 样本标准差 s 近似估计。

各主成分质量控制点基本过程能力指数 BPCI_i 的线性加权求和就是工序的多元工序能力指数（MPCI_i），即

$$\text{MPCI}_i=\sum_{i=1}^{p}r_i\text{MPCI}_i \tag{3-47}$$

式中，$r_i=\dfrac{\lambda_i}{tr(\Lambda)}$，$\lambda_i$ 为协方差矩阵 $\sum$ 计算的各特征值，$tr(\Lambda)$表示迹，$tr(\Lambda)=(\lambda_1+\lambda_2+\cdots+\lambda_p)$。

4. 综合多工序能力指数

若将多个工序组成的某个技术接口看作某个大工序，其中各工序为逐步进行的施工步骤，利用 CMPCI 对多工序施工过程进行质量分析，将 MPCI_i 的几何平均作为 CMPCI 的度量[38-39]。

$$\text{CMPCI}=\left(\prod_{m=1}^{v}\text{MPCI}_m\right)^{\frac{1}{v}} \tag{3-48}$$

式中，MPCI_m 为第 m 个工序的多元工序能力指数。

具体的工序能力指数及技术接口质量管理能力评价标准见表 3-9。

表 3-9　工序能力指数及工序质量管理能力评价标准

c_p 的范围	级别	工序质量管理能力评价
$c_p \geqslant 1.67$	Ⅰ	过程能力很高，表示技术接口质量管理能力极强，拥有智能决策与监测等高级系统，持续创新，不断优化施工作业，已处于精细化管理状态
$1.33 \leqslant c_p < 1.67$	Ⅱ	过程能力充分，表示技术接口质量管理能力较强，可以与各项任务作业有效集成，追求创新，已形成自我学习组织模式
$1.0 \leqslant c_p < 1.33$	Ⅲ	过程能力一般，表示技术接口质量管理能力一般，基本满足质量控制要求，知识经验能够得到有效共享，有基本的管理系统，但施工任务或作业还不能有效集成，应分析其原因，优化工序管理
$0.67 \leqslant c_p < 1.0$	Ⅳ	过程能力不足，表示技术接口质量管理能力较差，意识到需要管理，已经建立了相应文档，但经验不足，管理不太完善
$c_p < 0.67$	Ⅴ	过程能力严重不足，表示技术接口质量管理能力差，缺乏管理的意识、经验、体系、必要的技术工具，管理无序，应采取相关措施立即改善

3.4.2.4　成果应用

1. 研究区域概况

在整个铁路工程系统中，站前与站后工程相关专业处于不同的时间段进场，站后工程相关专业进场后需对站前土建单位移交的工程接口逐项复查，若出现问题，则对工程的质量、进度、投资均造成极大影响，因此站前、站后工程的衔接是铁路工程最难以管理的地方。而铁路工程大多会穿越地理环境复杂的地区，地势险峻、沟壑纵横，以桥梁为主，且四电工程隐蔽于所依附的桥梁工程内，导致桥梁与四电工程技术接口复杂，交叉施工频繁，施工难度大。故选取某山区铁路桥梁工程与四电工程技术接口为研究对象，探究其工序质量水平，反映施工单位的技术接口质量管理能力。

2. 构建技术接口工序质量链网络图

结合铁路工程相关规范[40]及该桥梁的施工组织设计，对桥梁与四电工程技术接口及其施工工序进行分析（表 3-10），应用 DSM 法构建该桥梁与四电工程的技术接口 DSM 原始矩阵（表 3-11），“•”代表技术接口工序之间存在质量联系，运用 DSMMatrix 软件对原始矩阵进行聚类分析，并进行优化（图 3-34），减少工序之间的信息迭代过程。最终根据优化结果建立技术接口工序质量链网络图，如图 3-35 所示。不同颜色的工序表示不同的聚类结果，相同颜色的施工工序表示各个技术接口不同工序之间有联系，且施工时需同时考虑工序之间的衔接安排。

表 3-10　某山区铁路桥梁与四电工程技术接口

<table>
<tr><th>技术接口(Δ)</th><th colspan="2">技术接口施工工序(N)</th><th>技术接口主要内容及职责分工</th></tr>
<tr><td rowspan="5">A 综合接地</td><td>A_1</td><td>桥梁桩基、扩大基础接地钢筋、接地端子</td><td rowspan="5">信号专业提供贯通地线、横向连接线的设置，分支引接线、接地端子的设置、接地装置的设置、接地材料连接工艺、车站内的综合接地连接方案等；桥梁专业负责梁体、墩台及基础接地端子预埋</td></tr>
<tr><td>A_2</td><td>墩台接地钢筋、接地端子</td></tr>
<tr><td>A_3</td><td>T 梁预制、连续梁接地钢筋、接地端子</td></tr>
<tr><td>A_4</td><td>桥面系接地钢筋、接地端子</td></tr>
<tr><td>A_5</td><td>贯通地线敷设</td></tr>
<tr><td rowspan="3">B 电缆上下桥</td><td>B_1</td><td>预留槽道位置确定</td><td rowspan="3">通信、信号、电力、接触网专业提供相应上下桥位置；桥梁专业预留爬架及孔道，并负责后期的孔道封堵</td></tr>
<tr><td>B_2</td><td>电缆上桥锯齿口钢筋的下料加工</td></tr>
<tr><td>B_3</td><td>锯齿口槽口处模板的加工及安装</td></tr>
</table>

续上表

技术接口(Δ)	技术接口施工工序(N)		技术接口主要内容及职责分工
C 电缆槽	C_1	梁体电缆槽道预留	通信、信号、电力等专业提供电缆槽道尺寸及相关要求；桥梁专业根据通信、信号、电力等专业要求设置电缆槽道；当槽道位置、尺寸等与接触网基础等冲突时，桥梁专业牵头协调各专业桥上需求预留位置及要求
	C_2	竖墙定位(检查竖墙预埋钢筋位置)	
	C_3	钢筋加工绑扎(综合接地焊接)	
	C_4	模板安装	
	C_5	混凝土浇筑	
	C_6	槽盖板安装	
D 接触网支柱及拉线基础	D_1	接触网基础位置确定	接触网专业根据桥梁专业提供的桥梁资料，向桥梁专业提供接触网支柱、下锚装置及拉线等相关设备构造及轮廓尺寸；桥梁专业负责桥上接触网立柱基础的预埋；当接触网基础(含接触网立柱)与桥上电缆槽、余长腔、栏杆、声屏障等其他设施冲突时，桥梁专业牵头协调桥上各专业需求构件位置的相互关系
	D_2	选型(根据基础预留接口设计图选择基)础类型	
	D_3	基础螺栓、法兰盘的固定、钢筋焊连	
	D_4	浇筑混凝土	
E 漏缆挂设	E_1	设置漏缆支撑杆基础位置(通信辅助杆基础)	通信专业提供漏缆辅助杆类型、里程及位置等设置要求；桥梁专业根据通信专业及其他相关专业要求，预留漏缆辅助杆基础，并反馈设计资料
	E_2	设置漏缆电缆辅助杆	
F 声屏障	F_1	检查预埋件高程、间距	环保专业提供声屏障位置、类型及预埋件受力及构造等要求；桥梁专业负责桥上接触网立柱基础及声屏障基础的预埋，并总体协调桥上各专业预埋件与桥面电缆沟槽、栏杆等的相互关系 声屏障基础布置及声屏障单元板、声屏障 H 型钢立柱的安装，应综合考虑接触网支柱设置需求，不应影响接触网支柱、坠砣等装置的正常工作
	F_2	安装 H 型钢立柱	
	F_3	安装声屏障单元板	
	F_4	安装接地线	
G 接触网施工	G_1	预留基础复核	接触网预留基础、拉线基础在站后进场施工前，应按照设计要求全部验收完毕，并确保正确，应提供桥梁地段预埋沟槽管线施工资料和交桩，并合理安排交叉施工；成段铺轨工程完成，具备开行架线车占轨施工作业条件，接触网精调前应完成轨道精调；共柱雨棚完成施工；在铺轨基地应预留接触网作业车停放轨道和杆塔停放场所；车站站线应随同正线同期铺轨，并满足施工车辆临时驻车要求
	G_2	支柱组立及整正	
	G_3	补偿下锚安装	
	G_4	承力索架设	
	G_5	接触线架设	
	G_6	吊弦预制安装	
	G_7	电连接线及设备安装	
H 桥梁地段箱盒安装预留	H_1	确认安装位置	桥梁防护墙或隧道电缆槽施工完毕；防护墙、电缆槽达到规定强度
	H_2	钻孔	
	H_3	支架安装	
	H_4	复测设备安装孔距，紧固螺帽	

表 3-11　技术接口 DSM 原始矩阵

技术接口		A					B			C						D				E		F				G							H			
		A_1	A_2	A_3	A_4	A_5	B_1	B_2	B_3	C_1	C_2	C_3	C_4	C_5	C_6	D_1	D_2	D_3	D_4	E_1	E_2	F_1	F_2	F_3	F_4	G_1	G_2	G_3	G_4	G_5	G_6	G_7	H_1	H_2	H_3	H_4
A	A_1																																			
	A_2	•																																		
	A_3		•					•				•						•																		
	A_4			•											•			•							•											
	A_5				•																															
B	B_1				•																															
	B_2						•																													
	B_3							•																												
C	C_1			•																																
	C_2									•																										
	C_3										•																									
	C_4											•																								
	C_5												•																							
	C_6													•																						
D	D_1		•							•																										
	D_2															•																				
	D_3				•												•																			
	D_4																	•																		
E	E_1		•																																	
	E_2																			•																

续上表

技术接口		A					B			C						D				E		F				G							H			
		A_1	A_2	A_3	A_4	A_5	B_1	B_2	B_3	C_1	C_2	C_3	C_4	C_5	C_6	D_1	D_2	D_3	D_4	E_1	E_2	F_1	F_2	F_3	F_4	G_1	G_2	G_3	G_4	G_5	G_6	G_7	H_1	H_2	H_3	H_4
F	F_1					●																														
	F_2																					●														
	F_3																						●													
	F_4																							●												
G	G_1																		●																	
	G_2																					●				●										
	G_3																										●									
	G_4																											●								
	G_5																												●							
	G_6																													●						
	G_7																														●					
H	H_1													●																						
	H_2																																●			
	H_3																																	●		
	H_4																																		●	

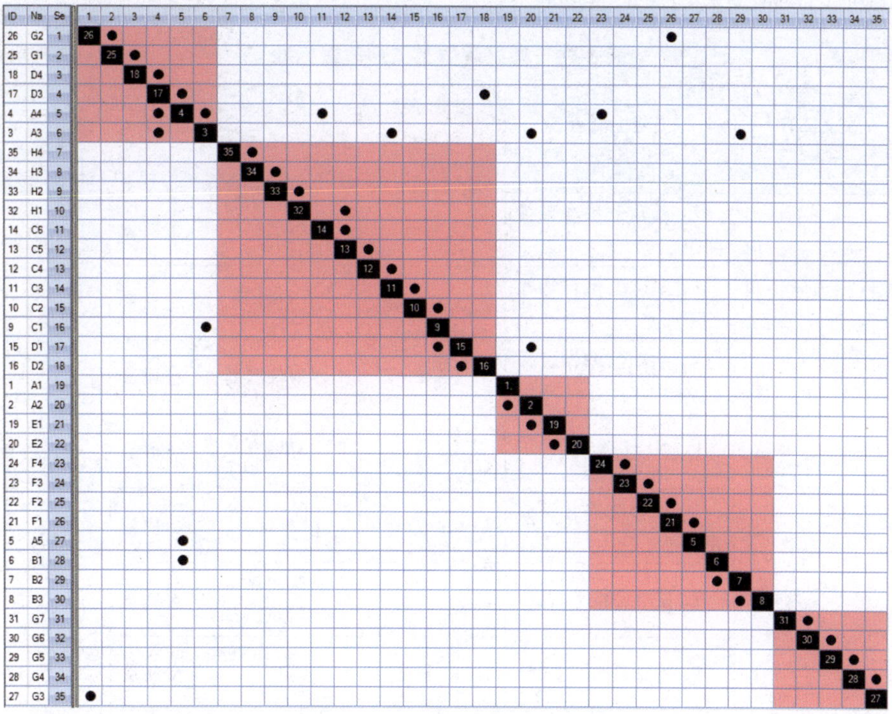

图 3-34　技术接口 DSM 优化矩阵

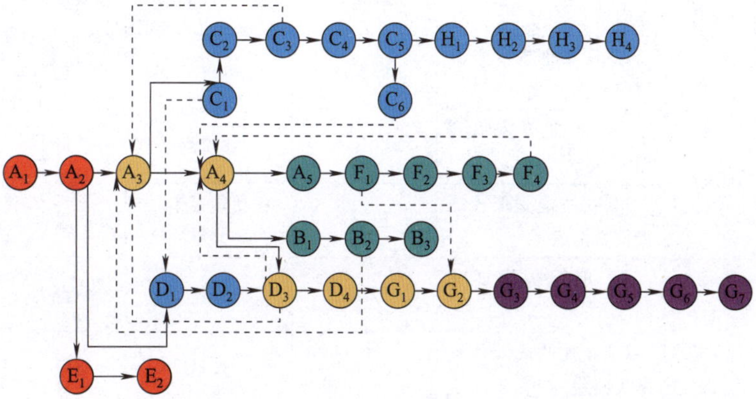

图 3-35　技术接口工序质量链网络图

3. 分析技术接口工序质量链

以上述技术接口中的"声屏障"施工为例，根据样本量选取原则，最终选取 50 个样本量，分析其工序的 BPCI、MPCI、CMPCI。通过查询《铁路桥涵工程施工验收标准》(TB 10415—2018)、《铁路声屏障工程施工质量验收标准》(TB 10428—2012)及该桥梁的施工组织设计，建立声屏障施工的质量标准，声屏障施工工序、各工序质量控制点、各质量控制点的质量标准、施工验收时的检验方法及工具见表 3-12。

表 3-12　声屏障施工工序质量标准

技术接口（Δ）	施工工序（N）	质量控制点（I）	质量标准（LSL_y，USL_y）（Y）	检验方法及器具	质量划分		
F 声屏障	F_1 检查预埋件（预埋螺栓和预埋钢板）高程、间距	I_{11} 基础上预埋螺栓间距	±3mm	尺量	分质量	总/分质量	总质量
		I_{12} 基础上预埋螺栓外露长度	±3 mm	尺量	分质量		
		I_{13} 基础预埋钢板顶面高程	±5 mm	水准仪测量	分质量		
	F_2 安装 H 型钢立柱	I_{21} 立柱长度	±4 mm	尺量	分质量	总/分质量	
		I_{22} 柱脚螺栓孔中心距离	±2 mm	尺量	分质量		
		I_{23} 柱脚底板平面度	±2 mm	直尺和塞尺测量	分质量		
		I_{24} 柱身扭曲	±3 mm	拉线、掉线及钢尺	分质量		
		I_{25} 立柱轴线位置偏差	±5 mm	全站仪、水平尺测量	分质量		
		I_{26} 相邻立柱高程与纵向偏差	±5 mm	水准仪测量	分质量		
		I_{27} 柱底钢板水平度偏差	±0.5 mm	水准仪测量	分质量		
		I_{28} 立柱安装垂直偏差	≤0.2%	经纬仪测量	分质量		
		I_{29} 立柱锚固螺栓螺母拧紧扭矩	±5%	扭矩扳手测量	分质量		
	F_3 安装声屏障单元板	I_{31} 单元板宽度和高度	±2 mm	尺量	分质量	总/分质量	
		I_{32} 立柱两侧同位置两板偏差	±2 mm	尺量	分质量		
		I_{33} 相邻上下板错缝	±1 mm	尺量	分质量		
		I_{34} 相邻单元声屏障板高度偏差	±2 mm	尺量	分质量		
		I_{35} 屏体端部与立柱翼缘板搭接量	±3 mm	尺量	分质量		
	F_4 安装接地线	I_{41} 声屏障接地体在贯通地线接入处的接地电阻	≤1 Ω	接地电阻测试仪	分质量	总/分质量	

运用 Minitab 软件对各质量控制点的样本数据进行正态检验。以 X_{21}(a)、X_{29}(b)为例检验其是否符合正态分布,结果如图 3-36 所示,概率图均显示样本点合理分布在参考线附近,数据服从正态分布,过程处于受控状态。对其余质量控制点样本数据依次进行正态性检验,结果显示各样本点数据均符合正态分布,证明本研究数据具有有效性。

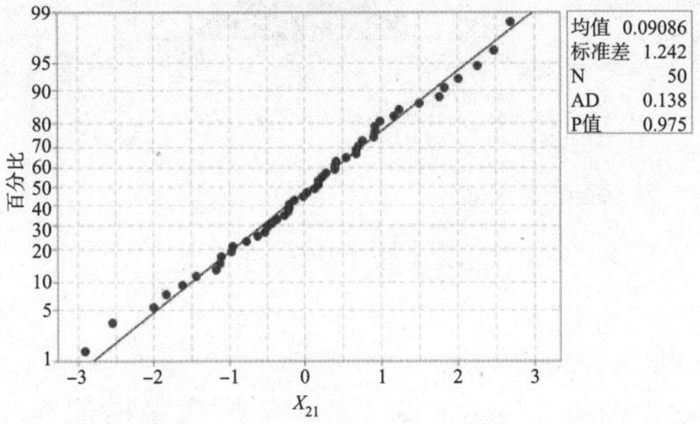

(a)X_{21} 的概率图(正态)

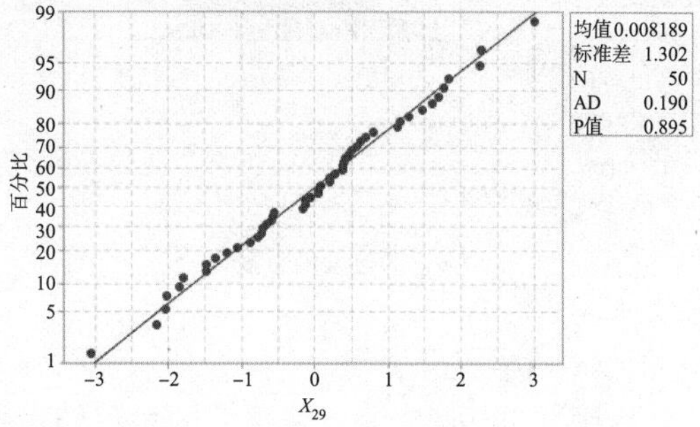

(b)X_{29} 的概率图(正态)

图 3-36 正态性检验

应用 Minitab 进行 T^2 统计量检验,以检查样本数据是否存在异常值,样本数据的 T^2 控制图如图 3-37 所示。本研究用样本协方差矩阵替代总体协方差 $\sum$,剔除$\frac{n-p}{p(n-1)}T^2 \geqslant F_{\alpha(p,n-p)}$的值。查询 F 检验临界值表,设定 $\alpha_1=0.05$,则 $F_{0.05(9,41)}=2.118$,检查样本数据$\frac{n-p}{p(n-1)}T^2$ 值,发现数据均小于 2.118,表明样本均有效。

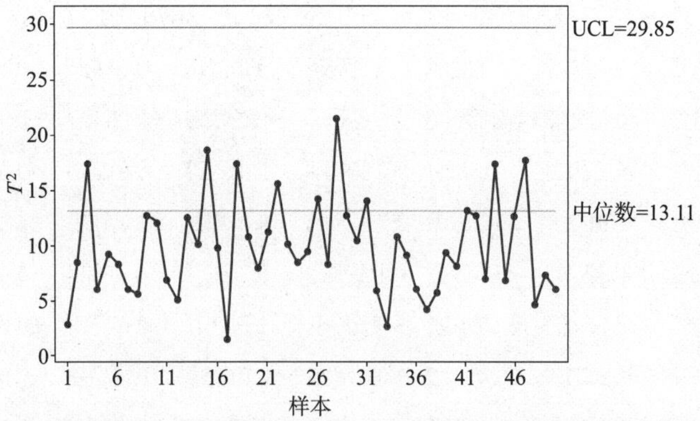

图 3-37 T^2 控制图

运用 Minitab 软件计算各质量控制点的 BPCI,过程能力分析图如图 3-38 所示。

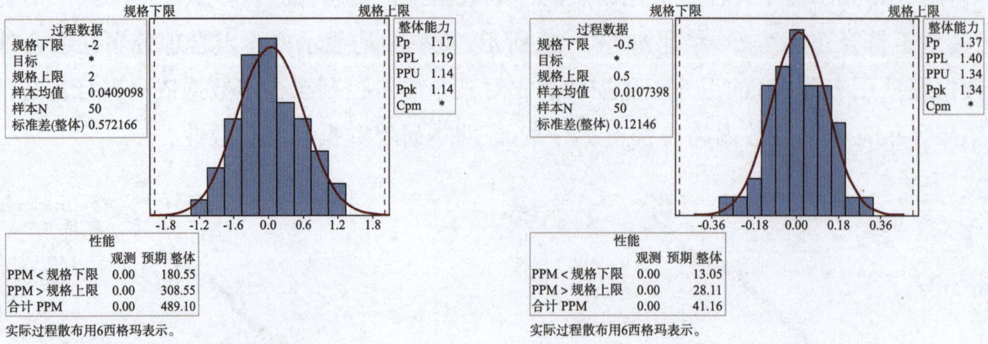

(a)X_{22} 的过程能力报告　　　(b)X_{27} 的过程能力报告

图 3-38　过程能力分析

由图 3-38 可知，X_{22} 与 X_{27} 的过程能力指数分别为 1.14、1.34，表示该处质量控制点过程能力一般（Ⅲ级）、过程能力充足（Ⅱ级），表明该处施工方技术接口质量管理能力基本满足工序质量控制要求。

在该样本基础上，计算其他各质量控制点样本的均值向量和总体协方差，应用 Minitab 软件分析各质量控制点的控制图，得出各质量控制点的 $\hat{\mu}$、USL、LSL 以及协方差矩阵的特征值 λ_i 与特征向量 U_i。

$$\hat{\mu}=(0.091,0.041,-0.075,0.161,0.249,0.101,0.0107,0.0807,0.008)$$

$$\mathrm{LSL}=(-3.973,-1.864,-2.043,-2.818,-3.861,-3.539,-0.3460,-0.0114,-4.114)$$

$$\mathrm{USL}=(4.155,1.946,1.893,3.140,4.359,3.741,0.3674,0.1727,4.130)$$

$$S=\begin{pmatrix}
1.5420866 & 0.3461607 & 0.0536557 & -0.1211417 & 0.2178895 & -0.0972806 & -0.0036159 & -0.0025141 & -0.0542827\\
0.3461607 & 0.3273742 & 0.0332243 & 0.0276108 & 0.0165656 & -0.0297232 & -0.0124654 & -0.00159913 & -0.1538694\\
0.0536557 & 0.0332243 & 0.2985323 & 0.0872991 & -0.1687948 & 0.0397271 & -0.0033139 & 0.0003461 & 0.0350936\\
-0.1211417 & 0.0276108 & 0.0872991 & 0.7789684 & -0.1401972 & -0.0504182 & -0.0011923 & 0.0027381 & 0.2928887\\
0.2178895 & 0.0165656 & -0.1687948 & -0.1401972 & 1.6228959 & 0.2283313 & -0.0088494 & 0.0060690 & -0.1152210\\
-0.0972806 & -0.0297232 & 0.0397271 & -0.0504182 & 0.2283313 & 1.5489512 & -0.0027331 & -0.0016225 & -0.0195957\\
-0.0036159 & -0.0124654 & -0.0033139 & -0.0011923 & -0.0088494 & -0.0027331 & 0.0147526 & -0.0003836 & 0.0364000\\
-0.0025141 & -0.00159913 & 0.0003461 & 0.0027381 & 0.0060690 & -0.0016225 & -0.0003836 & 0.0011742 & -0.0119164\\
-0.0542827 & -0.1538694 & 0.0350936 & 0.2928887 & -0.1152210 & -0.0195957 & 0.0364000 & -0.0119164 & 1.642631
\end{pmatrix}$$

$$\lambda_i=(0.00099,0.0135,0.2079,0.2552,0.7001,1.2587,1.6056,1.7064,2.0289)$$

$$U_i=(U_1,U_2,U_3,U_4,U_5,U_6,U_7,U_8,U_9)$$

$$=\begin{pmatrix} -0.0003 & 0.0072 & 0.2529 & -0.0880 & 0.0005 & 0.4536 & 0.5230 & 0.5050 & -0.4404 \\ 0.0114 & -0.0354 & -0.9440 & 0.0221 & -0.1883 & 0.1515 & 0.0569 & 0.1668 & -0.1324 \\ -0.0039 & -0.0131 & 0.0749 & 0.9710 & -0.1433 & 0.1610 & 0.0113 & 0.0305 & 0.0628 \\ -0.0077 & -0.0067 & 0.1489 & -0.1661 & -0.9304 & 0.0073 & 0.1486 & -0.0495 & 0.2447 \\ -0.0044 & -0.0066 & -0.0146 & 0.1289 & -0.1297 & -0.6019 & 0.3185 & -0.3136 & -0.6358 \\ 0.0019 & -0.0006 & 0.0015 & -0.0649 & -0.0145 & 0.6172 & -0.0367 & -0.7433 & -0.2464 \\ 0.0095 & 0.0096 & 0.0309 & -0.0134 & 0.0206 & -0.0016 & 0.0142 & -0.0049 & 0.0137 \\ 0.9998 & 0.0203 & 0.0131 & 0.0029 & -0.0086 & -0.0043 & -0.0051 & 0.0004 & -0.0037 \\ 0.0093 & -0.9999 & -0.1257 & 0.0197 & 0.2467 & -0.0445 & 0.7733 & -0.2508 & 0.5094 \end{pmatrix}$$

根据式(3-43)～式(3-45)计算各主成分质量控制点的 μ_{pc}、USL_{pc}、LSL_{pc}，利用 Minitab 计算各质量控制点样本标准差为 S_i。查询正态分布概率表，根据式(3-46)求解各主成分质量控制点的过程能力指数 BPCI=(0.03,0.22,0.45,0.56,0.78,0.55,1.03,1.03,0.67)，利用式(3-47)计算 F_2 工序的 MPCI。

$$r_i=\frac{\lambda_i}{tr\Lambda}=(0.000\,1,0.001\,7,0.026\,7,0.032\,8,0.090\,0,0.161\,8,0.206\,5,0.219\,4,0.260\,9)$$

$$\mathrm{MPCI}=\sum_{i=1}^{p} r_i \mathrm{BPCI}_i=0.803\,4$$

声屏障其余施工工序 MPCI 计算同上，利用公式(3-48)计算声屏障施工 CMPCI，见表 3-13。由表 3-13 可知声屏障施工的 CMPCI 为 1.1625，表示该技术接口质量管理能力处于一般水平，符合施工现场实际管理情况。

表 3-13 声屏障施工 CMPCI

CMPCI	工　序	MPCI	质量控制点	BPCI
F(1.115 4)	F_1	1.355 7	I_{11}	1.43
			I_{12}	1.32
			I_{13}	1.25
	F_2	0.803 4	I_{21}	1.05
			I_{22}	1.14
			I_{23}	1.17
			I_{24}	1.07
			I_{25}	1.24
			I_{26}	1.31
			I_{27}	1.34
			I_{28}	0.78
			I_{29}	1.28

续上表

CMPCI	工　序	MPCI	质量控制点	BPCI
F(1.115 4)	F_3	1.270 5	I_{31}	1.31
			I_{32}	1.18
			I_{33}	1.25
			I_{34}	1.04
			I_{35}	1.36
	F_4	1.120 0	I_{41}	1.12

该桥梁其余技术接口 BPCI、MPCI、CMPCI 计算过程同上，根据计算结果构建含有过程能力指数的质量链网络图，如图 3-39 所示。

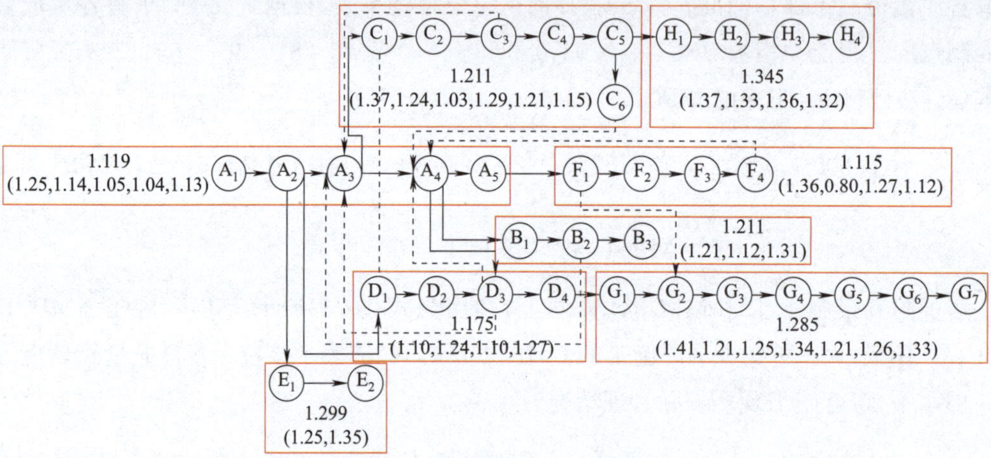

图 3-39　工序质量链网络图及过程能力指数

根据质量链网络图寻找关键质量链，从而识别技术接口施工过程中的质量短板，利用式(3-48)计算各工序质量链的 CMPCI，见表 3-14。

表 3-14　各工序质量链 CMPCI

序　号	技术接口工序质量链	CMPCI
1	$A_1 \to A_2 \to E_1 \to E_2$	1.245
2	$A_1 \to A_2 \to D_1 \to D_2 \to D_3 \to D_4 \to G_1 \to G_2 \to G_3 \to G_4 \to G_5 \to G_6 \to G_7$	1.236
3	$A_1 \to A_2 \to A_3 \to C_1 \to C_2 \to C_3 \to C_4 \to C_5 \to C_6$	1.188
4	$A_1 \to A_2 \to A_3 \to C_1 \to C_2 \to C_3 \to C_4 \to C_5 \to H_1 \to H_2 \to H_3 \to H_4$	1.241
5	$A_1 \to A_2 \to A_3 \to A_4 \to A_5 \to F_1 \to F_2 \to F_3 \to F_4$	1.118
6	$A_1 \to A_2 \to A_3 \to A_4 \to B_1 \to B_2 \to B_3$	1.156
7	$A_1 \to A_2 \to A_3 \to A_4 \to D_3 \to D_4 \to G_1 \to G_2 \to G_3 \to G_4 \to G_5 \to G_6 \to G_7$	1.215

选择 CMPCI 最低的质量链作为关键质量链，即 $A_1 \rightarrow A_2 \rightarrow A_3 \rightarrow A_4 \rightarrow A_5 \rightarrow F_1 \rightarrow F_2 \rightarrow F_3 \rightarrow F_4$ 为该段技术接口的关键工序质量链（质量管理薄弱环节）。由 CMPCI 为 1.118 可知，该段技术接口工序质量管理能力处于一般水平，基本满足工序质量控制要求，符合该段桥梁与四电工程技术接口工序质量实际管理状况。

以此关键质量链为基础，分析关键影响因素，通过对其进行重点管理，有效提升接口工序能力指数，实现技术接口工序质量实时动态管控。

3.4.3 铁路工程技术接口问题记录

接口管理计划控制表在接口设计阶段生成，在接口实施阶段需继续进行维护，对于一些重要、复杂的接口问题，还需专门编制接口问题记录表（表 3-15），单独记录接口实施阶段利用工序质量链网络查找的技术接口问题，作为接口管理计划控制表的补充。接口问题记录表由基本信息、接口信息、接口响应、接口整改等部分构成，与接口管理进度跟踪矩阵相照应。

表 3-15 接口问题记录表

<table>
<tr><td colspan="5">基本信息</td><td colspan="4">接口信息</td></tr>
<tr><td>项目</td><td colspan="4">CZ-站后工程</td><td>接口编码</td><td>××××</td><td>接口名称</td><td>MEP 管道安装</td></tr>
<tr><td rowspan="4">工作项</td><td colspan="2" rowspan="2">名称</td><td colspan="2" rowspan="2">检测 MEP 组件</td><td>发布日期</td><td colspan="3">××.××.××</td></tr>
<tr><td rowspan="2">相关参与方</td><td>直接参与方</td><td colspan="2">分包商 C</td></tr>
<tr><td colspan="2" rowspan="2">工作范围说明</td><td colspan="2" rowspan="2">检测工作性能</td><td>间接参与方</td><td colspan="2">分包商 D;分包商 E</td></tr>
<tr><td>接口问题描述</td><td colspan="3">分包商负责电气机械管道配置工作</td></tr>
<tr><td rowspan="2">施工方</td><td colspan="4" rowspan="2">总承包商</td><td>出现的接口问题
可能产生的影响</td><td colspan="3">已完工程结构可能会返工</td></tr>
<tr><td>依据来源</td><td colspan="3">施工图纸和相关文件</td></tr>
<tr><td colspan="5">接口响应</td><td colspan="4">接口整改</td></tr>
<tr><td>分包商</td><td>××</td><td colspan="2">接口类型</td><td>施工预留</td><td>接口问题责任方</td><td colspan="3">MEP 分包商</td></tr>
<tr><td rowspan="2">工作
内容</td><td colspan="4" rowspan="2">重置电气和机械管道</td><td>接口策略描述</td><td colspan="3">MEP 分包商通过增加高级工程师，
立即开始补救错误的部分</td></tr>
<tr><td>实施接口策略后果</td><td colspan="3">相关机械组已推迟测试</td></tr>
<tr><td rowspan="2">接口响
应描述</td><td colspan="4" rowspan="2">根据施工图纸，有一些
连接需要讨论和确认</td><td>接口关闭时间</td><td></td><td>总时间</td><td>×天</td></tr>
<tr><td>项目经理签字</td><td colspan="3"></td></tr>
</table>

3.4.4 铁路工程技术接口问题分析

对于记录的接口问题，以 WSR 系统方法论为基础，识别出导致技术接口问题的因素；并运用 K-Means++ 算法对施工技术接口问题影响因素隶属度进行聚类分析[41]，划分因素的等级，对其进行差异化管理，从根源上减少接口问题的产生，提高接口管理效率。

3.4.4.1 基于 WSR 技术接口问题影响因素分解

铁路工程是一项庞大的系统，沿线施工存在地形环境复杂、气候条件差、资源调度不便捷、人员组织困难及施工周期长等难题，导致技术接口在资源、环境、施工方法、设计程序、项目管理、信息沟通以及人员组织等方面存在较多的不利影响因素，并逐步演化为技术接口问题。考虑到技术接口问题影响因素的全面性特征，引用一种系统理论的思想方法——WSR 系统方法论，系统分层次地对导致技术接口问题的影响因素全面分析，有助于接口管理者事前提出切实可行的接口管理策略和完整、正确的问题整改措施。WSR 方法的核心思想是从系统工程的角度出发，充分考虑物理、事理、人理三方面对研究问题的作用，从而系统、分层次、完整地对复杂问题进行研究，WSR 方法基本内容见表 3-16。采用 WSR 系统论思想，将资源、环境、施工方法、设计程序、项目管理以及人员组织等归属于物理、事理、人理三方面，并逐层细化，最终得到有效管理和控制的单元(技术接口问题的影响因素)，符合全面探索铁路工程技术接口问题影响因素的要求，可以系统地建立影响因素体系。

表 3-16 物理-事理-人理的内容

项　目	W-物理	S-事理	R-人理
对象与内容	客观物质世界法则、规则	组织、系统管理和做事的道理	人、团队、组织为人处事的道理
焦点	是什么？功能分析	怎样做？逻辑分析	最好怎么做？可能是？人文分析
原则	诚实；追求真理	协调；追求效率	讲人性、和谐；追求成效
所需知识	工程学	管理科学、系统科学	人文知识、行为科学、心理学

其中，物理指铁路工程技术接口问题客观存在的影响，如当地资源匮乏、施工环境恶劣等客观因素；事理指铁路工程技术接口实施过程中方法运用不当产生技术接口问题的原因，如施工组织不当、技术选择错误等原因；人理主要来源于人在处理技术接口问题过程中的经验和能力不匹配因素，包括人的组织、协调、沟通能力以及对接口的责任心等，如沟通不畅会导致信息的延迟或错误信息的传递。

依据上述 WSR 系统方法，结合相关研究文献[31][42]、实地调研和专家咨询，从已完工程施工图纸、施工组织设计、施工进度计划以及合同文本等施工资料中分析归纳出产生技术接口问题的原因，最终得到技术接口问题的影响因素，如图 3-40 所示。

3.4.4.2 技术接口问题影响因素多属性判断

铁路工程系统复杂，包括站前、站后等系统，恶劣的地质条件和气候条件导致系统间施工技术接口关系更加复杂。技术接口管理需着重考虑各参与方责任的界定、不同专业任务之间的时间搭接及不同实体对象空间位置关系的固有属性[43]。各属性多个维度的交叉影响决定了无法对技术接口问题影响因素从单一维度进行识别、分析和管控。研究技术接口问题影响因素与多属性之间的联系是探明影响因素间内在关联的关键，可以为进一步划分技术接口问题影响因素的管理等级提供数据支撑。

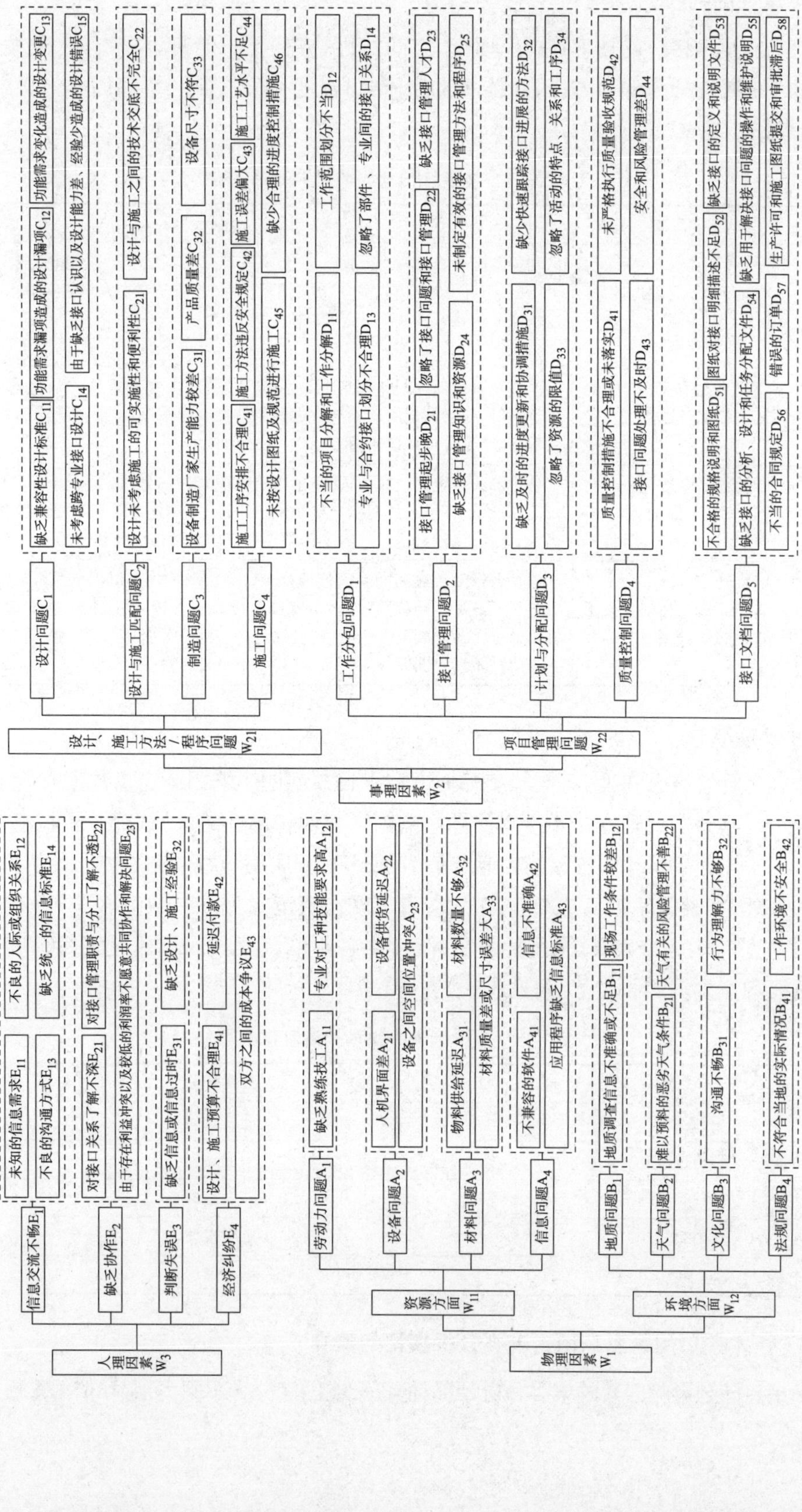

图 3-40　技术接口问题因素 WSR 分解图

1. 多属性的判断

为了突出技术接口的技术、责任、时间、空间特性，方便接口管理，将铁路工程技术接口问题影响因素属性分为四个方面，即技术属性、时间属性、责任属性、空间属性，属性的分类及说明见表 3-17。

表 3-17 技术接口问题属性判别表

属 性	分 类	说 明
技术属性	功能匹配、物理连接	功能匹配存在于两个及两个以上的系统或不同的元件之间，完成两个或多个不同接口间的一个或多个功能相互作用；物理连接指的是接口间的实体或设备间的连接
责任属性	不同参与方及人员间的责任界定和信息沟通	责任界定主要是针对工程合同形成责任接口，在接口范围内，划分各参与方之间以及其内部各职能部门间的权责关系，避免责任重叠、“灰色地带”的产生；信息沟通指的是由于参与方之间的信息沟通不畅，导致信息沟通“盲区”产生，由此产生责任接口问题
时间属性	保障各子系统内外部技术接口之间的时间搭接合理	优化各子系统接口任务，避免出现资源配置、时间逻辑关系错误等方面的接口问题；保证各子系统间接口资源配置合理、工作任务时间搭接的逻辑关系恰当，确保各接口的进度计划，实现各子系统内外部接口及整体的工期目标
空间属性	各子系统实体对象技术接口的位置关系	根据各子系统之间的空间位置要求，以进度、成本、质量为目标，从整体上协调各子系统的空间位置，合理布置技术接口的位置，保证各子系统衔接得当；在接口全生命周期的各个阶段，确保各阶段的空间搭接合理，避免在空间位置上产生技术接口问题

2. 评分标准

铁路施工环境复杂多变，不同施工环境下技术接口问题影响因素定量数据有所不同，难以进行统一处理。因此建立技术接口问题影响因素与四种属性的隶属关系，选取相关专家，依据表 3-17 属性说明，计算各影响因素与四种属性的隶属度，获取有效数据。为了方便后期数据的处理，将隶属度扩大 100 倍，扩大的隶属度取值范围为 0～100，其中 0 分代表无隶属关系，100 分代表完全隶属，采用插值法评分，将各影响因素与四维属性隶属程度的评分值按照重要程度划分为 5 个等级，见表 3-18。

表 3-18 影响因素—属性隶属程度表

分 值	隶属程度
0～20	低度隶属
21～40	中度隶属
41～60	高度隶属
61～80	重度隶属
81～100	极度隶属

3.4.4.3 技术接口问题影响因素聚类分析模型的建立

技术接口问题影响因素的聚类分析，可以把各影响因素分为不同类别，并依据多属性数据分析，划分各影响因素的等级，实现差异化管理。目前常用的聚类方法有 K-medoids 算法、CLARANS 算法、K-Means^{++} 算法等。由于 WSR 对铁路工程技术接口问题影响因素分解的数目是有限的，K-medoids 算法聚类中心是在样本范围内取值[44]，CLARANS 算法对输入的数据顺序敏感性高且计算效率低[45]，不适用于技术接口问题影响因素聚类。相较于前者，在处理非大型数据网络模型方面，K-Means^{++} 算法步骤精简、计算简便，在聚类相同的类别中相似度高，聚类不同类别中相似度较低，且 K-Means^{++} 算法对 K 个聚类中心的选取是随机的，在选取第一个聚类中心后，第二个聚类中心距离第一个聚类中心应尽可能远，可以使聚类效率大大提高，因此，本研究采用 K-Means^{++} 算法对技术接口问题影响因素进行聚类分析。

1. 基于 WSR-K-Means^{++} 模型的运行流程

首先，通过 WSR 系统方法识别技术接口问题因素，依据表 3-17、表 3-18 评分原则，邀请相关专家对图 3-40 技术接口问题影响因素四属性隶属程度评分。然后，对专家评分数据进行筛选，根据 K-Means^{++} 算法计算各接口问题影响因素聚类中心，提取出聚类集合，对实验数据进行分析、判别。最后，根据实验数据划分聚类等级，并匹配聚类集合。运行流程如图 3-41 所示。条件 1 表示实验数据是否符合 K-Means^{++} 算法的离散条件，条件 2 表示实验聚类中心是否达到所希望的离散程度。

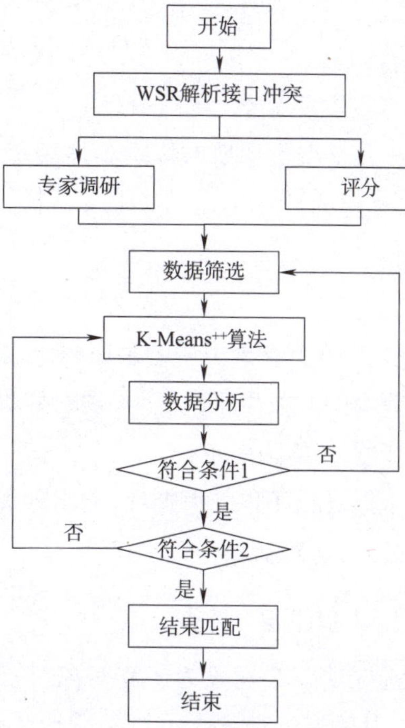

图 3-41 技术接口问题影响因素聚类分析模型流程图

2. 数据的获取

根据项目实际情况，邀请多位专家，根据表 3-17 及自身施工经验对图 3-40 中技术接口问题影响因素的技术—责任—时间—空间四属性隶属程度评分。为了使数据能够更客观的反映影响因素与各属性的隶属关系，需剔除部分专家数据，经处理后得到符合聚类分析要求的数据矩阵，具体步骤如下：

步骤 1：观察初始数据，查看异常数值并清除。

步骤 2：计算每个指标的平均值和均方差。

步骤 3：每个指标的评分按照 $\overline{p}\pm\delta$ 的顺序排列，排除最远的两个数据。

步骤 4：再次计算均值 $\overline{p}$，把 $\overline{p}$ 作为最终的聚类数据。

3. K-Means^{++} 聚类算法的计算步骤

K-Means^{++} 算法首先应确定 K 值和迭代的终止条件，具体步骤如下：

步骤 1：聚类的初始化。

设置 K 值和终止条件，从聚类集合中随机选取一个样本作为初始聚类中心 C_1。

步骤 2：计算其余的聚类中心。

计算每个样本 X 与其距离最小的聚类中心 C 之间的距离 D，并计算每个样本被选中的概率，其中样本 X 的概率计算见式(3-49)，运用轮盘赌的方式选择其他聚类中心。

$$P = D(x)^2 \Big/ \sum_{x \in X} D(x)^2 \tag{3-49}$$

步骤 3：计算样本到聚类中心的距离。

计算每个样本 $X_i = \{x_1, x_2, \cdots, x_m\}$ 与聚类中心 $C_j = \{c_1, c_2, \cdots, c_m\}$ 的距离 D_{ij}，把样本 X_i 归类到最小距离 D_i 的聚类中心 C_j 中，D_i 选择过程见式(3-50)。

$$D_i = \min D_{ij} = \min \sqrt{\sum_{i=1}^{m} (x_i - c_i)^2} \tag{3-50}$$

步骤 4：更新聚类中心 C。

把每个聚类中所有样本到该聚类中心对应维度距离的平均值作为更新的聚类中心位置，其坐标的计算见式(3-51)。

$$c_i = \frac{\sum x_i}{N(c_i)} \tag{3-51}$$

步骤 5：更新聚类中心隶属样本 X。

聚类中心发生了改变，必须对样本重新归类，重复步骤 3 得到新的分类样本。

步骤 6：算法终止。

根据终止条件结束循环，输出聚类结果，最后对数据结果进行处理、分析。

3.4.4.4 成果应用

1. 工程概况

选取铁路某标段为研究对象，该标段全长 42.68 km，主要为隧道工程，沿线地质条件复杂、工程施工难度大。该标段涉及路基、桥梁、隧道等站前工程，以及四电、排水等站后工程，各工程系统的功能和参数相互匹配，参与专业众多、工作搭接界面复杂，产生了大量的技术接口，技术接口工程贯穿于整个工程建设过程中。对技术接口问题影响因素进行分析研究，实现接口的差异化管理，可以有效遏制技术接口问题的产生，确保铁路工程顺利开通运营。

2. 确定专家权重及评分

邀请 12 位该项目技术接口管理研究专家对技术接口问题影响因素——四维属性隶属程度进行量化处理，专家的可信度从工龄、学历、专业、经历和职称 5 个方面来评判，具体权重标准见表 3-19。

表 3-19　专家评分权重标准

评判因素	权重 r	级别 i	分值 s
工龄	3	>30a	0.8
		15～30a	0.6
		<15a	0.4
学位	2	博士	0.8
		硕士	0.6
		学士	0.4
专业	2	工程建设安全方面	0.8
		桥梁工程方面	0.6
		隧道工程方面	0.6
		其他	0.4
经历	2	有接口管理及评估经历	0.8
		无接口管理及评估经历	0.4
职称	1	正高级	0.8
		副高级	0.6
		中级	0.4

专家可信度的计算公式为

$$R=\sum_{i=5}^{5} r_i s \Big/ \sum_{i=1}^{5} r_i \tag{3-52}$$

式中，i 为专家评判因素，s 为专家在五方面评判情况的对应取值。例如，一位副高级隧道工程专家，学位为硕士，45 岁，在工程建设中有评估经历，则他的可信度为

$$\frac{1\times0.6+2\times0.8+2\times0.6+2\times0.6+3\times0.8}{10}=0.7$$

12 位专家对技术接口问题影响因素—四属性隶属程度评分得到原始矩阵，每组评分中剔除 2 组专家数据，得到优化矩阵。根据表 3-19 计算其余 10 位专家的权重，具体计算过程省略，经计算，各专家的权重均为 0.1。

3. 技术接口问题影响因素 K-Means^{++}聚类分析

基于上述评分矩阵建立一个 Excel 文件，并根据 K-Means^{++} 聚类算法，在 Matlab 软件中编写程序，将 Excel 文件输入到程序中，挖掘数据的聚类关系。基于项目实际情况，将技术接口问题影响因素分为四个层次，K 值为 4。取技术接口问题技术、责任、时间属性的评分值对应 X、Y、Z 轴的值，构成三维空间坐标系，并将技术接口空间属性评分值用气泡大小表示，构成四维坐标系，表示各接口属性之间的联系。K-Means^{++} 算法第一个聚类中心的选取是随机的，因此每次聚类结果都不同，从中选择 4 次典型的实验进行分析，由 Matlab 软件绘制四维属性坐标系结构散点聚类图，如图 3-42 所示。

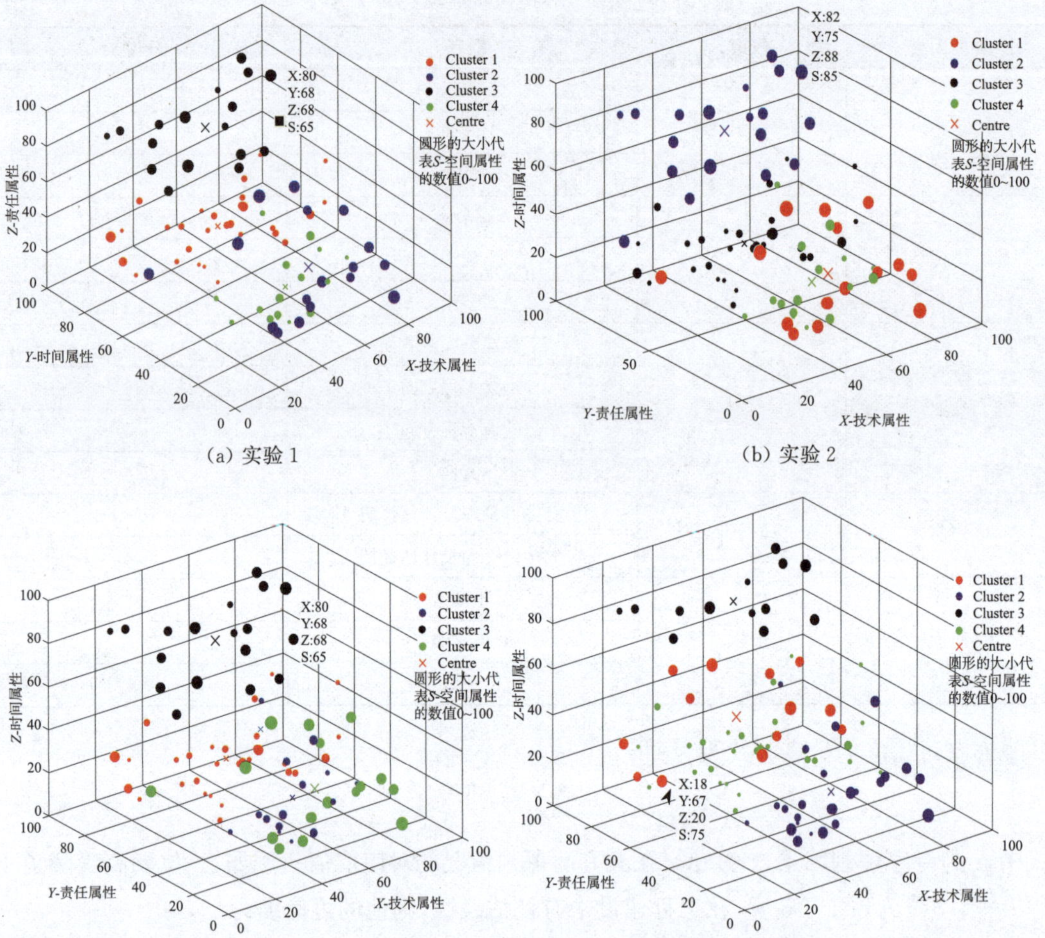

(a) 实验 1

(b) 实验 2

(c)实验 3

(d)实验 4

图 3-42 散点聚类分析图

4. 数据分析

通过观察发现技术接口多属性是相互独立的。实验 1～4 散点聚类图中从 X、Y、Z 轴(技术—责任—时间)三维属性的角度分析，4 次实验中各聚类中心的空间距离均较远，耦合度较低。但综合考虑四维坐标-空间属性(气泡的大小)，实验 1、2、3、4 聚类中心耦合度明显增大，证明空间属性独立于前三者。用同样的方式测量技术接口问题影响因素技术属性、责任属性、时间属性，发现彼此间都相互独立，验证了所取的四个属性互不干扰，符合独立性原则。经检验，4 次实验结果都满足聚类条件。

聚类中心四维坐标对应四维属性，坐标值越大，反映其与对应属性的关联性越强。若与多个属性关联性强，则该聚类中心的四种属性关系越复杂，管理难度越大，因此，聚类中心到原点的欧式距离越大，表示该聚类集合中各接口问题影响因素管理难度越大。根据大量重复运行

Matlab 得到的聚类中心 C 的聚集程度，把技术接口问题影响因素管理由易到难划分为 1～4 等级，即 1 级(60～89)、2 级(90～109)、3 级(110～129)、4 级(130～149)。根据 4 次实验的具体数值，将每次实验的技术接口问题影响因素聚类的等级量化，实验数据见表 3-20。

表 3-20　接口问题聚类分析实验数据表

聚类中心点	技术属性	责任属性	空间属性	空间属性	SUMD	到原点距离	影响因素数量	管理等级
实验 1								
聚类中心 C_1	56.00	73.72	19.86	24.31	27 447.45	97.76	29	2 级
聚类中心 C_2	59.82	30.41	23.35	70.94	20 217.41	100.41	17	2 级
聚类中心 C_3	56.17	80.11	70.33	57.56	20 056.72	133.54	18	4 级
聚类中心 C_4	41.25	21.06	29.50	26.69	13 771.38	61.05	16	1 级
实验 2								
聚类中心 C_1	59.69	31.69	22.94	72.25	19 256.81	101.55	16	2 级
聚类中心 C_2	54.16	80.47	68.05	57.95	23 313.16	131.90	19	4 级
聚类中心 C_3	56.52	72.38	19.28	22.69	25 302.07	96.54	29	2 级
聚类中心 C_4	43.06	18.69	30.75	28.69	13 386.81	63.02	16	1 级
实验 3								
聚类中心 C_1	55.23	72.87	19.53	24.10	28 731.00	96.55	30	2 级
聚类中心 C_2	41.80	19.27	30.80	27.27	12 438.67	61.73	15	1 级
聚类中心 C_3	56.17	80.11	70.33	57.56	20 056.72	133.54	18	4 级
聚类中心 C_4	59.82	30.41	23.35	70.94	20 217.41	100.41	17	2 级
实验 4								
聚类中心 C_1	53.92	75.00	31.92	68.31	14 602.62	119.24	13	3 级
聚类中心 C_2	47.72	17.16	27.32	47.68	29 849.28	74.78	25	1 级
聚类中心 C_3	56.46	79.85	79.23	54.69	13 730.00	137.23	13	4 级
聚类中心 C_4	58.07	68.69	20.10	20.10	24 971.45	94.33	29	2 级

由于实验 1 中的 C_1 和 C_2，实验 2 中的 C_1 和 C_3，实验 3 中的 C_1 和 C_4 到原点的距离相当，对应的聚类集合都为 2 级；实验 4 中各聚类中心到原点距离较分散，表明该实验中各类别的技术接口问题影响因素集合的管理难度有明显的区别。为了合理分配该项目技术接口问题影响因素，取实验 4 的技术接口问题影响因素聚类集合为该项目技术接口问题影响因素管理难度等级。分别用集合 A_1、A_2、A_3、A_4 表示 1～4 等级的技术接口问题影响因素，根据编码，从 Matlab 导出各个等级的技术接口问题影响因素集合如下：

$$A_1=\{A_{11},A_{12},B_{21},C_{11},C_{14},C_{21},C_{32},C_{33},C_{44},C_{45},C_{46},D_{11},D_{12},D_{13},D_{21},D_{23},D_{24},D_{25},D_{33},D_{51},D_{52},D_{58},E_{41},E_{42}\}$$

$$A_2=\{A_{41},A_{43},B_{12},B_{22},B_{41},B_{42},C_{12},C_{13},C_{31},C_{42},C_{43},D_{32},D_{43},D_{44},D_{53},D_{54},D_{55},D_{56},D_{57},E_{11},E_{12},E_{13},E_{14},E_{23},E_{31},E_{32},E_{43}\}$$

$A_3=\{A_{21},A_{23},B_{11},B_{31},C_{15},C_{22},D_{22},D_{31},D_{41},E_{21},E_{22}\}$

$A_4=\{A_{22},A_{31},A_{32},A_{33},A_{42},B_{32},C_{41},D_{14},D_{34},D_{42}\}$

由于A_3、A_4集合等级高，隶属于该集合的技术接口问题影响因素管理相对困难，其中，A_3集合技术接口问题影响因素应适当加大关注力度，A_4集合技术接口问题影响因素应重点关注。

3.4.5 铁路工程技术接口问题处理

在接口问题分析的基础上，综合考虑铁路建设项目特点、接口管理各阶段任务需求以及参与接口活动的施工主体的工作内容，建立演化博弈模型寻求稳定策略。通过系统仿真，分析各因素对接口合作的影响，明确各因素对接口合作的影响机理，并基于分析结果，提出相关建议，对各问题因素进行管控，从而减少接口问题的发生，使接口活动稳定、高效地进行，确保铁路工程接口功能的实现。

3.4.5.1 接口活动参与方合作行为演化博弈模型

从铁路工程接口全生命周期各阶段任务可以看出，接口问题主要出现在接口设计阶段和接口实施阶段。接口设计阶段主要处理设计方案和进度计划，解决接口匹配问题，从设计上使得尺寸、位置等物理因素没有冲突，同时工序上平稳搭接。接口实施阶段的任务包括协调解决接口管理过程中发现的问题等内容，该阶段的主要参与方是施工方，在接口施工阶段经常出现设计合理、进度安排合适，但参与方之间不协同而造成返工和重复做工的情况。因此，接口协调问题主要产生于参与接口活动的施工主体之间，即施工主体是落实接口建设的关键。

演化博弈以人的有限理性作为起点，把决策群体作为研究对象，表明决策个体会通过学习、模仿和行为突变不断改变策略，最终找到一种相适程度比整体平均相适程度高的策略，并在整体中持续发展这种策略。演化博弈的核心便是演化稳定策略与复制者动态。演化稳定策略是指群体中排除变异策略以后，大部分成员认可的且相较于其他决策更具优势的策略。复制者动态是演化博弈中的基本动力学演化机制，由 Taylor 和 Jonker 首次提出，用于模拟策略的动态调整过程，以表征种群通过模仿和学习使自身规模调整的反应速度，揭示了种群数目或比例的演化规律，可用某一特定纯策略，在一个种群中被采用的概率或频次的动态微分方程来描述，其值与选择该策略群体的比例成正比，与其期望收益超过群体均值收益的幅度成正比。因此，复制者动态能很好地描述有限理性个体的群体行为的变化趋势[46]。根据演化博弈理论，甲施工主体选择合作策略的复制者动态方程为

$$F(x)=\frac{\mathrm{d}x}{\mathrm{d}t}=x(x-1)[r\rho_1C-(1-\rho_1)\phi Cy+(1-\varphi)\rho_1\alpha_1y] \tag{3-53}$$

乙施工主体选择合作策略的复制者动态方程为

$$G(y)=\frac{\mathrm{d}y}{\mathrm{d}t}=y(y-1)[(1-r)\rho_2C-(1-\rho_2)\phi Cx+(1-\varphi)\rho_2\alpha_2x] \tag{3-54}$$

接口施工主体选择合作策略的演化博弈二维动力系统为

$$\begin{cases} F(x,y)=\dfrac{\mathrm{d}x}{\mathrm{d}t}=x(x-1)[r\rho_1C-(1-\rho_1)\phi Cy+(1-\varphi)\rho_1\alpha_1y] \\ G(x,y)=\dfrac{\mathrm{d}y}{\mathrm{d}t}=y(y-1)[(1-r)\rho_2C-(1-\rho_2)\phi Cx+(1-\varphi)\rho_2\alpha_2x] \end{cases} \tag{3-55}$$

由 $F(x,y)=0, G(x,y)=0$ 可得演化系统存在 4 个纯策略均衡点(0,0)、(0,1)、(1,0)、(1,1),1 个可能的混合策略均衡点(x^*,y^*),其中 $x^*=\dfrac{(1-r)\rho_2C}{\phi(1-\rho_2)C+\alpha_2\rho_2(\varphi-1)}$,$y^*=\dfrac{r\rho_1C}{\phi(1-\rho_1)C+\alpha_1\rho_1(\varphi-1)}$。

根据弗里德曼的方法,微分系统中均衡点的稳定性可由该系统的雅可比矩阵的局部稳定性分析得到[47]。该系统的雅可比矩阵为

$$J=\begin{bmatrix} \dfrac{\partial F(x,y)}{\partial x} & \dfrac{\partial F(x,y)}{\partial y} \\ \dfrac{\partial G(x,y)}{\partial x} & \dfrac{\partial G(x,y)}{\partial y} \end{bmatrix}$$

$$=\begin{bmatrix} (2x-1)[r\rho_1C-\phi(1-\rho_1)Cy-\alpha_1\rho_1(\varphi-1)y] & -x(x-1)[\phi(1-\rho_1)C+\alpha_1\rho_1(\varphi-1)] \\ -y(y-1)[\phi(1-\rho_2)C+\alpha_2\rho_2(\varphi-1)] & (2y-1)[(1-r)\rho_2C-\phi(1-\rho_2)Cx-\alpha_2\rho_2(\varphi-1)x] \end{bmatrix} \tag{3-56}$$

雅可比矩阵的行列式为

$$\det J=\frac{\partial F(x,y)}{\partial x}\times\frac{\partial G(x,y)}{\partial y}-\frac{\partial G(x,y)}{\partial x}\times\frac{\partial F(x,y)}{\partial y} \tag{3-57}$$

雅可比矩阵的迹为

$$\mathrm{tr}\, J=\frac{\partial F(x,y)}{\partial x}+\frac{\partial G(x,y)}{\partial y} \tag{3-58}$$

综上得到系统在各均衡点处的行列式和迹,见表 3-21。

表 3-21　系统均衡点处行列式和迹

均衡点	det *J*	tr *J*
(0,0)	$r(1-r)\rho_1\rho_2C^2$	$-[r\rho_1+(1-r)\rho_2]C$
(0,1)	$(1-r)\rho_2C[\alpha_1\rho_1(\varphi-1)+\phi(1-\rho_1)C-r\rho_1C]$	$\alpha_1\rho_1(\varphi-1)+\phi(1-\rho_1)C-r\rho_1C+(1-r)\rho_2C$
(1,0)	$r\rho_1C[\phi(1-\rho_2)C-(1-r)\rho_2C+\alpha_2\rho_2(\varphi-1)]$	$\phi(1-\rho_2)C-(1-r)\rho_2C+\alpha_2\rho_2(\varphi-1)+r\rho_1C$
(1,1)	$[\alpha_1\rho_1(\varphi-1)+\phi(1-\rho_1)C-r\rho_1C]\times[\phi(1-\rho_2)C-(1-r)\rho_2C+\alpha_2\rho_2(\varphi-1)]$	$(1-r)\rho_2C-\phi(2-\rho_1-\rho_2)C-\alpha_1\rho_1(\varphi-1)-\alpha_2\rho_2(\varphi-1)+r\rho_1C$
(x^*,y^*)	$\dfrac{-(1-r)r\rho_1\rho_2C^2[\alpha_1\rho_1(\varphi-1)+\phi(1-\rho_1)C-r\rho_1C][\alpha_2\rho_2(\varphi-1)+\phi(1-\rho_2)C-(1-r)\rho_2C]}{[\alpha_1\rho_1(\varphi-1)+\phi(1-\rho_1)C][\alpha_2\rho_2(\varphi-1)+\phi(1-\rho_2)C]}$	

3.4.5.2 演化稳定策略分析

演化博弈理论中，如果在某均衡点处满足雅可比矩阵的行列式大于0且它的迹小于0，则复制者动态方程的均衡点是系统的演化稳定点(evolutionarily stable strategy，ESS)。根据演化模型的均衡点及其稳定性条件分析，将铁路工程接口施工主体合作演化系统可分为以下四种情形。

情形1：$\alpha_1\rho_1(\varphi-1)+C\phi(1-\rho_1)>C\rho_1 r$ 且 $\alpha_2\rho_2(\varphi-1)+C\phi(1-\rho_2)>C\rho_2(1-r)$。

此时系统存在 $A(0,0)$ 和 $C(1,1)$ 两个 EES，$B(0,1)$ 和 $D(1,0)$ 为不稳定点，$M(x^*, y^*)$ 为鞍点，其对应的演化稳定策略为(不合作，不合作)以及(合作，合作)，均衡点局部稳定分析结果见表3-22，系统演化过程如图3-43所示。BMD为不同稳定状态的临界线，根据具体情况，若区域ABMD的面积大于区域BCDM的面积，则系统将更倾向于演化至(不合作，不合作)；若区域ABMD的面积小于区域BCDM的面积，则系统将更倾向于演化至(合作，合作)。

表3-22 均衡点局部稳定性(情形1)

均衡点	det J	tr J	稳定性
(0,0)	+	−	ESS
(0,1)	+	+	不稳定
(1,0)	+	+	不稳定
(1,1)	+	−	ESS
(x^*,y^*)	−	0	鞍点

情形2：$\alpha_1\rho_1(\varphi-1)+C\phi(1-\rho_1)>C\rho_1 r$ 且 $\alpha_2\rho_2(\varphi-1)+C\phi(1-\rho_2)<C\rho_2(1-r)$。

此时系统只有 $A(0,0)$ 是 EES，$B(0,1)$ 为不稳定点，$C(1,1)$ 和 $D(1,0)$ 为鞍点，(x^*, y^*) 为中心点，其对应的演化稳定策略为(不合作，不合作)，均衡点局部稳定分析结果见表3-23，系统演化过程如图3-44所示。

表3-23 均衡点局部稳定性(情形2)

均衡点	det J	tr J	稳定性
(0,0)	+	−	ESS
(0,1)	+	+	不稳定
(1,0)	−	±	鞍点
(1,1)	−	±	鞍点
(x^*,y^*)	+	0	中心点

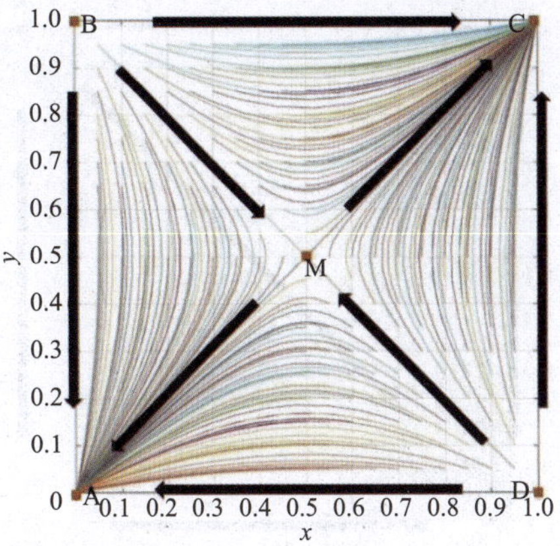

图3-43 演化情形1

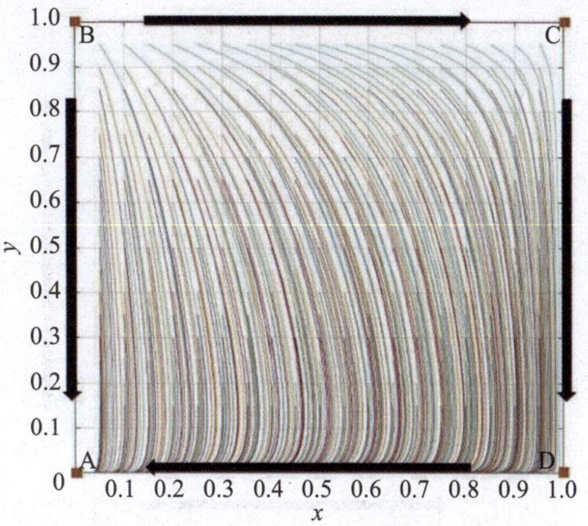

图3-44 演化情形2

情形3：$\alpha_1\rho_1(\varphi-1)+C\phi(1-\rho_1)<C\rho_1 r$ 且 $\alpha_2\rho_2(\varphi-1)+C\phi(1-\rho_2)>C\rho_2(1-r)$。

此时系统只有 $A(0,0)$ 是 EES，$D(1,0)$ 为不稳定点，$B(0,1)$ 和 $C(1,1)$ 为鞍点，(x^*, y^*) 为中心点，其对应的演化稳定策略为（不合作，不合作），均衡点局部稳定分析结果见表3-24，系统演化过程如图3-45所示。

表3-24 均衡点局部稳定性（情形3）

均衡点	det J	tr J	稳定性
(0,0)	+	−	ESS
(0,1)	−	±	鞍点
(1,0)	+	+	不稳定点
(1,1)	−	±	鞍点
(x^*, y^*)	+	0	中心点

情形4：$\alpha_1\rho_1(\varphi-1)+C\phi(1-\rho_1)<C\rho_1 r$ 且 $\alpha_2\rho_2(\varphi-1)+C\phi(1-\rho_2)<C\rho_2(1-r)$。

此时系统只有 $A(0,0)$ 是 EES，$C(1,1)$ 为不稳定点，$B(0,1)$、$D(1,0)$ 和 (x^*, y^*) 为鞍点，其对应的演化稳定策略为（不合作，不合作），均衡点局部稳定分析结果见表3-25，系统演化过程如图3-46所示。

表3-25 均衡点局部稳定性（情形4）

均衡点	det J	tr J	稳定性
(0,0)	+	−	ESS
(0,1)	−	±	鞍点
(1,0)	−	±	鞍点
(1,1)	+	+	不稳定点
(x^*, y^*)	−	0	鞍点

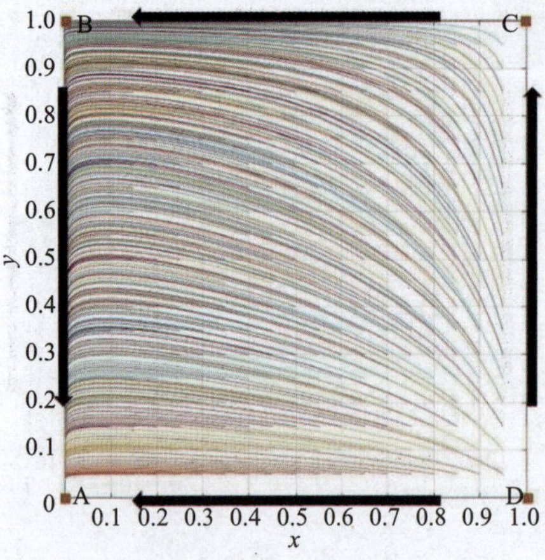

图 3-45　演化情形 3

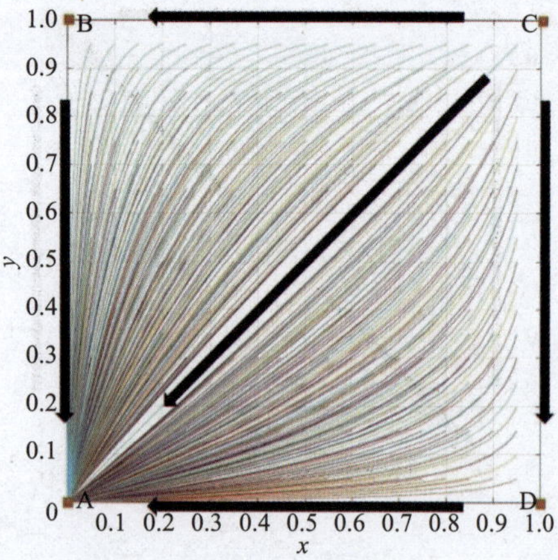

图 3-46　演化情形 4

3.4.5.3　仿真分析

由演化稳定策略分析可知：只有情形 1 的演化稳定策略可能演化为双方合作策略。为增加铁路工程接口施工双方选择合作策略的概率，避免接口问题的发生，数值仿真将针对情形 1 进行详细分析。情形 1 中参数的初始取值为 $r=0.5$，$\rho_1=0.5$，$\rho_2=0.5$，$\alpha_1=500$，$\alpha_2=500$，$\beta_1=350$，$\beta_2=350$，$C=300$，$\varphi=1.3$，$\phi=0.5$，在分析各因素参数对系统演化结果影响过程中，除了分析对象以外，其余参数取值均保持不变。

1. 选择策略初始比例对系统演化影响

数值仿真结果如图 3-47 所示，其中，x_0、y_0 分别表示铁路工程接口施工双方选择合作策略的初始比例。由图 3-47 可以看出，铁路工程接口施工双方的策略选择具有路径依赖性，不同初始比例下的收敛曲线在达到均衡前不会相交或重叠。系统收敛的速度与双方选择策略的初始比例相关，选择策略的初始比例越接近均衡点，该系统收敛速度越快，说明初始策略比例对双方能否向（合作，合作）模式出发至关重要。因此，铁路工程接口的施工单位选取和双方的合作需求程度至关重要。由于决策者都为施工单位，对接口施工具有相似的工作性质和相似的责权地位[48-49]，它们的行为对决策的影响具有对称性。因此，重点分析图 3-47 中 $y_0=0.5$ 情形下，不同参数对系统演化结果的影响。

2. 合作成本对系统演化影响

接口合作成本上下浮动 30%，其数值仿真结果如图 3-48 所示。从图 3-48 可以看出，铁路工程接口施工双方对于成本的增加均呈现出由合作状态向不合作状态的转换，因此对接口合作成本进行有效控制能够大力促进双方的共同合作，这与节约成本作为施工主体的重要考虑因素相符。实现较好的经济收益是施工单位极其重要的目标，成本作为项目管理重要的要素之一，选择成本较低的施工管理方式符合施工单位的利益取向。

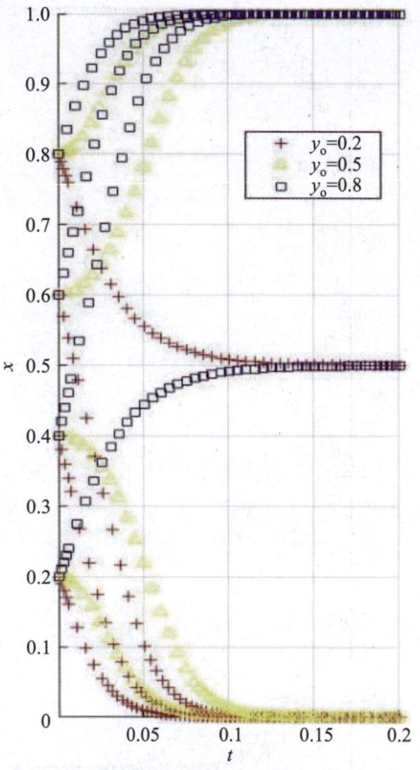

图 3-47　选择策略初始比例对系统演化影响仿真

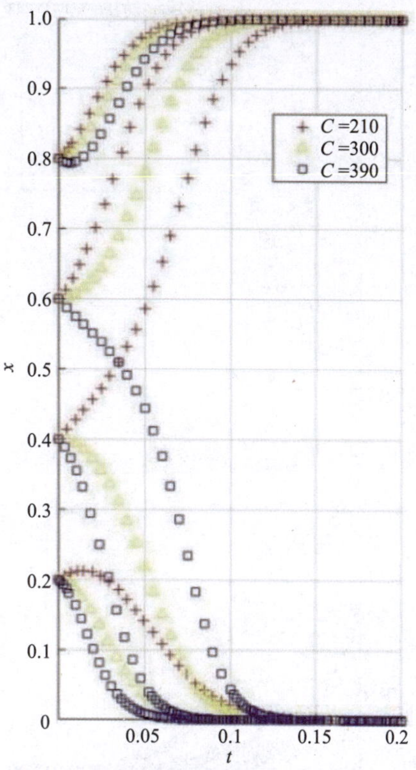

图 3-48　合作成本对系统演化影响仿真

3. 合作成本分配率对系统演化影响

合作成本分配率上下浮动 30%，其数值仿真结果如图 3-49 所示。由图 3-49 可以看出，随着合作成本分配率的改变，系统收敛速度有所变化，但系统演化的最终稳定策略与成本分配系数无关，与双方选择策略的初始比例有关。无论合作成本分配系数为何，选择的初始比例低于 0.5 时，双方终将演化至“不合作”状态；选择的初始比例高于 0.5 时，双方终将演化至“合作”状态。接口施工主体分担的合作成本只与其建设范围内的施工情况有关。

4. 合作成本转化率对系统演化影响

合作成本转化率上下浮动 30%，其数值仿真结果如图 3-50 所示。从图 3-50 可以看出，随着合作成本转化率的提高，系统朝着趋向合作的方向演化。合作成本转化率反应了施工主体将合作成本转化为质量效益的能力，施工主体的施工能力、学习能力以及创新能力越强，对合作成本的利用率越高[50]，使得施工双方更容易达成合作。

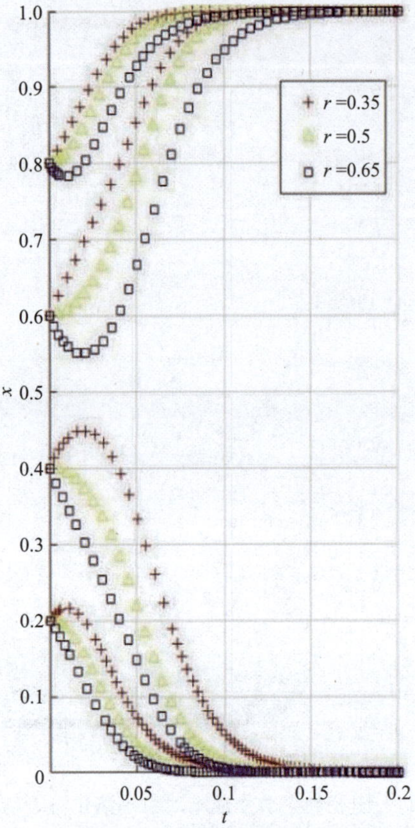

图 3-49 合作成本分配率对系统演化影响仿真

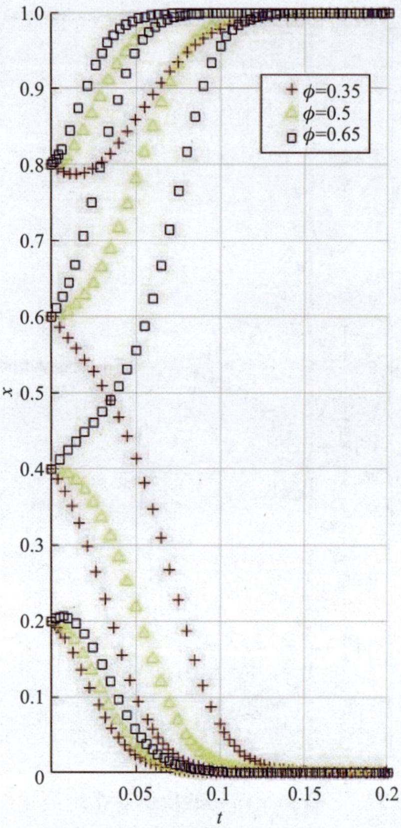

图 3-50 合作成本转化率对系统演化影响仿真

5. 合作协同系数对系统演化影响

合作协同系数变动 20%，其数值仿真结果如图 3-51 所示。从图 3-51 可以看出，合作协同系数越高，则双方更容易进入“合作”状态，随着协同系数的增大，收敛效应越明显。从图中可以发现，合作协同系数下降比合作协同系数同比例上升对系统演化结果的影响更大，合作协调系数又跟接口施工主体间交流沟通与信息共享程度有关，因此较好的交流沟通与信息共享是参与接口活动的施工主体双方避免走向“不合作”状态的根本措施。

6. 偏好对系统演化影响

将甲、乙施工主体对经济效益的偏好程度同时变动 30%，其数值仿真结果如图 3-52 所示。从图中可以看出，当甲、乙施工主体对经济效益的偏好程度都高于对质量效益的偏好程度时，系统朝着“不合作”状态演化，随着对经济效益的偏好程度的提升，收敛于“不合作”状态的趋势会越来越明显。

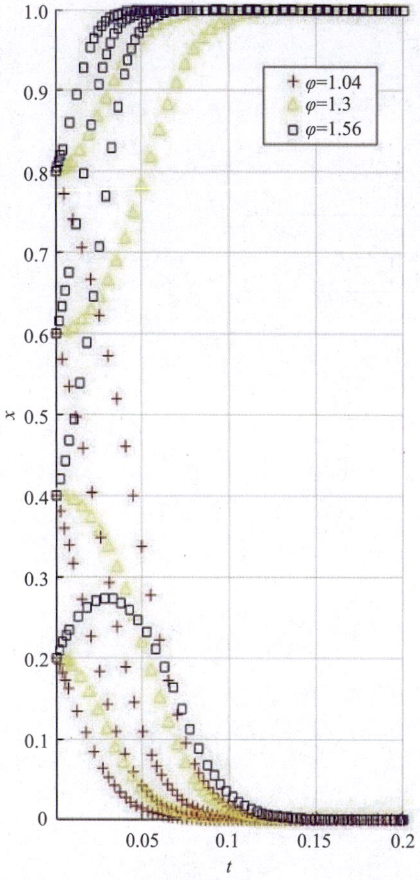

图 3-51　合作协同系数对系统演化影响仿真

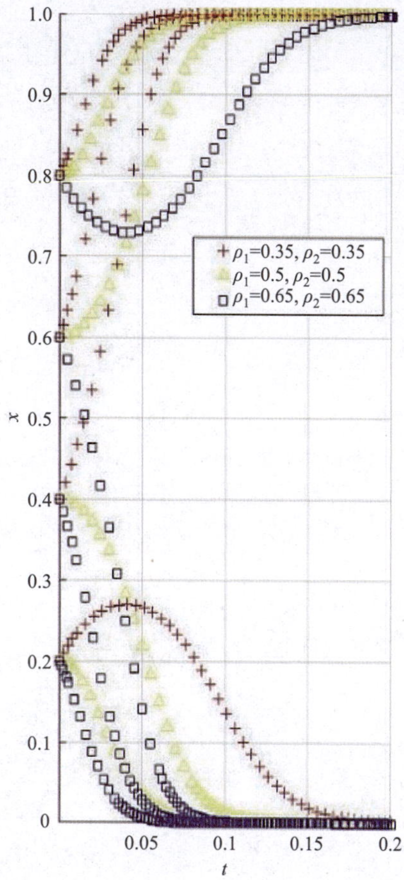

图 3-52　偏好同向改变对系统演化影响仿真

当接口活动中的一个施工主体对经济效益的偏好程度变动 30%，另一个施工主体对经济效益的偏好程度反向变动 30%时，其数值仿真结果如图 3-53 所示。从图中可以看出，系统状态的收敛趋势随着偏好程度的变化而变化，但是系统演化的结果没有改变。由于同一施工主体对经济效益的偏好程度与对质量效益的偏好程度之和为 1，可以推断，当接口活动中的施工主体其中一方对经济效益的偏好程度提高，另一方对质量效益的偏好程度同比例提高时，系统演化向“合作”状态收敛的速度降低，向“不合作”状态收敛的速度提升，但是最终的演化结果不变。

3.4.5.4　管控措施

铁路工程接口活动中单个施工主体的行为策略选择将受到活动中其他施工主体行为决策影响，系统最终的演化稳定策略是在合作成本及其分配率、合作成本转化率、合作协同系数、效益偏好等多种因素作用下的行为策略选择结果。行为策略选择过程中，上述参数的变化对系统演化结果产生影响，可以通过调控接口活动合作成本、效益偏好等相关参数，避免

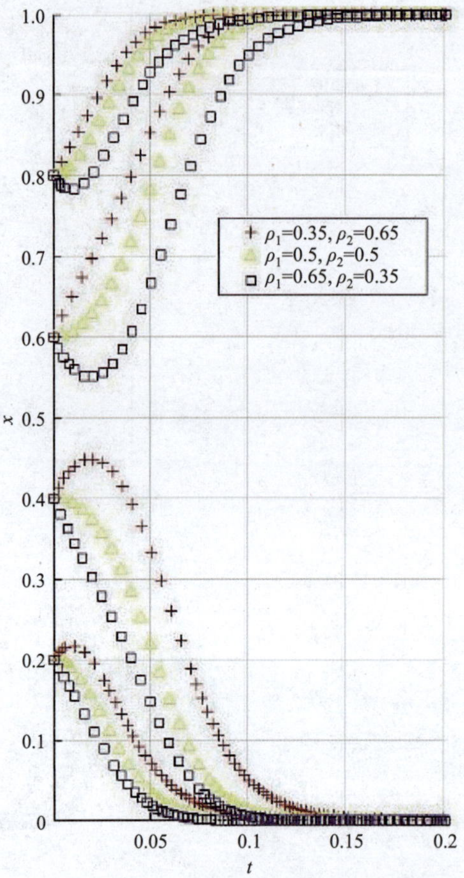

图 3-53 偏好反向变化对系统演化影响仿真

参与接口活动的施工双方陷入“不合作”状态，引导施工主体向着接口活动“合作”状态演化，减少施工主体之间的冲突，使接口活动稳定、高效地进行，确保接口功能的实现。

1. 控制接口合作成本

接口合作成本涉及施工成本和沟通成本。通过降低材料运输成本和材料储存成本来控制施工成本；通过缩短信息传递路径，减少信息传递的时间成本，并引入先进的通信技术，提高沟通效率，从而有效减少接口活动中因交流沟通产生的费用。

2. 提高接口活动施工主体自身的施工能力、学习能力以及创新能力

从分析结果可以看出，合作成本转化率的提高有助于接口活动的施工主体达到“合作”状态，合作成本转化率又与施工主体自身的施工能力、学习能力以及创新能力有关，施工、学习、创新能力越强，合作成本转化率越高。当施工主体的施工能力较强时，能够将施工成本更好地转化为质量效益；当施工主体的学习能力较强时，能够从其他接口活动参与方学到更多施工技巧和管理措施，减少沟通费用，提升接口的施工水平；当施工主体的创新能力较强时，能够从技术和管理两个方面促进工艺改进和流程优化。

3. 重视施工主体之间的交流沟通和信息共享

从分析结果可以看出，合作协同系数越高，双方更容易进入“合作”状态，合作协同系数和接口施工主体间的交流沟通与信息共享程度有关，双方交流沟通与信息共享越好，合作协同系数越高。通过建立线下会议、信函交流、网络沟通平台等多元化的沟通渠道，并完善信息反馈制度，促使接口主体之间积极沟通共享，避免双方在工序搭接上产生冲突。

4. 积极引导施工主体强化质量效益取向

参与接口活动的施工主体对质量效益的偏好程度越高，双方越容易达成接口合作。政府和主业单位应积极引导参与接口活动的施工主体更加注重工程质量，通过完善质量评价方式、健全声誉体系建设、贯彻落实工程质量终身负责制，提高施工主体的声誉，维护声誉的意识和自觉性，增强施工主体规范施工行为的积极性和能动性，对牺牲较大经济效益的一方给予适当经济补偿。

3.5　铁路工程技术接口验证

为了对接口前期各阶段任务的实施效果进行检验，在接口验证阶段需通过对技术接口检查、测试、评价等，验证系统整体功能，检验技术接口方案的实施效果，为技术接口方案优化提供支持，主要流程如图 3-54 所示。

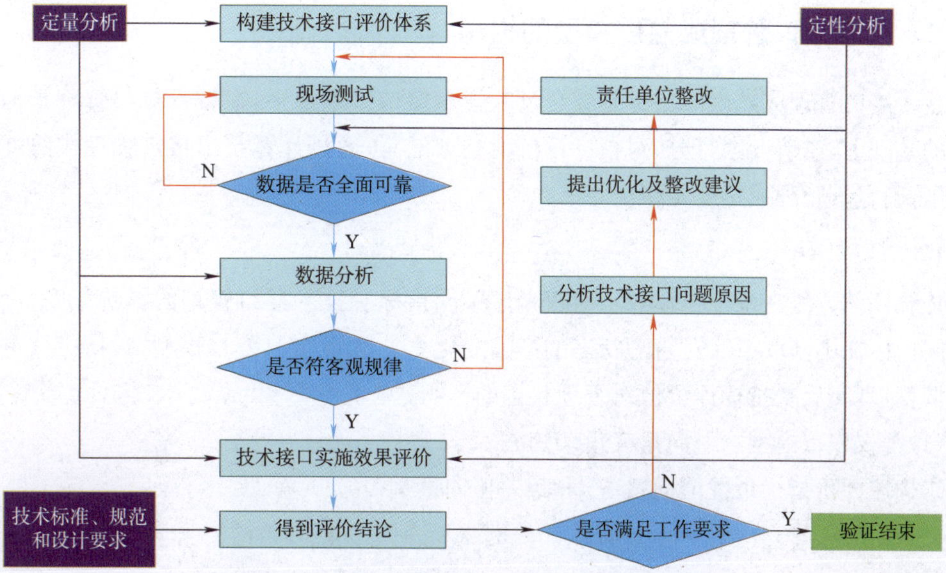

图 3-54　技术接口验证结构框架

为实现对铁路工程技术接口科学有效的管理，本节基于技术接口验证结构框架，从技术接口管理成熟度角度构建技术接口管理评价指标体系，利用变权—靶心贴近度模型对接口管理水平进行分析，找到技术接口管理中的薄弱环节，提出相应的管控措施并进行重点管理，为技术接口管理提供指导。

3.5.1 技术接口管理评价指标体系的建立

参考相关文献[31]并结合实际，从人员、材料、机械设备、方法和环境五个方面对技术接口管理的影响因素进行分析，构建了铁路工程技术接口管理评价指标体系，如图 3-55 所示。

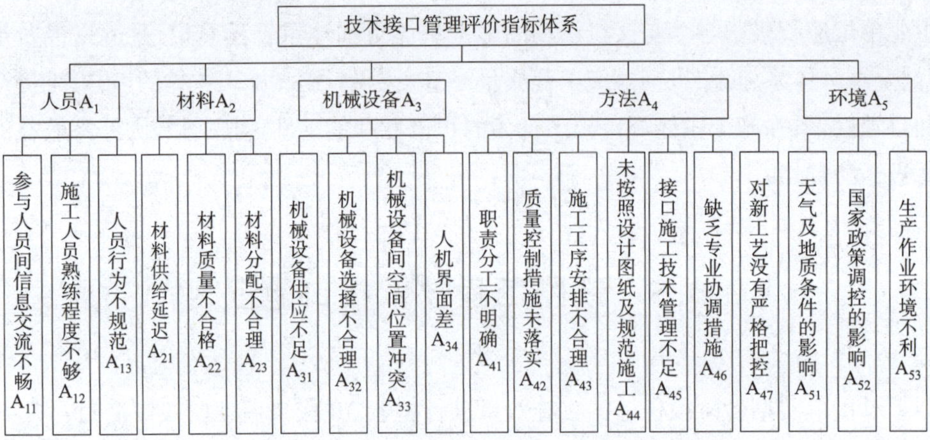

图 3-55　技术接口管理评价指标体系

3.5.2 技术接口管理成熟度模型的构建

技术接口管理成熟度的目标是综合反映技术接口管理水平，在技术接口管理指标体系确定的基础上，邀请专家打分，对指标评价值整理汇总，通过计算技术接口管理成熟度等级贴近度，确定其管理成熟度等级。

1. 赋权模型

传统评估方法在确定指标权重时仅考虑不同指标对技术接口管理的影响程度，没有考虑相同指标在不同取值时对管理状态的影响变化[51]。因此引入变权模型，对指标权重进行动态调整，真实反映指标评价值对管理状态的影响。

(1)常权权重模型——向量夹角余弦法

①构造评价指标最优值向量 S^* 和最差值向量 s^*

$$S^*=(S_1^*,S_2^*,\cdots,S_m^*),s^*=(s_1^*,s_2^*,\cdots s_m^*) \tag{3-59}$$

其中，

$$S_i^* = \begin{cases} \max\limits_{1 \leqslant j \leqslant n} \{V_{ij}\}, i \in I_1 \\ \min\limits_{1 \leqslant j \leqslant n} \{V_{ij}\}, i \in I_2 \end{cases}, s_i^* = \begin{cases} \min\limits_{1 \leqslant j \leqslant n} \{V_{ij}\}, i \in I_1 \\ \max\limits_{1 \leqslant j \leqslant n} \{V_{ij}\}, i \in I_2 \end{cases} \tag{3-60}$$

式中，S_i^* 为第 i 个评价指标的最优评价值；s_i^* 为第 i 个评价指标的最差评价值；m 为评价指标的个数；n 为专家数；I_1 为正向指标集；I_2 为负向指标集；V_{ij} 为第 j 个技术接口的第 i 个指标的分值。

②构造各评价对象与最优值向量和最差值向量的相对偏差矩阵 $\boldsymbol{R}$ 和 $\boldsymbol{\Delta}$

$$\begin{aligned} \boldsymbol{R} &= (r_{ij})_{m \times n} = \left[\frac{|V_{ij} - S_i^*|}{\max\limits_{1 \leqslant j \leqslant n}(V_{ij}) - \min\limits_{1 \leqslant j \leqslant n}(V_{ij})} \right]_{m \times n} \\ \boldsymbol{\Delta} &= (\delta_{ij})_{m \times n} = \left[\frac{|V_{ij} - s_i^*|}{\max\limits_{1 \leqslant j \leqslant n}(V_{ij}) - \min\limits_{1 \leqslant j \leqslant n}(V_{ij})} \right]_{m \times n} \end{aligned} \tag{3-61}$$

③确定评价指标的向量夹角余弦权重

$$c_i = \cos\langle r_i, \delta_i \rangle = \sum_{j=1}^{n} r_{ij} \delta_{ij} \bigg/ \sqrt{\sum_{j=1}^{n} r_{ij}^2} \quad \sqrt{\sum_{j=1}^{n} \delta_{ij}^2} \tag{3-62}$$

令 $w_i^0 = c_i \Big/ \sum\limits_{i=1}^{m} c_i$，对 c_i 作归一化处理，得到向量夹角余弦权重为

$$W^0 = (w_1^0, w_2^0, \cdots, w_n^0)^T \tag{3-63}$$

(2)变权综合模型

变权综合模型是在变权原理的基础上，基于空间因素理论提出状态变权向量，分别为惩罚型、激励型和混合型状态变权向量。

①确定变权权重

通过构建均衡函数，对优势指标进行激励，使其权重增大，对劣势指标进行惩罚，缩小其权重[52]。根据变权综合模型，可得出如下结论：$X = (x_1, x_2, \cdots, x_n)$ 为因素状态变量，$W^0 = (w_1^0, w_2^0, \cdots, w_n^0)$ 为因素常权变量，$S(X) = [S_1(X), S_2(X), \cdots, S_n(X)]$ 为状态变权向量，则变权向量 $W(X) = [W_1(X), W_2(X), \cdots, W_n(X)]$ 可用 W^0 和 $S(X)$ 的归一化阿达玛乘积表示，即

$$W(X) = \frac{W_1^0 \cdot S_1(X), \cdots, W_n^0 \cdot S_n(X)}{\sum\limits_{k=1}^{n} [W_k^0 \cdot S_k(X)]} = \frac{W^0 \cdot S_k(X)}{\sum\limits_{k=1}^{n} [W_k^0 \cdot S_k(X)]}, k = 1, 2, \cdots, n \tag{3-64}$$

②构建均衡函数

由式(3-64)可知，变权向量为常权向量与状态变权向量的量纲乘积，状态变权向量构建是否合理取决于均衡函数，见式(3-65)。

$$S(X)=\begin{cases}\dfrac{c_1-c_2}{\lambda-\mu}\mu\ln\dfrac{\mu}{x}+c_2, x\in(0,\mu]\\ -\dfrac{c_2-c_1}{\lambda-\mu}x+\dfrac{c_2\lambda-c_1\mu}{\lambda-\mu}, x\in(\mu,\lambda]\\ C+\dfrac{c_2-c_1}{2(\lambda-\mu)(\alpha-\lambda)}(\alpha-x)^2, x\in(\lambda,\alpha]\\ C, x\in(\alpha,\beta]\\ K(1-\beta)\ln\dfrac{1-\beta}{1-x}+C, x\in(\beta,1]\end{cases}\tag{3-65}$$

式中,$0<\mu<\lambda<\alpha<\beta<1$,$0<C<c_1<c_2<1$,$\alpha$ 为惩罚水平,β 为激励水平。C、c_1、c_2 为评价策略,K 为调整系数。区间$(0,\alpha)$为受到惩罚的区域,范围较广,$(\lambda,\alpha]$受到较弱惩罚,$(\mu,\lambda]$受到强烈惩罚。$(0,\mu]$由于子目标评价值较低,权重较大,会造成整体目标的综合评价值骤降,当等于或小于预设的否决值时,会否决整个目标。

2. 靶心贴近度法

(1)区间关联函数

$$Y_{mnl}=\frac{(h_{nl}-h_{nl-1})-|2z_{mn}-(h_{nl-1}+h_{nl})|}{(h_{nl}-h_{nl-1})(h_{nd}-h_{n0})}\tag{3-66}$$

式中,Z_{mn} 为第 m 个技术接口在第 n 个指标下的属性值;成熟度等级可分为 d 个子区间,即$[h_{no},h_{nl}],\cdots,[h_{nl-1},h_{nl}],\cdots,[h_{nd-1},h_{nd}]$;$Y_{mnl}$ 为第 m 个技术接口在第 n 个指标下,关于第 l 个成熟度等级$[h_{nl-1},h_{nl}]$的关联函数。

关联函数值反映了属性值与成熟度等级的中点之间的距离。$Y_{mnl}>0$,$Y_{mnl}=0$ 和 $Y_{mnl}<0$ 分别表示属性值在分类等级的内部、边界和外部。

(2)靶心贴近度法原理

单指标区间关联函数的最大值 Y_{mn} 为技术接口的靶心坐标,第 m 个技术接口的靶心可以表示为$(Y_{m1},Y_{m2},\cdots,Y_{mr})$。设第 m 个技术接口关于第 L 个评价类的靶心贴近度 U_{ml} 为

$$U_{ml}=1-\sum_{n=1}^{r}[C_{mn}|Y_{mnl}-Y_{mn}|]\tag{3-67}$$

式中,r 为指标总数;C_{mn} 为第 m 个技术接口中第 n 个指标的变权权重。若 $\max(U_{ml})=U_{ml}^*$,则第 m 个技术接口等级分类为 l^*。

3. 技术接口管理成熟度等级

根据铁路工程技术接口的特点,借鉴 OPM3 模型,参考相关文献[53],将技术接口管理成熟度等级划分为混乱级(0~0.2)、协调级(0.2~0.4)、规范级(0.4~0.6)、协作级(0.6~0.8)、持续优化级(0.8~1)5 个等级,它们之间呈现梯阶递进的趋势,如图 3-56 所示。

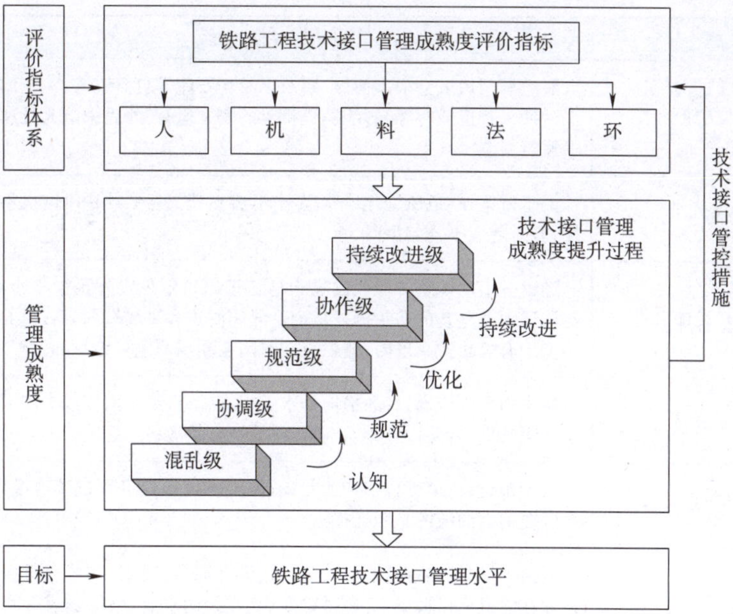

图 3-56　技术接口管理成熟度等级

4. 成果应用

(1)依托工程概况

选取某山区铁路桥梁工程与隧道工程为研究对象,对其技术接口进行分析。该工程范围内存在危岩落石、高地应力及软岩变形、偏压等不良地质,隧道出口位于陡坡处,洞口基岩裸露,岩体较破碎且出口段为浅埋,边仰坡开挖后易发生垮塌、滑脱。该地区地质环境恶劣、气候环境复杂,导致桥隧工程施工技术难度高、施工时间长,产生的技术接口多、类型复杂、综合性强、施工难度大。

(2)桥隧工程技术接口识别

桥梁与隧道之间依靠 24 m 棚洞连接,依据 WBS 结构分解、接口矩阵图,参照施工组织设计,识别出以下技术接口,见表 3-26。

表 3-26　桥隧工程技术接口识别表

接口主题	接　口　描　述	接口类型
桥隧连接型式 I_1	桥梁与隧道进口端由 24 m 棚洞连接,由隧道方施工,隧道进口采用棚洞洞门,采用框架式棚洞型式	物理连接
桥台与洞身接口 I_2	桥梁工程 3 号桥台深入隧道内,不设台身,由隧道专业在隧道底板上预留承台基础,基础上预留支承垫石位置,施工时应待隧道洞口成型后,再施工相应的桥梁工程	物理连接

续上表

接口主题	接 口 描 述	接口类型
桥隧相连边坡防护 I_3	隧道洞门边坡会引发滑坡、落石以及泥石流等自然灾害，将土体或泥沙冲入隧道或桥梁，影响隧道桥梁的安全运营，严重影响人员和车辆通行安全	物理连接
不均匀沉降 I_4	由于桥梁、隧道所处地质状况不同，各自建成后的结构刚度也不一样，容易造成不均匀沉降	功能匹配
防护栅栏接口设计 I_5	隧道进出口处防护栅栏设置于隧道进出口堑顶以外至少 2 m，并与洞口附近路基的防护栅栏贯通。涵洞洞顶和翼墙端部帽石顶面均不低于有效防护高度时，栅栏直接封闭至涵洞两侧翼墙端部	物理连接
桥隧相连水沟接口 I_6	隧道内侧沟应通过纵、横向排水工程措施，将汇水两侧或单侧引排至桥梁锥坡外，并设置排水沟槽，排放至自然沟谷	物理连接
电缆槽槽道衔接 I_7	由于桥梁、隧道工程结构的差异，需要在衔接处设置过渡电缆井，将电缆槽内的线缆平顺连接	物理连接
隧道出口桥上紧急救援站 I_8	隧道根据《铁路隧道防灾救援疏散设计规范》要求，将紧急救援站设置在隧道出口桥梁范围；桥梁专业（或结构专业）根据隧道等相关专业要求，开展救援疏散站台设计，并根据消防、灾害监测等相关要求进行预埋	功能匹配
隧道防灾疏散救援导向标志牌 I_9	隧道专业负责向桥梁、路基、结构专业提供疏散救援导向标志牌的设置位置及要求等；桥梁专业负责桥梁上紧急停车导向标志牌的基础（预埋）设计	施工预留

(3)模型应用

①均衡函数与权重的确定

首先利用向量夹角余弦法，通过式(3-59)～式(3-63)计算常权权重。然后结合桥隧工程技术接口管理成熟度分级标准和相关文献[53]，在变权函数中取 $\mu=0.2$，$\lambda=0.4$，$\alpha=0.6$，$\beta=0.8$，$C=0.3$，$c_1=0.4$，$c_2=0.5$，$K=2$，基于式(3-65)构建状态变权函数，见式(3-68)。最后利用式(3-66)计算桥隧工程技术接口每个评价指标的均衡函数值，结合式(3-64)确定变权权重，见表 3-27。

$$S(X)=\begin{cases}-0.1\ln\dfrac{0.2}{x}+0.5, x\in(0,0.2]\\ -0.5x+0.8, x\in(0.2,0.4]\\ 0.3+1.25(0.6-x)^2, x\in(0.4,0.6]\\ 0.3, x\in(0.6,0.8]\\ 0.4\ln\dfrac{0.2}{1-x}+0.3, x\in(0.8,1]\end{cases} \tag{3-68}$$

表 3-27　变权权重计算结果

技术接口		A_{11}	A_{12}	A_{13}	A_{21}	A_{22}	A_{23}	A_{31}	A_{32}	A_{33}	A_{34}
变权权重	I_1	0.042 8	0.029 8	0.014 8	0.017 3	0.020 8	0.047 6	0.074 4	0.078 9	0.031 1	0.097 1
	I_2	0.101 3	0.023 7	0.016 9	0.030 4	0.023 5	0.061 5	0.084 0	0.057 8	0.071 7	0.039 8
	I_3	0.038 0	0.040 8	0.013 4	0.011 9	0.018 8	0.073 7	0.146 8	0.081 0	0.056 1	0.066 8
	I_4	0.038 3	0.018 4	0.013 0	0.012 4	0.018 6	0.095 8	0.147 3	0.044 8	0.054 2	0.035 2
	I_5	0.036 2	0.023 2	0.012 9	0.016 4	0.019 2	0.045 2	0.080 3	0.086 6	0.027 9	0.030 6
	I_6	0.082 5	0.020 3	0.014 8	0.025 2	0.019 5	0.060 2	0.070 1	0.075 1	0.031 4	0.066 2
	I_7	0.063 0	0.042 6	0.015 9	0.012 1	0.068 2	0.093 6	0.070 4	0.102 8	0.028 6	0.067 6
	I_8	0.060 2	0.016 0	0.022 2	0.024 3	0.025 1	0.032 9	0.238 6	0.068 4	0.020 9	0.072 8
	I_9	0.037 9	0.044 9	0.014 7	0.063 4	0.043 3	0.082 6	0.170 8	0.045 6	0.038 5	0.045 2
常权权重		0.055 5	0.027 9	0.019 7	0.017 1	0.027 7	0.063 3	0.099 0	0.068 0	0.040 2	0.047 0

技术接口		A_{41}	A_{42}	A_{43}	A_{44}	A_{45}	A_{46}	A_{47}	A_{51}	A_{52}	A_{53}
变权权重	I_1	0.060 0	0.016 2	0.047 1	0.074 4	0.047 2	0.021 1	0.031 8	0.131 3	0.045 6	0.070 5
	I_2	0.067 7	0.016 5	0.054 3	0.062 3	0.053 3	0.033 2	0.051 4	0.073 8	0.033 6	0.043 2
	I_3	0.054 2	0.014 7	0.089 9	0.049 8	0.067 7	0.019 0	0.043 5	0.056 6	0.026 8	0.030 4
	I_4	0.079 9	0.028 6	0.092 1	0.048 4	0.060 4	0.018 5	0.027 9	0.052 7	0.046 1	0.067 5
	I_5	0.068 2	0.030 3	0.043 0	0.110 1	0.027 2	0.019 4	0.128 6	0.134 5	0.028 5	0.031 6
	I_6	0.056 0	0.034 9	0.060 9	0.104 9	0.065 3	0.045 6	0.029 8	0.056 1	0.030 3	0.050 9
	I_7	0.056 8	0.015 3	0.045 5	0.052 3	0.047 8	0.019 9	0.067 0	0.066 0	0.028 6	0.036 0
	I_8	0.041 6	0.011 4	0.032 2	0.104 9	0.071 1	0.016 3	0.023 1	0.047 2	0.045 9	0.024 8
	I_9	0.045 9	0.054 5	0.038 8	0.047 0	0.021 2	0.040 0	0.024 1	0.047 6	0.091 2	0.002 6
常权权重		0.079 8	0.021 6	0.062 0	0.073 4	0.062 9	0.028 0	0.042 4	0.080 0	0.039 6	0.044 9

②靶心贴近度的计算

结合式(3-68)计算出该桥隧工程技术接口分别对 5 个管理成熟度等级的靶心坐标(表 3-28)和靶心贴近度，并按照最大隶属度原则确定最终的成熟度等级，见表 3-29。

表 3-28　靶心坐标计算结果

技术接口	A_{11}	A_{12}	A_{13}	A_{21}	A_{22}	A_{23}	A_{31}	A_{32}	A_{33}	A_{34}
I_1	0.774 0	0.541 9	0.420 8	0.766 5	0.493 5	0.885 3	0.769 9	0.618 6	0.833 2	0.538 0
I_2	0.701 5	0.700 7	0.515 9	0.590 8	0.498 3	0.805 6	0.325 8	0.515 0	0.607 0	0.695 0
I_3	0.500 0	0.942 1	0.487 0	0.831 3	0.079 4	0.831 2	0.880 0	0.866 9	0.340 2	0.587 2
I_4	0.752 9	0.437 8	0.286 5	0.475 7	0.676 2	0.630 2	0.450 7	0.831 5	0.664 2	0.580 7
I_5	0.146 9	0.373 9	0.355 8	0.599 1	0.801 8	0.488 7	0.563 6	0.978 7	0.747 8	0.401 1
I_6	0.697 8	0.302 1	0.739 3	0.633 8	0.500 8	0.787 3	0.465 9	0.699 6	0.381 0	0.054 5
I_7	0.3799	0.866 6	0.495 3	0.672 6	0.316 1	0.469 2	0.262 8	0.753 0	0.797 4	0.551 1

续上表

技术接口	A_{11}	A_{12}	A_{13}	A_{21}	A_{22}	A_{23}	A_{31}	A_{32}	A_{33}	A_{34}
I_8	0.499 2	0.453 3	0.990 7	0.544 1	0.855 5	0.247 6	0.131 0	0.991 9	0.121 9	0.452 6
I_9	0.804 3	0.359 9	0.321 4	0.485 3	0.533 2	0.930 7	0.298 1	0.299 4	0.705 3	0.245 2

技术接口	A_{41}	A_{42}	A_{43}	A_{44}	A_{45}	A_{46}	A_{47}	A_{51}	A_{52}	A_{53}
I_1	0.829 5	0.774 9	0.491 8	0.460 3	0.616 5	0.951 3	0.615 1	0.823 3	0.657 6	0.540 5
I_2	0.647 5	0.602 1	0.873 5	0.625 5	0.889 8	0.893 4	0.983 7	0.552 1	0.523 9	0.706 0
I_3	0.170 4	0.444 7	0.830 1	0.985 1	0.714 2	0.387 9	0.733 5	0.972 6	0.880 0	0.313 6
I_4	0.719 2	0.771 4	0.475 1	0.494 4	0.729 4	0.383 6	0.834 6	0.966 6	0.874 3	0.298 7
I_5	0.687 4	0.839 7	0.772 9	0.198 9	0.098 5	0.087 9	0.128 8	0.612 4	0.417 1	0.608 7
I_6	0.862 9	0.168 3	0.895 0	0.213 5	0.856 3	0.091 8	0.181 3	0.996 5	0.134 7	0.278 0
I_7	0.567 0	0.976 0	0.874 1	0.179 4	0.703 3	0.843 7	0.640 7	0.419 0	0.223 0	0.244 3
I_8	0.207 0	0.628 5	0.068 3	0.539 1	0.938 8	0.169 8	0.916 5	0.203 2	0.795 0	0.327 2
I_9	0.259 3	0.893 8	0.068 5	0.623 4	0.870 2	0.406 1	0.013 7	0.104 2	0.154 2	0.147 4

表 3-29　成熟度等级确定

技术接口	靶心贴近度					成熟度等级
	混乱级	协调级	规范级	协作级	持续改进级	
I_1	−4.429 7	−2.754 3	−1.356 3	−2.235 6	−3.620 3	规范级
I_2	−2.668 1	−1.367 9	−0.848 9	−1.011	−4.014 8	规范级
I_3	−3.008 2	−1.194 2	−0.808 4	−1.237 2	−3.938 6	规范级
I_4	−1.447 3	−1.455 6	−0.900 6	−1.875 2	−5.951 1	规范级
I_5	−3.576 4	−2.455 8	−1.744 6	−1.686 2	−4.104 4	协作级
I_6	−1.564 1	−1.768 9	−1.011 4	−1.939 5	−6.000 4	规范级
I_7	−2.395 6	−0.617 7	−0.297	−1.059 8	−4.225 8	规范级
I_8	−5.011 8	−3.119 8	−1.868 8	−1.064 6	−2.175 6	协作级
I_9	−3.173 5	−1.834 3	−1.329 9	−1.390 7	−4.047 5	规范级

由表 3-29 可知，某山区铁路桥梁工程与隧道工程大部分技术接口处于规范级，仅有 2 个处于协作级，通过分析，其技术接口管理成熟度等级有从规范级向协作级优化的趋势。

3.6　铁路工程技术接口维护

技术接口维护阶段主要任务是定时定点检查接口，并对出现的新接口问题进行反馈，使接口相关责任单位及时制定实施方案，确保铁路工程安全、顺利开通运营，为后续铁路工程建设中技术接口管理提供参考。铁路工程技术接口系统安全性和可靠性评判的难点，在于对技术接口系统内部故障传播情况的有效动态评估。针对这一问题，本节将脆性联系引入到铁路工程技术接口故障分析中，依据接口间的相互影响程度，利用信息熵理论，对接口系统内部的脆性联系进行量化，并通过非合作博弈理论，构建接口系统故障传播仿真模型，以此提出铁路工程技术接口故障研究的新方法。

3.6.1　接口系统脆性联系

脆性是复杂系统的固有属性，可由各子系统间的彼此联系进行描述。技术接口作为多层级复杂系统，可以将脆性联系依据技术接口单元在故障传播中的状态影响情况进行明确，如图 3-57 所示。

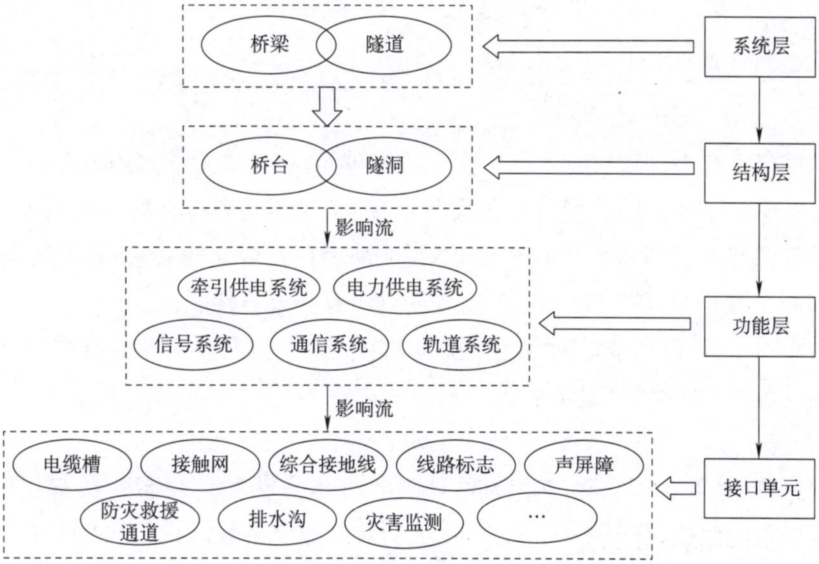

图 3-57　铁路工程技术接口各层级间影响关系

根据技术接口的结构和功能特点，将技术接口脆性状态分为物理衔接、功能匹配、信息传输和风险影响四个方面，见表 3-30。

表 3-30　接口状态描述

接口状态	状态描述	接口典例
空间衔接状态 S_1	通过连接形式、排水形式、安装位置等指标进行衡量	路桥过渡段、路基与桥涵地基处理、路隧过渡段等
功能匹配状态 S_2	通过动变形、工后沉降、净空尺寸等指标进行衡量	路基变形和沉降控制、路基与桥涵地基处理、供电能力等
信息传输状态 S_3	通过结构变形信息反馈能力、数据传输速度和指令接收程度等指标进行衡量	监控单元与桥、隧、路、轨接口等
潜在风险状态 S_4	通过接口所处环境因素是否改变进行衡量，这些因素的变化往往导致接口风险的增加	接触网专业综合接地、桥、隧、路、轨监测、维护设备的网络需求等

接口脆性联系的本质是两个接口单元之间的关联(图 3-58)。为使接口脆性联系更直观明确,引入集对分析理论[54]来完成脆性联系的量化。根据集对分析理论,相对确定性关系的接口脆性状态可以细分为同一性状态和对立性状态;不确定关系的接口脆性状态可用差异性状态表示。

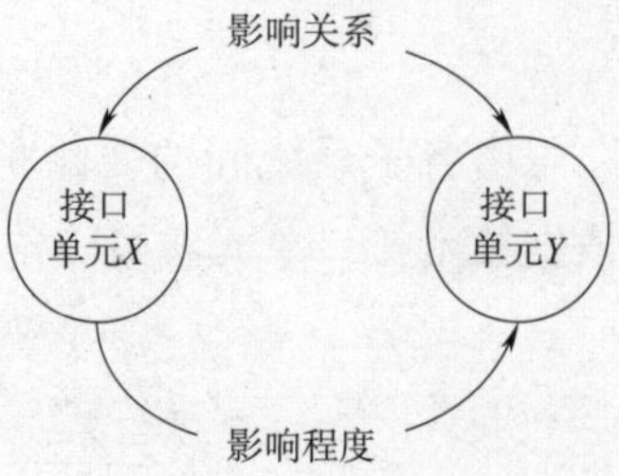

图 3-58　两接口单元脆性联系

在技术接口系统中,假设存在 X、Y 两个接口单元,接口单元状态用 S_i($i=1,2,3,4$)表示,若 X 接口单元故障引起 Y 接口单元状态 S_i 变化,说明两者存在同一性联系;若 X 接口单元故障没有引起 Y 接口单元状态 S_i 变化,说明两者存在对立性联系;若无法根据 X 接口单元故障判断 Y 接口单元状态 S_i 的变化,说明两者存在差异性联系。

在接口集对中,可以由接口的空间衔接、功能匹配、信息传输和潜在风险四种状态定义接口单元间的脆性联系度,可表示为

$$u=a+bI+cJ \tag{3-69}$$

式中,a 为同一测度,b 为对立测度,c 为差异测度,a、b、c 为脆性联系的状态变量与接口全部状态变量个数的比值,符合 $a+b+c=1$。I 为对立测度系数,$I\in[-1,0]$;J 为对立差异测度系数,$J\in[-1,1]$。

由于接口联系包含信息的复杂性,传统集对分析联系度无法进行准确表示,故引入熵[55]的概念对接口脆性联系进行量化描述。接口间的脆性同一熵为 H_a;脆性对立熵为 H_b;脆性差异熵为 H_c,公式表示如下[56]:

$$H_a=-p_a(Y|X)Inp_a(Y|X) \tag{3-70}$$

$$H_b=-p_b(Y|X)Inp_b(Y|X) \tag{3-71}$$

$$H_c=-p_c(Y|X)Inp_c(Y|X) \tag{3-72}$$

式中,$p_a(Y|X)=a$,$p_b(Y|X)=b$,$p_c(Y|X)=c$,为接口状态中同一联系、对立联系和差异联系出现的概率,当 a,b,c 任一概率为 1 时,表示接口关系确定,此时熵为 0。

根据接口脆性同一熵、对立熵和差异熵的定义,将接口脆性联系熵表示为

$$H_x(Y)=\omega_a H_a+\omega_b H_b+\omega_c H_c \tag{3-73}$$

接口脆性联系熵越大,表示接口单元 X 故障后对接口单元 Y 的影响越大。式中,ω_a、ω_b 和 ω_c 分别为接口脆性同一熵、对立熵和差异熵的权变系数,可以由突变级数法进行确

定,即 $|\omega_a|=\sqrt{-p_a\ln p_a}$,$|\omega_b|=\sqrt[3]{-p_b\ln p_b}$,$|\omega_c|=\sqrt[4]{-p_c\ln p_c}$,且 $\omega_a,\omega_c\geqslant 0,\omega_b\leqslant 0$。

在复杂系统运行过程中,当某子系统发生故障后,出于对系统安全性的考虑,通常会更加关注故障对其他子系统造成的影响,以求更有效地控制故障传播。因此,故障传播在系统实际运行过程中是一个动态的过程,而脆性联系熵只是静态条件下系统发生故障关联的程度,无法说明受故障波及接口的具体状况,还需进一步探究各接口单元的动态故障传播情况。

3.6.2　接口系统故障传播分析方法

1. 故障传播的脆性熵变

接口脆性联系只针对两个接口单元间的状态影响提出脆性联系熵。为了将两个接口单元间的脆性联系熵推广到多个接口单元,可在考虑外部干扰激发系统脆性的前提下,引入接口系统的自组织熵增和系统从环境获取到的负熵,共同构成接口系统脆性熵变,在脆性基元中,接口单元 X 为故障源,接口单元 Y 和 Z 在故障传播中的状态变化由熵变来体现,按照接口单元间脆性联系差异可将脆性基元细分为如图 3-59 的三种形式。

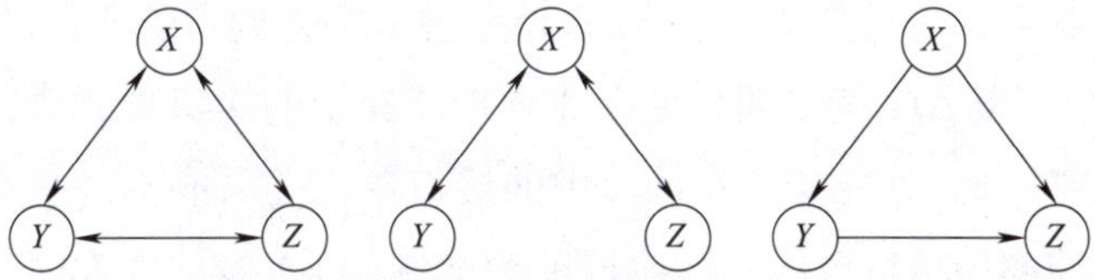

(a)完全脆性联系　(b)双边脆性联系　(c)层次脆性联系

图 3-59　接口脆性基元

对于接口系统而言,熵变 ΔH 可以分为两部分:一部分由系统内部不可逆过程引起的熵增 ΔH_{i},如系统自身老化;另一部分是由系统与外部能量、物质交换引起的熵流 ΔH_{e},如外部干扰所激发的脆性联系熵 $H_x(Y)$或从外部环境中获取的负熵 N_i。因此整个接口系统脆性熵变为

$$\Delta H=\Delta H_{\mathrm{i}}+\Delta H_{\mathrm{e}}=\Delta H_{\mathrm{i}}+H_x(Y)-N_i \tag{3-74}$$

在接口系统脆性熵变中,熵增永远为正,当接口单元 X 受到扰动故障时,为了避免故障的传递,接口单元 Y 与 Z 需要从外部环境中补充负熵,将接口单元间的脆性影响降到最小。

2. 故障传播中的非合作博弈

在负熵有限的情况下,处于同一脆性基元内的各接口单元为避免自身的熵增,从外界环境争取负熵的行为实际上是一种非合作博弈过程[57]。铁路工程受地形条件限制发生故障时,维修力量很难快速且充分到达现场,受到故障波及的多个接口单元无法获得足够负熵,最终导致接口系统全面崩溃。故可运用非合作博弈理论,分析铁路工程技术接口系统内部连锁性故障传播过程，探究控制和避免故障传播的策略方法。设脆性基元中，接口单元 Y、Z 都从同一个有限的环境 E 中获取负熵来抵消故障传播带来的脆性熵增，在过程中可采用公平竞争和非公平竞争两种博弈策略。当接口单元未被故障波及或轻微受损时，接口单元处于理性决策阶段，尚未表现出明显的急需维修状态，可采取公平争取负熵的策略。当接口单元受到故障波及受损严重时，迅速的熵增使各子系统无论外部结构还是功能表达都表现出明显的急需维修状态，接口单元处于非理性决策阶段，可采取不公平争取负熵的策略，这种非理性与系统在崩溃前的突变熵增相对应。接口单元不同决策收益见表 3-31。

表 3-31　接口单元非合作博弈决策收益

Z	Y	
	公平争取	不公平争取
公平争取	(N_2,N_2)	(N_4,N_1)
不公平争取	(N_1,N_4)	(N_3,N_3)

在非合作博弈中，将接口单元受到故障波及并表现出受损状态的熵增值设为第一转折点 H_1。当熵增 ΔH 达到第一转折点后，若接口单元无法及时补充负熵，阻止自身故障的发展，熵增会继续，达到第二转折点 H_2 后，接口单元进入突变熵增阶段，最终成为新的故障传播源，其中 $H_1<H_2$。当 $\Delta H\geqslant H_1$ 时，处在非合作博弈中的接口单元会采取公平争取负熵流的策略；当 $\Delta H\geqslant H_2$ 时，处在非合作博弈中的接口单元会采取不公平博弈策略去争取负熵流。可对非合作博弈中接口单元不同阶段的熵增做如下定义：

(1)当脆性基元内的故障传播未影响接口单元的稳定时

环境的负熵变化为

$$\Delta E(t+1)=k\cdot\Delta E(t),k>1 \tag{3-75}$$

式中，$t(t=0,1,2,3,\cdots)$为博弈回合数；k 为该阶段负熵变化系数；$\Delta E(t)$为 t 回合环境中负熵的变化量。

接口单元熵的变化为

$$\Delta H_y(t+1)=\Delta H_y(t)+\Delta H_{iy}+H_x(Y) \tag{3-76}$$

$$\Delta H_z(t+1)=\Delta H_z(t)+\Delta H_{iz}+H_x(Z) \tag{3-77}$$

式中，$\Delta H_y(t)$和 $\Delta H_z(t)$为接口单元 Y 和 Z 受故障传播导致的该回合熵增；ΔH_{iy} 和 ΔH_{iz} 为接口单元 Y 和 Z 自组织熵增；$H_x(Y)$和 $H_x(Z)$为故障传播单元 X 与接口单元 Y、Z 的脆性联系熵。

(2)当脆性基元内的故障传播影响接口单元的稳定时

环境的负熵变化为

$$\Delta E(t+1)=[\Delta E(t)-N(t)]\cdot\gamma^{\alpha} \tag{3-78}$$

式中，$N(t)$为第 t 回合，环境给予接口单元 Y、Z 的负熵；$\gamma<1,\alpha>1$。

接口单元熵的变化为

$$\Delta H_y(t+1)=\Delta H_y(t)+\Delta H_{iy}+H_x(Y)-N_i \tag{3-79}$$

$$\Delta H_z(t+1)=\Delta H_z(t)+\Delta H_{iz}+H_x(Z)-N_i \tag{3-80}$$

式中，$N_i(i=1,2,3,4)$为接口单元在不同博弈策略下的负熵收益。

3.6.3　成果应用

以某山区铁路桥隧技术接口为研究对象，识别出9个易受外部扰动干扰的接口单元，见表3-32。根据该工程桥隧接口实施的实际情况，依据集对分析理论，邀请相关专家，通过问卷调查的形式，对不同接口集对间脆性状态 $S_i(i=1,2,3,4)$的影响关系进行评判：当多数专家认为各接口集对的故障情况会对某一脆性状态产生影响时，用"＋"进行表示；当多数专家认为各接口集对的故障情况不会对某一脆性状态产生影响时，用"－"表示；当多数专家无法确定故障是否对某一脆性状态产生影响时，用"＋/－"表示。将评判结果依据式(3-73)对不同接口集对间脆性状态进行量化分析，部分集对接口脆性联系熵的分析结果见表3-33。

表3-32　桥隧技术接口识别表

接口主题	接口关系描述	接口类型
桥台与洞身接口 I_1	桥梁工程3号桥台深入隧道内，不设台身，由隧道专业在隧道底板上预留承台基础，基础上预留支承垫石位置，施工时应待隧道洞口成型后，再施工相应的桥梁工程	物理连接
隧道防灾疏散救援导向标志牌 I_2	隧道专业负责向桥梁、路基、结构专业提供疏散救援导向标志牌的设置位置及要求等；桥梁专业负责桥梁上紧急停车导向标志牌的基础(预埋)设计	施工预留
不均匀沉降 I_3	桥梁、隧道所处的地质状况不同，各自建成后的结构刚度不一样，容易造成不均匀沉降	功能匹配
防护栅栏接口设计 I_4	隧道进出口处防护栅栏设置于隧道进出口堑顶以外至少2 m，并与洞口附近路基的防护栅栏贯通。涵洞洞顶和翼墙端部帽石顶面均不低于有效防护高度时，栅栏直接封闭至涵洞两侧翼墙端部	物理连接
桥隧相连水沟接口 I_5	隧道内侧沟应通过纵、横向排水工程措施，将汇水两侧或单侧引排至桥梁锥坡外，并设置排水沟槽，排放至自然沟谷	物理连接
桥隧连接型式 I_6	桥梁与隧道进口端由24 m棚洞连接，由隧道方施工，进口采用棚洞洞门，采用框架式棚洞型式	物理连接
电缆槽槽道衔接 I_7	由于桥梁、隧道工程结构的差异，需要在衔接处设置过渡电缆井将电缆槽内的线缆平顺连接	物理连接
隧道出口桥上紧急救援站 I_8	隧道根据《铁路隧道防灾救援疏散设计规范》要求将紧急救援站设置在隧道出口桥梁范围；桥梁专业(或结构专业)根据隧道等相关专业要求，开展救援疏散站台设计，并根据消防、灾害监测等相关要求进行预埋	功能匹配
桥隧相连边坡防护 I_9	隧道洞门边坡会引发滑坡、落石以及泥石流等自然灾害，将土体或泥沙冲入隧道或桥梁，影响隧道桥梁的安全运营，严重影响人员和车辆通行安全	物理连接

表 3-33 接口集对分析

集对接口	状态 S_1	状态 S_2	状态 S_3	状态 S_4	同一性概率	对立性概率	差异性概率	接口联系熵
I_1&I_2	+	+	+	+/−	0.75	0.00	0.25	0.366 137
I_1&I_3	+	+/−	+	+/−	0.50	0.00	0.50	0.469 946
I_1&I_4	+	+	+	+/−	0.75	0.00	0.25	0.366 137
I_1&I_5	+	−	+/−	+	0.50	0.25	0.25	0.226 504
I_1&I_6	+	+	+	+	1.00	0.00	0.00	0.000 000
I_1&I_7	+	+	+/−	+	0.75	0.00	0.25	0.366 137
I_1&I_8	+	+	+/−	+	0.75	0.00	0.25	0.366 137
I_1&I_9	+	+	+/−	+	0.75	0.00	0.25	0.366 137

从表 3-33 可知，接口联系熵值主要分布在 0.469 946、0.366 137、0.226 504 和 0.074 620 四个数据聚集区，参考已有的脆性程度评判表[58]，将脆性联系熵高于 0.4 的接口定义为高脆性联系接口；脆性联系熵位于 0.4～0.07 之间的接口定义为中脆性联系接口；脆性联系熵低于 0.07 的接口定义为低脆性联系接口。由于 I_1&I_6 和 I_6&I_9 在集对分析中同一性概率为 1，接口集对联系关系明确，属于高脆性联系接口；I_2&I_3、I_2&I_4、I_2&I_8、I_3&I_7、I_4&I_7 和 I_7&I_8 在集对分析中对立性概率为 1，接口集对之间不存在联系关系，属于低脆性联系接口，分类结果见表 3-34。

表 3-34 桥隧接口脆性联系分类

高脆性联系		中脆性联系		低脆性联系				无脆性联系	
接口集对	联系熵	接口集对	联系熵	接口集对	联系熵	接口集对	联系熵	接口集对	联系熵
I_1&I_6	0	I_1&I_2	0.366 137	I_1&I_5	0.226 504	I_6&I_7	0.226 504	I_2&I_3	0
I_6&I_9	0	I_1&I_4	0.366 137	I_2&I_5	0.226 504	I_6&I_8	0.226 504	I_2&I_4	0
I_1&I_3	0.469 946	I_1&I_7	0.366 137	I_2&I_6	0.226 504	I_3&I_8	0.136 507	I_2&I_8	0
		I_1&I_8	0.366 137	I_3&I_4	0.226 504	I_4&I_8	0.136 507	I_3&I_7	0
		I_1&I_9	0.366 137	I_4&I_5	0.226 504	I_2&I_7	0.074 620	I_4&I_7	0
		I_3&I_5	0.366 137	I_4&I_9	0.226 504	I_2&I_9	0.074 620	I_7&I_8	0
		I_3&I_6	0.366 137	I_5&I_7	0.226 504	I_3&I_9	0.074 620		
		I_4&I_6	0.366 137	I_5&I_8	0.226 504	I_7&I_9	0.074 620		
		I_5&I_6	0.366 137	I_5&I_9	0.226 504	I_8&I_9	0.074 620		

根据桥隧接口间的脆性联系分类，可知“桥台与洞身接口 I_1”和“桥隧连接型式 I_6”以及“桥隧连接型式 I_6”和“桥隧相连边坡防护 I_9”极易发生故障传播，已有的桥隧连接段物理试验[59]表明桥台与洞身连接处属于地震波应力集中区，当桥台与洞身接口故障或损坏且没有及时修复时，受故障传播的影响，桥隧连接处会陷入故障或损坏，最终使整个桥隧系统受到故障波及，导致铁路运营陷入局部瘫痪。

为了对脆性联系熵较高但联系关系尚不明确的接口故障传播方向进行判别，将部分脆性联系熵较高的接口以图 3-60 的网络结构进行表示，并建立图 3-61、图 3-62 的脆性基元。

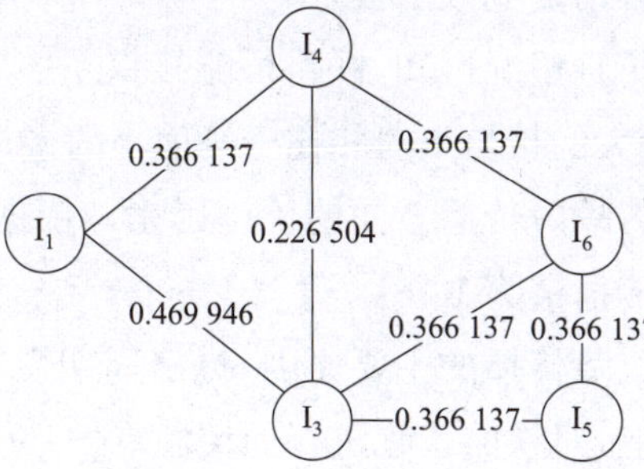

图 3-60　铁路桥隧接口脆性联系网络

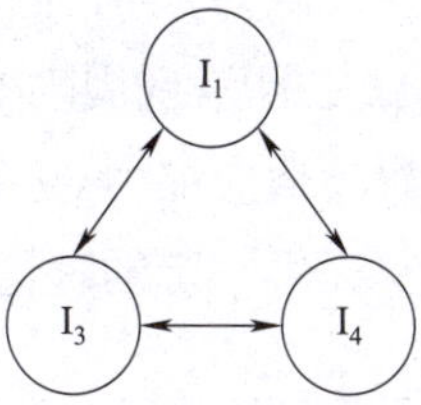

图 3-61　I_1、I_2 和 I_3 组成的脆性基元

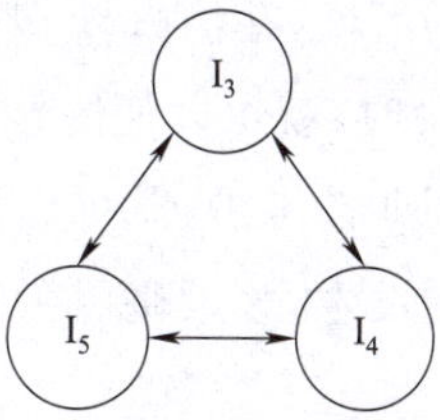

图 3-62　I_3、I_5 和 I_4 组成的脆性基元

根据接口脆性联系分类情况，结合脆性基元中接口在实际工程中的功能表达，并参考其他文献[60]中非合作博弈模型参数设定的依据，将博弈仿真相关参数设定为：$E=5$，$\Delta H_{iy}=0.15$，$\Delta H_{iz}=0.1$，$N_1=1$，$N_2=0.6$，$N_3=0.2$，$N_4=0$，$\alpha=1.1$，$\gamma=0.9$，$K=1$，$H_1=1$，$H_2=1.5$，进行接口非合作博弈仿真，探明在脆性关系不明确的情况下，接口间的故障传播情况，如图 3-63、图 3-64 所示。

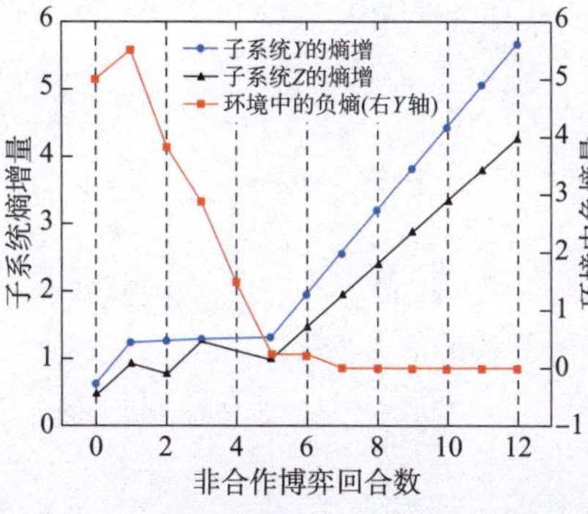

图 3-63　I_1、I_2 和 I_3 脆性基元故障传播仿真模拟

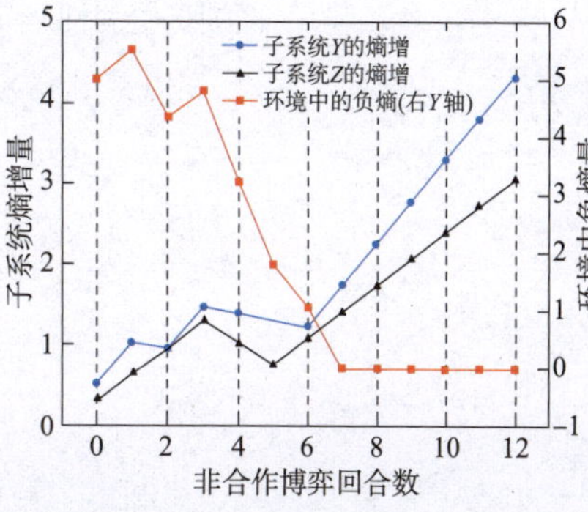

图 3-64　I_3、I_5 和 I_4 脆性基元故障传播仿真模拟

从图 3-63 可知，在 I_1、I_3 和 I_4 组成的脆性基元中，I_1 作为接口系统故障源，I_3 和 I_4 分别

作为接口子系统 Y、Z 的故障熵增情况。仿真结果显示，在外部环境负熵有限的情况下，接口单元 I_3 比 I_4 更易受到故障波及。同理图 3-64 的仿真结果显示，在外部环境负熵有限的情况下，接口单元 I_5 比 I_4 更容易受到故障波及。

根据对不同脆性基元的仿真情况可知，铁路桥隧接口系统中故障传播方向与接口间的脆性联系熵有关，脆性联系熵大的接口集对相比于熵值小的接口集对更易受到故障波及，即脆性联系熵是判别接口系统内故障传播方向的关键因素。依据该结论，梳理出该标段桥隧连接段技术接口系统的故障传播链为 $I_1-I_3-I_5-I_6-I_9-I_4-I_8$。

针对铁路工程技术接口故障传播的主要原因，提出周期性维护策略。分别在两个脆性基元非合作博弈仿真的基础上，对铁路工程进行周期性维护，反映在仿真中为定期补充环境中的负熵。考虑到两个脆性基元是在博弈进行到第 6 回合时陷入崩溃的，因此将 6 回合设为维护周期，发挥接口系统的自适应能力，合理节约人力。通过周期性的负熵补充可以有效阻止接口子系统的熵增，在仿真模拟（图 3-65）过程中，发现当每周期补充的负熵超过初始环境负熵值的 64%时，就可以使脆性基元内的熵增达到稳定且呈现周期性变化。表明对铁路桥隧接口进行周期性维护，既可以激发接口系统自身故障适应能力，也能有效阻止接口系统内部故障传播的发生，该策略可为铁路维护方式的制定提供一定的理论帮助。

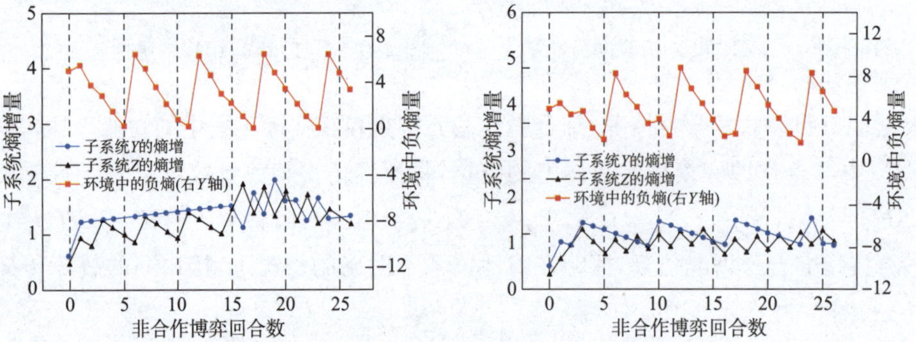

图 3-65　脆性基元进行周期性维修仿真情况

第4章 铁路工程技术接口管理评价

技术接口管理是铁路工程系统集成的重要环节，是解决各类接口问题的基础。为了确保铁路工程技术接口在全生命周期能够得到有效的管理和控制，清晰掌握铁路工程系统整体功能、性能以及工程建设实施情况，需要对众多技术接口的管理效果进行定性与定量综合评估。本章基于现有铁路工程接口管理研究，将管理协同思想引入铁路工程技术接口管理，在分析铁路工程技术接口管理协同复杂性的基础上，从信息、组织、目标、过程、资源、制度六方面构建了技术接口管理协同系统，建立了技术接口管理协同度评价指标体系与协同度评价模型，选取工程实例进行协同度评价，并提出了相应的管理协同度提升策略，为铁路工程建设中接口的管理优化提供一定参考。

4.1 接口管理引入管理协同理论的必要性

管理协同强调管理系统各要素在运作过程中合作性、集体性的状态以及趋势，有利于管理系统趋于有序和稳定，使系统功能得到放大。管理协同思想为铁路工程接口管理提供了新的视角，结合铁路工程接口管理的特点，在接口管理中引入管理协同思想的必要性体现在以下方面：

(1)铁路工程接口管理特点决定了要从整体上对接口管理过程进行把握。根据一般系统论，铁路工程接口管理是一个复杂、动态和相对开放的系统，涉及多个建设阶段、多个专业、多个参与方等众多要素，各要素之间呈非线性关系。管理协同从整体上进行把握，分析不同要素之间的联系，重视整体工作的协同，消除传统管理中不同专业的高度分工、建设阶段的割裂等问题，从多角度对接口管理进行统筹规划。

(2)铁路工程接口管理的特点决定了各管理要素需要协调合作。管理役使原理指出管理系统的各要素对管理系统的影响程度不同；管理协同互动性原理强调构成系统的各要素之间需要通过相互作用、相互协调合作，促使其更好地发挥各自功能，达到系统功能倍增的效果；涨落原理说明，需要重视各要素在系统中的变化以及对系统的影响；管理和谐原理强调人在管理过程中的作用，并需要从多方面调动人的积极性与创造性。对于铁路工程接口管理系统而言，构成系统的各子系统或者各要素之间存在相互作用的关系以及大量的信息交互与传递，从整体的角度对接口进行统筹管理，有助于从一开始重视接口，并明确接口管理目标、管理方向以及资源的合理规划与配置等;通过各子系统或各要素之间的协调合作,可以使系统整体功能得到提升,消除“信息孤岛”现象,提高接口管理效率,实现接口管理目标。

4.2 铁路工程技术接口管理协同系统分析

4.2.1 铁路工程技术接口管理协同复杂性分析

铁路工程建设项目是一个综合政治、经济、技术、环境等多方面为一体的生命线工程。为提高铁路工程技术接口管理协同水平,需要从内、外部环境角度分析铁路工程技术接口管理协同的复杂性。

1. 外部环境复杂性

一般来说铁路工程外部环境主要包括自然环境、政治环境、经济环境等。铁路工程作为一个开放的系统,其项目的实施是与外部环境不断相互作用的过程,与外部环境存在着高度的关联[61],外部环境决定铁路工程的实施方案以及技术方案。在铁路工程的实施过程中,由于环境的不断变化,导致不可预见的因素增多,使得铁路工程的建设面临地形高差、板块活动、地质灾害及生态环保等众多挑战,增加了铁路工程技术接口管理的复杂性。

2. 内部环境复杂性

铁路工程的建设历经勘测、设计、施工、运营、维护等多个阶段,包含建设、设计、施工、监理等多个参与单位及桥梁、隧道、四电等众多专业,其内部环境复杂性主要体现在组织复杂、目标复杂、信息沟通复杂。

(1)组织复杂性

铁路工程建设涉及众多领域和专业,不同工作活动相互影响、相互制约。基于项目管理角度,铁路工程项目管理组织复杂性可分为横向组织复杂性和纵向组织复杂性。从横向结构看,不同参与方的内部组织结构不同;从纵向结构看,不同参与方之间的利益、管理模式等不同。此外,由于铁路工程在项目生命周期的不同阶段和不同地域位置上可能需要不同组织参与,具有动态性,进一步增加了项目组织的复杂性。

(2)目标复杂性

目标复杂性包括项目目标类型复杂和目标层次复杂。其中目标类型复杂是指项目管理有多个业务维度目标,不仅要考虑工期、费用和质量三大目标的实现,还要考虑环保、安全、风险等管理目标,实现各维度目标的平衡。目标层次复杂是将项目的战略目标根据实际需要,分为项目总目标、项目子目标、可执行目标三个层次,且三个目标必须保持协调一致。

(3)信息沟通复杂性

铁路工程项目涉及面广、周期长、信息量大,增加了各参与方获取信息、处理信息的难度。在铁路工程系统内部，各参与方的社会心理、文化、习惯、专业等存在一定差异，在一定程度上增加了沟通难度；同时在铁路工程系统外部，由于各地区文化背景、语言等各有差异，增加了与沿线政府、群众及相关部门沟通与协调的难度。

通过以上分析，铁路工程接口管理协同复杂性是由多种因素共同导致，不同因素之间相互作用、相互融合，使得铁路工程接口管理具有复杂性和多样性，因此在接口管理过程中对各种资源以及管理制度有了更高的需求。铁路工程技术接口管理协同复杂性构成示意图如图 4-1 所示。

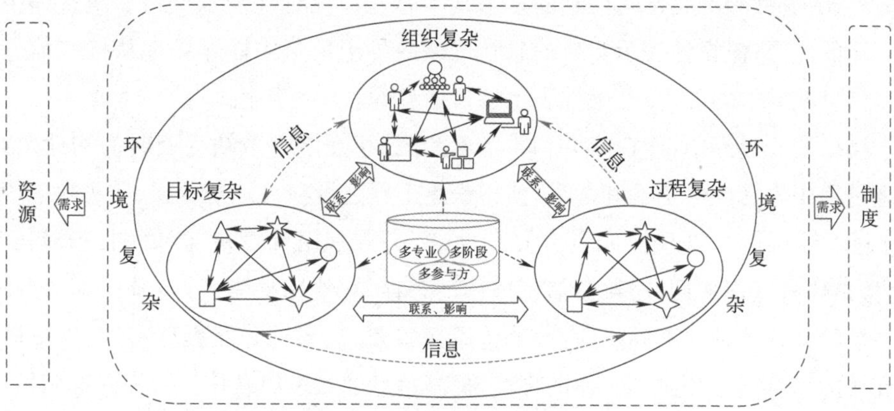

图 4-1　铁路工程接口管理协同复杂性构成

4.2.2　铁路工程技术接口管理协同子系统分析

技术接口的实施涉及多个不同阶段、不同专业，为了将技术接口管理过程中众多要素合理的划分，更好地分析不同要素之间的相互影响关系，构建了铁路工程技术接口管理协同系统。技术接口管理协同各子系统以及各要素是管理协同系统的重要组成部分，不同子系统在接口的实施和管理中发挥着不同的作用，共同驱使着铁路工程技术接口管理系统走向协同的状态。

基于技术接口管理协同复杂性分析，根据接口管理的特点，将技术接口管理协同系统分为信息协同子系统、组织协同子系统、目标协同子系统、过程协同子系统、资源协同子系统、制度协同子系统六部分。

4.2.2.1　信息协同子系统

信息是铁路工程项目中各项管理工作的基础和依据。铁路工程技术接口管理信息协同是指在技术接口实施过程中，为满足各自信息需求并达成共同目标，接口各相关参与方在技术、质量、进度、成本、资源等各方面信息的交流、传递与共享[3]。

接口信息一般包括接口要求、接口界面、责任单位以及接口方向。接口要求即接口相关方所提出的需要协调配合的要求以及相关资料，是接口的核心内容，接口要求有多种形式，如文字、图片、音频、视频等。接口要求由接口相关责任方提出并经协调与确认，在实施过程中给予满足，以避免出现接口冲突以及项目风险的发生。接口界面即接口相关方之间的分工界面，是接口相关专业之间的分界点，若界面划分不清楚，则容易引起推诿扯皮的现象。接口责任单位即接口参与方，一般分为“提出方”和“回复方”，接口要求的落实过程中需要接口责任单位之间相互协调与配合。接口方向即接口责任单位之间关于接口要求的从属关系，提出接口要求的一方为接口主体方，另一方为从属方，为了保证接口工作顺利实施，从属方须尽其所能完成主体方提出的接口要求。

及时性、流畅性和准确性是信息的三个基本属性。及时性表示接口实施过程中所需信息及时到达的能力；流畅性表示接口信息在传递的各个环节中能顺畅地从接口信息发出方到达接口信息接受方的能力；准确性表示接口信息的真实可靠性。

由于接口实施过程中，接口双方利益各不相同，相互之间若缺乏及时的沟通及共享，在接口管理过程中容易产生争端和冲突，使得铁路工程建设项目工期延误、质量缺陷等问题出现[62]。因此，接口信息管理协同具有复杂性，有必要利用计算机、互联网、BIM、GIS 等技术，建立接口信息管理平台，对接口信息进行动态存储、快速检索、分类统计等，方便接口各参与方在铁路工程建设的不同阶段，准确传递接口要求、意见并互提资料等，为接口各参与方提供高效的信息交流和协同工作的环境，提高信息的共享以及信息传递的准确性，及时解决接口相关方在分工与协调配合中的矛盾，实现对接口高效有序的动态控制。基于信息平台的接口信息传递示意图如图 4-2 所示。

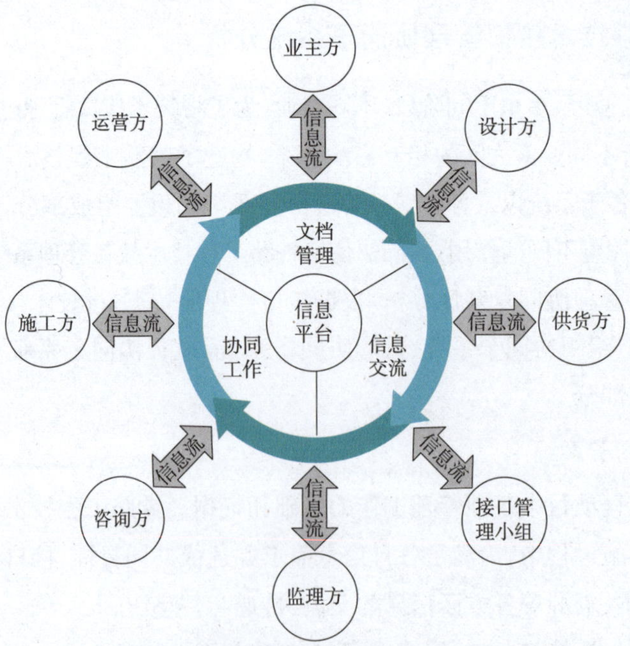

图 4-2　基于信息平台接口信息传递示意图

4.2.2.2 组织协同子系统

接口管理工作任务重，不同参与主体的建设目标、管理方法、手段、制度、信息沟通等方面存在一定程度的差异，导致在接口管理过程中不可避免地会出现不协调现象。因此，铁路工程技术接口管理组织协同就是将众多的接口各参与方联合起来，通过各参与方之间积极协调合作，最终形成协调统一的接口管理组织，对接口实施过程进行统筹管理，使得接口各参与方之间相互配合，共同完成接口管理目标，有助于提高接口管理效率。

铁路工程接口管理涉及众多参与主体，在接口实施过程中各自任务不同，存在相互联系、相互影响的关系，对于接口管理组织协同，首先需要明确各参与方在接口管理过程中的职责。

1. 业主单位

业主单位是接口管理的总体负责单位。项目早期，业主牵头组织其他各参与方对接口管理进行规划，编制接口管理大纲、接口管理办法等相关文件，并制定接口管理程序；在设计阶段对接口设计相关文件及接口问题的重要设计变更进行审批，同时明确接口各参与方的职责分工；在施工阶段根据接口实施情况对接口管理程序进行优化，制定接口管理标准。

2. 设计单位

设计单位是技术接口文件的制定者。设计单位主要是在总体设计单位统一的技术原则和接口要求指导下，通过各专业之间互提接口相关设计资料及要求，对接口进行优化设计，完成接口分工界面的划分，配合其他各参与方编制接口管理手册，以解决设计方面接口的相关技术问题，避免由于设计原因导致接口问题的出现。

3. 施工单位

各个施工单位负责接口的具体实施，完成各自承包范围内的接口任务。施工方须制定本单位接口管理原则、接口管理流程等细则，并报业主单位进行审批，严格按照接口设计文件及铁路工程接口相关技术标准进行施工，以保证接口的施工质量。在接口的施工过程中，对接口问题进行统计和汇总，及时报建设、设计等单位进行协调解决。

4. 监理单位

监理单位需要配备相应监理人员和仪器设备，制定相应接口监管制度，明确检查程序、手段以及方法等；全面负责施工现场各接口工作的监督、检查，对现场出现的接口问题进行协调处理，并将处理情况按时向建设单位汇报。

5. 咨询单位

咨询单位负责提供接口参与方的咨询服务思路和技术指导。在项目筹建期间，协助业主和设计院，做好接口活动的预算、概算、技术设计等；在接口实施阶段，协调接口施工方，做好施工进度控制、费用控制、质量控制,使技术接口有组织、有目的的高效实施。

由于铁路工程接口数量众多且复杂,管控难度大,为保证接口管理的有效性,需要建立与之相适应的管理组织模式和协作机制,负责接口管理相关事宜。建设单位应牵头组织其他各参与方成立接口管理组织机构,并指定项目各参与方相关人员作为专门的接口管理负责人,负责参与方之间以及各参与方内部接口管理工作。通过定期开展现场联合检查和召开接口质量问题分析会,及时发现和整改接口实施过程中存在的问题。高效的接口管理组织使得接口各参与方形成一个整体,为铁路工程接口任务的顺利实施提供保证。

接口管理组织协同主要体现在接口管理组织架构和组织协作两方面。组织结构需要涵盖所有接口任务参与者及其协作关系。通过组织结构反映接口管理组织架构的合理性以及接口实施过程中决策层、管理层、作业层等层次的清晰程度。接口管理组织协作指的是接口管理组织机构部门成员职责的履行情况以及不同部门之间协调配合的情况。铁路工程接口管理组织协同能够实现组织中各种关系的整合,促进组织之间的相互协作,调动接口管理人员的积极性和主动性,使得组织内的各个环节紧密衔接,提高运行效率。接口管理组织协同关系如图 4-3 所示。

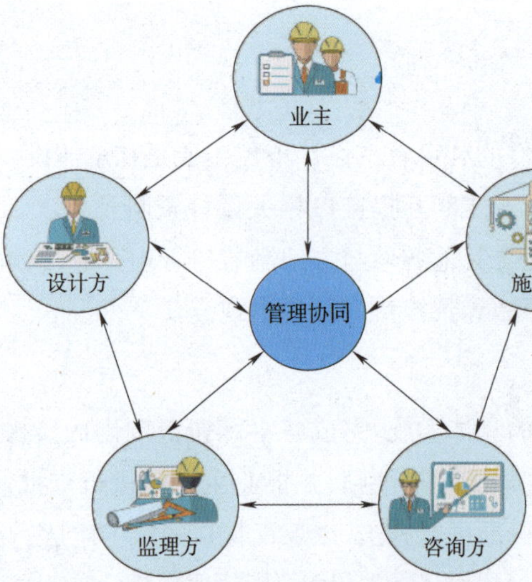

图 4-3　接口管理组织协同关系图

4.2.2.3　目标协同子系统

铁路工程接口管理的目的是通过建立和保持各个参与方之间良好的关系和信息获取渠道,加强各方之间的及时沟通、协调以及合作,促进信息、资源等在组织间顺畅流动,从而保证建设目标的实现。而接口各参与方之间的协调与合作,需要目标上的高度一致[63]。因此,铁路工程技术接口管理目标协同是指接口实施过程中各级目标的统一。通过目标协同,促进接口各参与方为实现总体目标最优而共同努力,确保在铁路工程建设项目质量、进度、成本、安全等目标得到保证的前提下，实现整个铁路工程系统的稳定性和协调性。

接口管理涉及铁路工程建设项目的各个阶段，因此铁路工程接口管理目标协同需要从建设全过程出发，在考虑总体建设目标要求的同时，考虑阶段性目标。由于接口管理包含质量、进度、成本、安全、环保、风险[64]六大目标，不同目标之间相互影响、相互制约，则需要从管理协同角度出发，找到接口多目标管理中的最优解，以确保多目标之间的平衡。

4.2.2.4　过程协同子系统

根据基本建设项目管理程序，铁路工程项目建设由项目决策、设计、实施、运维等阶段组成。王峰基于结构化方法的项目生命周期理论，将铁路工程项目划分为系统规划、系统分析、系统设计、系统实施、系统验证、系统运维等六个阶段，以此将铁路工程接口生命周期也划分为与之相对应的六个阶段（图 4-4）。不同阶段对应不同的接口管理任务，需要对每个阶段接口管理工作从技术和管理两方面进行审查，审查通过之后才能进行下一个阶段的接口管理任务。因此，铁路工程技术接口管理过程协同是指从项目规划阶段开始，直至后期的运营维护整个周期内对接口进行统筹管理，明确不同阶段之间的边界，确定各阶段接口任务，建立不同阶段的标准化运作程序，强化各个阶段之间的有效衔接，以此减少接口问题。

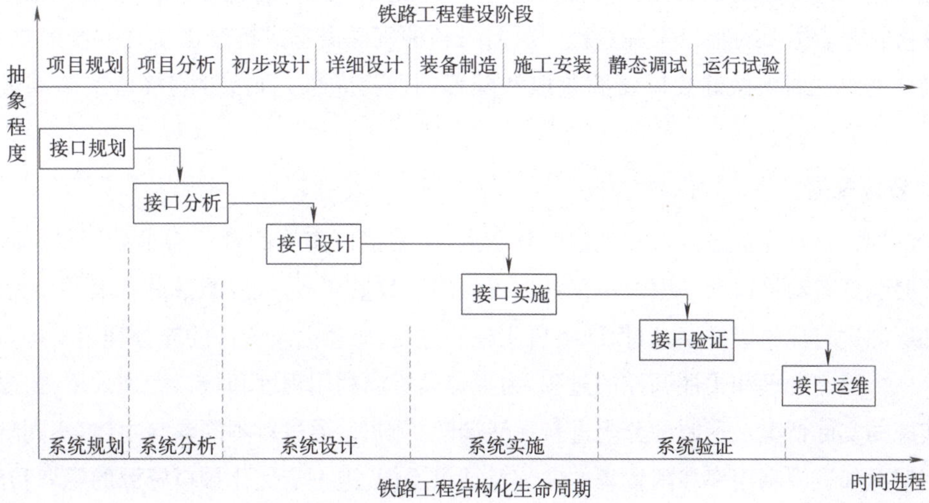

图 4-4　铁路工程接口生命周期阶段

铁路工程建设过程较为分散，为了保证接口在各个阶段顺利实施，过程协同至关重要，主要体现在过程管理和过程衔接两个方面。

1. 过程管理

接口的过程管理是指在铁路工程项目建设过程中，理清不同建设阶段、不同参与主体在接口实施过程中的责权和义务，按照相关接口管理制度，明确接口实施标准，对接口实施情况进行实时动态的控制及评估，并及时采取相应的纠偏措施。

2. 过程衔接

接口作为一个系统，具有总体工作的性质，每个阶段都有不同的接口管理任务，因此对于接口管理需要采用一体化、系统化的思维方式做好不同阶段之间的衔接，否则容易出现返工、成本增加、进度拖延等问题。

4.2.2.5 资源协同子系统

不同阶段接口任务对资源的需求不同，且资源的需求是动态的，会随着内外部环境、战略目标等的变化而发生变化。铁路工程技术接口管理资源协同是指项目管理者在整合各种资源的基础上，根据接口特点，对接口实施及管理过程中的各种资源进行合理规划和配置，确保各项接口活动能及时、保质保量的分配到所需要的资源，实现接口实施中资源的最优化配置，避免资源短缺、资源冲突和资源浪费。接口管理资源协同是接口管理系统运行及铁路工程项目顺利实施的基础保障，其主要表现在接口资源规划、资源配置两方面。

1. 资源规划

资源规划是在接口实施过程中，根据接口实施任务明确不同建设阶段需要的人力、物力、财力等资源，并通过采购、生产制造、租赁等方式选择并准备相应的接口实施所需要的资源。接口管理者需要对接口实施过程中所需的各种资源需求进行全面统计并统筹规划，合理的接口资源规划是做好接口资源获取和配置的前提条件，直接影响接口实施的进度和质量。

2. 资源配置

资源配置是指为保障接口实施进度和质量，根据接口实施的资源需求计划将有限的资源合理分配到各项接口活动中。由于铁路工程接口数量众多，且资源数量有限，因此需要对接口和资源进行优先级排序，以保证接口实施的进度、质量以及资源的充分利用。接口资源配置是一个动态管理和柔性调控的过程，为了提高资源利用程度和接口管理效率，需要根据接口实施的实际情况对资源的分配进行灵活调整。同时，通过对不同参与主体、不同阶段资源利用情况如资源利用率和闲置率的考核及结果反馈，进一步优化接口资源的规划和配置，实现接口资源的最优化配置和接口资源使用情况最佳。

4.2.2.6 制度协同子系统

制度协同是接口管理协同的重要保障，接口管理工作主要依据接口设计文件、合同文件以及相应的保障制度。接口各参与方只有共同遵守技术、管理等方面的规则，才能高效沟通、协调合作，确保各参与方的接口管理工作有序、协调、平稳地顺利推进，从而安全、可靠、经济地实现各子系统功能及系统整体功能，有效促进接口管理的协调发展。

因此，铁路工程技术接口管理制度协同是指为实现接口的顺利实施，接口各参与方通过共同遵守接口管理制度，使各参与方在处理接口问题时有明确、一致的规定，有效避免纠纷，对各自权利和义务的分配达成共识。

4.2.3 铁路工程技术接口管理协同系统构建

在明确铁路工程技术接口管理协同各子系统的基础上，建立铁路工程技术接口管理协同系统(图 4-5)，进一步分析各子系统之间的相互关系。其中目标协同子系统、组织协同子系统和过程协同子系统直接影响铁路工程技术接口管理水平，若接口各参与方内部管理目标不平衡、接口管理组织松散、各建设阶段割裂则会导致接口管理目标难以实现，严重影响铁路工程建设质量；目标协同子系统影响接口管理中的资源配置，组织协同子系统的调整则导致制度协同子系统相应变化。资源协同子系统和制度协同子系统是维持其他系统运行的基本支撑和保证，在一定程度上受其他协同子系统的影响。信息作为接口管理系统中最为重要的参数，是保证其他所有子系统运行的基础和关键，直接影响铁路工程技术接口管理效率和管理水平，其他系统的运行必须依赖信息的沟通交流。综上所述，各子系统都是接口管理协同系统必不可少的组成部分，在技术接口管理协同系统的演化过程中，各子系统之间相互作用、相互影响、相互支撑、相互促进，构成一个有机的整体系统结构，共同推动铁路工程技术接口管理协同系统向高效有序的方向进行。

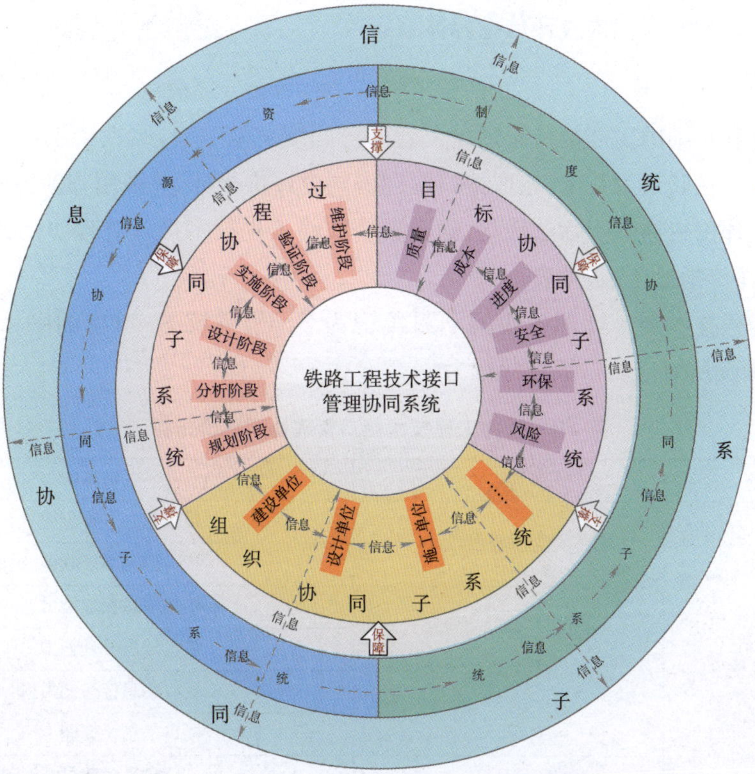

图 4-5　铁路工程技术接口管理协同系统结构

4.3 铁路工程技术接口管理协同度评价模型

根据协同学理论，管理协同最终目的是实现系统的协同效应，而协同效应可以通过协同度反应。接口管理协同度评价是对接口管理效果的衡量和评价，因此可通过测量接口管理的协同度，了解接口管理的协同效应以及接口管理系统的协同特征，发现接口管理过程中的薄弱环节，并针对性地提出接口管理策略，以提高接口管理协同度水平。本节根据铁路工程技术接口管理协同系统构成要素，从信息、组织、目标、过程、制度六个方面，构建铁路工程技术接口管理协同度评价指标体系，确定指标权重并建立协同度评价模型，从整体上对接口管理进行统筹规划、对接口问题进行把握。

4.3.1 评价指标体系的构建

为使技术接口管理协同度评价结果更加准确合理，关键在于评价指标体系的科学性、合理性以及完整性。因此评价指标进行选择时，须遵循目的性、科学性、系统性、全面性、可操作性等原则[65]，从众多因素中选择能突出铁路技术接口管理协同特点且对技术接口管理协同效应有重大影响的指标构成评价指标体系。

1. 评价指标的选取

通过梳理和总结国内外接口管理以及管理协同度文献[66-70]，以铁路工程技术接口管理协同各子系统内在联系为基础，选取接口管理协同度评价指标，并采用专家咨询和实地调研的方法对各级评价指标进行筛选优化，确定影响铁路工程技术接口管理协同的序参量和二级指标，构建评价指标体系，见表 4-1。

将铁路工程技术接口管理各协同子系统记为 S_i，子系统 S_i 对应的序参量记为(A_i，B_i，…，F_i)，则其所对应的二级指标记为(A_{ij}，B_{ij}，…，F_{ij})。

表 4-1 铁路工程技术接口管理协同评价指标

子系统	序参量	二级指标
信息协同子系统 S_1	接口信息共享程度 A_1	接口信息共享意愿 A_{11}
		接口信息共享收益 A_{12}
	接口信息处理能力 A_2	接口信息获取能力 A_{21}
		接口信息处理能力 A_{22}
		接口信息传递能力 A_{23}
		接口信息反馈能力 A_{24}
	接口信息管理平台建设情况 A_3	接口信息平台建设情况 A_{31}
		接口信息平台的适用性 A_{32}

续上表

子系统	序参量	二级指标
组织协同子系统 S_2	接口管理组织结构设置情况 B_1	组织规模的合理性 B_{11}
		组织结构的清晰性 B_{12}
		组织结构的弹性 B_{13}
	接口管理组织协作能力 B_2	组织的决策能力 B_{21}
		组织的执行能力 B_{22}
目标协同子系统 S_3	接口管理目标设置情况 C_1	目标的明确性 C_{11}
		目标的合理性 C_{12}
		目标的可行性 C_{13}
	接口管理目标管理水平 C_2	目标实施方案的完善程度 C_{21}
		目标冲突解决能力 C_{22}
		目标完成程度 C_{23}
过程协同子系统 S_4	接口管理过程控制能力 D_1	各阶段任务的明确性 D_{11}
		各阶段任务标准化程度 D_{12}
		各阶段工作落实程度 D_{13}
	接口管理过程衔接情况 D_2	不同阶段边界的清晰性 D_{21}
		不同阶段交接情况 D_{22}
资源协同子系统 S_5	接口管理资源规划情况 E_1	接口资源需求量的明确性 E_{11}
		接口资源分配计划的合理性 E_{12}
	接口管理资源配置情况 E_2	接口资源的供给水平 E_{21}
		接口资源调配的灵活性 E_{22}
制度协同子系统 S_6	接口管理制度制定情况 F_1	制度的完善程度 F_{11}
		制度的清晰程度 F_{12}
		制度的灵活性 F_{13}
	接口管理制度效果 F_2	制度的激励效果 F_{21}
		制度的震慑强度 F_{22}

2. 一致性检验

通过发放问卷的方式，对各评价指标关于技术接口管理的重要程度采用李克特五级量表法进行打分，分别为“很不重要(1)、不太重要(2)、一般重要(3)、比较重要(4)、特别重要(5)”。本次问卷共发放 50 份，回收有效问卷 46 份，问卷有效 92%。为了测量问卷的可靠性，调查铁路工程技术接口管理协同度评价指标的内在一致性，将收集到的数据通过 SPSS 软件对问卷的信度和效度进行检验：

(1)信度检验

信度检验是一个测量学概念，其核心是考察量表的内部一致性。信度检验通过计算量表的克隆巴赫系数(Cornbach's Alpha)的数值来检验量表的一致性，其计算公式下：

$$\alpha = \frac{k}{k-1}\left(1 - \frac{\sum_{j=1}^{k}\delta_j^2}{\delta_T^2}\right) \tag{4-1}$$

式中，k 为问卷中指标的个数，δ_j^2 为第 i 个指标的方差，δ_T^2 为指标评分后相加的方差。

一般而言，当克隆巴赫系数(Cornbach's Alpha)大于 0.9 时，表示量表的内部一致性非常高；当克隆巴赫系数(Cornbach's Alpha)在 0.7 到 0.9 之间时，表示量表中的内部一致性比较好；当克隆巴赫系数(Cornbach's Alpha)在 0.7 以下时，表示量表中各个指标的不一致程度较高，量表需要修订。

运用 SPSS26.0 软件对六个不同子系统和各子系统内部的一致性进行计算(表 4-2)。由表 4-2 可知，各子系统克隆巴赫系数(Cornbach's Alpha)均大于 0.7，说明各指标具有良好的内在一致性，指标信度满足要求。

表 4-2　信度检验

子系统	序参量	删除项后的序参量平均值	修正后的项与总计相关性	项目删除后的克隆巴赫系数	项数	整体克隆巴赫系数
S_1	A_1	6.478 3	0.721	0.794	3	0.845
	A_2	8.282 6	0.714	0.823		
	A_3	7.500 0	0.762	0.743		
S_2	B_1	4.304 3	0.597	—	2	0.731
	B_2	3.500 0	0.597	—		
S_3	C_1	3.869 6	0.772	—	2	0.869
	C_2	3.673 9	0.772	—		
S_4	D_1	3.543 5	0.914	—	2	0.935
	D_2	3.434 8	0.914	—		
S_5	E_1	3.087 0	0.685	—	2	0.776
	E_2	4.739 1	0.685	—		
S_6	F_1	3.934 8	0.731	—	2	0.824
	F_2	4.717 4	0.731	—		

(2)效度检验

效度是指测量结果对测量特征的反映程度，效度越高，说明问卷结果所能代表测量行为的真实度越高。本研究利用项目标准化因子荷载系数求平方差提取值(AVE 值)和组合信度(CR 值)，当 AVE 值大于 0.5 且 CR 值大于 0.7 时，说明指标的聚合效度较高。通过计算结果(表 4-3)可知，各子系统的 AVE 值均大于 0.5 且 CR 值大于 0.7，因此指标效度满足要求。

表 4-3　效度检验

子系统	序参量	标准载荷系数	AVE 值	CR 值
S_1	A_1	0.806	0.664	0.853
	A_2	0.871		
	A_3	0.785		
S_2	B_1	0.960	0.584	0.736
	B_2	0.622		
S_3	C_1	0.869	0.774	0.872
	C_2	0.888		
S_4	D_1	0.960	0.912	0.953
	D_2	0.952		
S_5	E_1	0.886	0.656	0.789
	E_2	0.773		
S_6	F_1	0.857	0.730	0.841
	F_2	0.853		

4.3.2　评价指标体系权重确定

赋权方法选择的正确性及合理性对评价结果有着直接的影响，因此需要从研究对象及评价方法的特点等多方面综合考虑，选择适合研究内容的方法，使得评价结果更加准确可靠。目前，指标权重的确定方法主要有主观赋权法、客观赋权法及组合赋权法。其中主观赋权法主要根据专家相关的理论知识和自身经验进行主观打分，主观性强，主要包括层次分析法（AHP 法）、序关系法等；客观赋权法根据评价指标本身数据计算各指标的重要程度，客观性较强，需要很多原始数据，适用性通常很差，计算方法复杂，无法体现评价者对因素的重视程度，故求出的权重与实际存在很大误差，常用的方法主要有：熵权法、主成分分析法等；组合赋权法综合考虑专家对评价指标经验以及指标本身的客观数据，将两种方法结合考虑，以确保赋权结果的可靠性与真实性。

综上所述，由于技术接口管理协同度评价指标均为定性指标，因此采用改进的群层次分析法（IGAHP）对指标权重进行确定。

4.3.2.1　算法原理

改进的群层次分析法（IGAHP）基本思路是根据不同专家的判断确定评价指标的权重，通过分析不同专家对于评价指标权重的差异程度计算各专家的权重系数，以此为基础对专家权重进行集结，从而确定各评价指标的最终权重[71]。采用改进的群层次分析法（IGAHP）确定各指标的权重，可减小不同专家自身评估的随机性、主观经验的不确定性，使得指标赋权更加合理。

4.3.2.2 算法步骤

设在传统层次分析法下，根据第 l 位专家所确定的 n 个评价指标的权重 $w^{(l)}$ 为

$$w^{(l)}=(w_1^{(l)},w_2^{(l)},\cdots,w_n^{(l)})\quad l=1,2,\cdots,m \tag{4-2}$$

对于两位不同的专家 g 和专家 h，其对评价指标判断的差异程度用欧氏距离 d_{gh} 表示为

$$d_{gh}=d(w^{(g)},w^{(h)})=\left[\sum_{i=1}^{n}w_i^{(g)}-w_i^{(h)}\right]^{\frac{1}{2}} \tag{4-3}$$

式中，$w_i^{(g)}$、$w_i^{(h)}$ 为专家 g 和专家 h 对于第 i 个评价指标确定的权重，满足：$d_{tt}=0$，$d_{gh}=d_{hg}\geqslant 0$。d_{tt} 为根据同一专家的判断所确定的同一评价指标权重的差异程度，其结果为 0；d_{gh} 和 d_{gh} 为专家 g 和专家 h 对同一评价指标的判断所确定的权重的差异程度，二者在数值上相等，d_{gh} 越小，则表明专家 g 和专家 h 对于同一指标的判断越接近，差异性越小；如果 $d_{gh}=0$ 且 $g\neq h$ 时，则表明专家 g 和专家 h 对该评价指标的判断完全一致。

因此可以确定根据第 l 位专家的判断所确定的指标权重与根据其他所有专家所确定的评价指标权重的差异程度，用 d_l 表示为

$$d_l=\sum_{j=1}^{m}d_{lj} \tag{4-4}$$

式中，d_{lj} 为根据第 l 位专家的判断所确定的指标权重与根据第 j 位专家的判断所确定的评价指标权重的差异程度，由此可计算第 l 位专家的权重系数 λ_l 为

$$\begin{cases}\lambda_l=\dfrac{1}{m}, & d_l=0\\ \lambda_l=\dfrac{1/d_l}{\sum\limits_{l=1}^{m}1/d_l}, & d_l\neq 0\end{cases} \tag{4-5}$$

最后得到各指标的权重 W 为

$$W=\sum_{l=1}^{m}\lambda_l w^{(l)}=\sum_{l=1}^{m}\lambda_l[w_1^{(l)},w_2^{(l)},\cdots,w_n^{(l)}] \tag{4-6}$$

4.3.2.3 权重确定

为定量确定铁路工程技术接口管理协同度评价指标权重，通过问卷调查的方式，邀请铁路工程管理领域的专家填写问卷，并按照改进的群层次分析法计算各级指标的权重。

将邀请到的 18 位专家分为 6 组，根据传统的层次分析法，依据各专家对各子系统指标重要性的判断，给出判断矩阵，见表 4-4～表 4-9。

表 4-4 子系统指标判断矩阵（专家组 1）

S	**S_1**	**S_2**	**S_3**	**S_4**	**S_5**	**S_6**
S_1	1	3	3	3	3	2
S_2	1/3	1	1/3	3	1/2	1/4

续上表

S	S_1	S_2	S_3	S_4	S_5	S_6
S_3	1/3	3	1	3	1/2	1/3
S_4	1/3	1/3	1/3	1	1/2	1/2
S_5	1/3	2	2	2	1	1
S_6	1/2	4	3	2	1	1

表 4-5　子系统指标判断矩阵(专家组 2)

S	S_1	S_2	S_3	S_4	S_5	S_6
S_1	1	4	3	3	3	2
S_2	1/4	1	1/4	2	1/3	1/4
S_3	1/3	4	1	3	1/2	1/3
S_4	1/3	1/2	1/3	1	1/2	1/2
S_5	1/3	3	2	2	1	1/2
S_6	1/2	4	3	2	2	1

表 4-6　子系统指标判断矩阵(专家组 3)

S	S_1	S_2	S_3	S_4	S_5	S_6
S_1	1	3	2	5	2	3
S_2	1/3	1	1/2	2	1/3	1/4
S_3	1/2	2	1	2	1/3	1/4
S_4	1/5	1/2	1/2	1	1/3	1/4
S_5	1/2	3	3	3	1	1/2
S_6	1/3	4	4	4	2	1

表 4-7　子系统指标判断矩阵(专家组 4)

S	S_1	S_2	S_3	S_4	S_5	S_6
S_1	1	4	3	4	2	2
S_2	1/4	1	1/3	2	1/2	1/3
S_3	1/3	3	1	3	1/2	1/3
S_4	1/4	1/2	1/3	1	1/3	1/3
S_5	1/2	2	2	3	1	1/2
S_6	1/2	3	3	3	2	1

表 4-8　子系统指标判断矩阵(专家组 5)

S	S_1	S_2	S_3	S_4	S_5	S_6
S_1	1	3	2	6	2	3
S_2	1/3	1	1/3	3	1/3	1/2
S_3	1/2	3	1	3	1/3	1/2

续上表

S	S_1	S_2	S_3	S_4	S_5	S_6
S_4	1/6	1/3	1/3	1	1/3	1/2
S_5	1/2	3	3	3	1	2
S_6	1/3	2	2	2	1/2	1

表 4-9　子系统指标判断矩阵(专家组 6)

S	S_1	S_2	S_3	S_4	S_5	S_6
S_1	1	4	3	3	3	2
S_2	1/4	1	1/2	2	1/3	1/4
S_3	1/3	2	1	2	1/3	1/4
S_4	1/3	1/2	1/2	1	1/3	1/4
S_5	1/3	3	3	3	1	2
S_6	1/2	4	4	4	1/2	1

利用数据分析软件 MATLAB 对所收集的数据进行一致性检验并计算，计算过程如图 4-6 所示，通过计算得到各专家判断下的各子系统指标权重，见表 4-10。

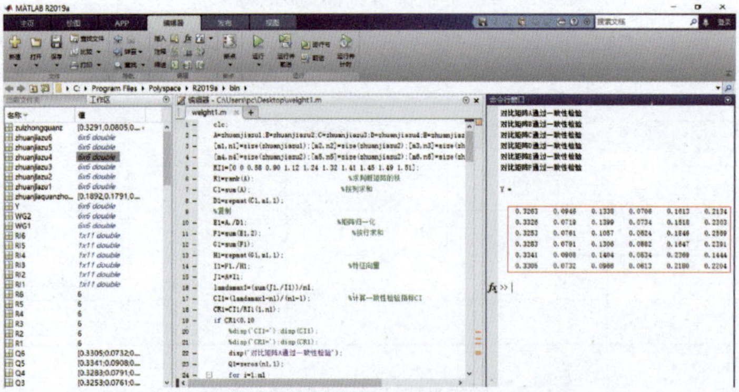

图 4-6　子系统判断矩阵一致性检验及权重计算

表 4-10　不同专家组下各子系统各指标权重

专家组	S_1	S_2	S_3	S_4	S_5	S_6
专家组 1	0.326 3	0.094 6	0.133 8	0.070 6	0.161 3	0.213 4
专家组 2	0.332 6	0.071 9	0.139 9	0.073 4	0.151 8	0.230 3
专家组 3	0.325 3	0.076 1	0.105 7	0.052 4	0.184 6	0.255 9
专家组 4	0.328 3	0.079 1	0.130 6	0.058 2	0.164 7	0.239 1
专家组 5	0.334 1	0.090 8	0.140 4	0.053 4	0.236 9	0.144 4
专家组 6	0.330 5	0.073 2	0.096 6	0.061 3	0.218 0	0.220 4

在此基础上，根据式(4-3)～式(4-6)计算各专家组对于各子系统判断的权重系数，并求出各子系统权重，计算过程如图 4-7 所示。

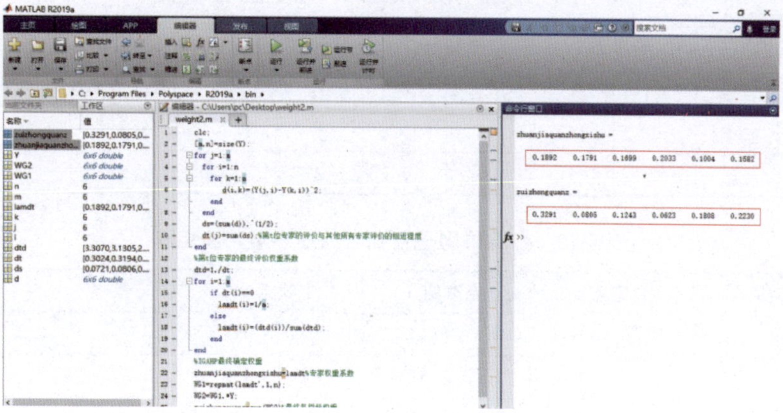

图 4-7　专家权重系数及各子系统权重计算

根据计算结果可知，各专家权重系数及各子系统权重 W 为

$$\lambda=(0.1892,0.1791,0.1699,0.2033,0.1004,0.1582)$$

$$W=(0.3291,0.0805,0.1243,0.0623,0.1808,0.2230)$$

同理，专家通过判断各子系统下，各序参量指标对各子系统的重要性，给出判断矩阵，见表 4-11～表 4-16。

表 4-11　信息协同子系统(S_1)序参量判断矩阵

	专家组 1			专家组 2			专家组 3			专家组 4			专家组 5			专家组 6		
	A_1	A_2	A_3	A_1	A_2	A_3	A_1	A_2	A_3	A_1	A_2	A_3	A_1	A_2	A_3	A_1	A_2	A_3
A_1	1	3	2	1	2	3	1	1	2	1	2	1/2	1	4	2	1	2	2
A_2	1/3	1	1/3	1/2	1	2	1	1	2	1/2	1	1/3	1/4	1	1/2	1/2	1	1
A_3	1/2	3	1	1/3	1/2	1	1/2	1/2	1	2	3	1	1/2	2	1	1/2	1	1

表 4-12　组织协同子系统(S_2)序参量判断矩阵

	专家组 1		专家组 2		专家组 3		专家组 4		专家组 5		专家组 6	
	B_1	B_2	B_1	B_2	B_1	B_2	B_1	B_2	B_1	B_2	B_1	B_2
B_1	1	1/2	1	1/3	1	1	1	1/2	1	1/2	1	1/2
B_2	2	1	3	1	1	1	2	1	2	1	2	1

表 4-13　目标协同子系统(S_3)序参量判断矩阵

	专家组 1		专家组 2		专家组 3		专家组 4		专家组 5		专家组 6	
	C_1	C_2	C_1	C_2	C_1	C_2	C_1	C_2	C_1	C_2	C_1	C_2
C_1	1	2	1	2	1	2	1	2	1	3	1	4
C_1	1/2	1	1/2	1	1/2	1	1/2	1	1/3	1	1/4	1

表 4-14　过程协同子系统(S_4)序参量判断矩阵

	专家组 1		专家组 2		专家组 3		专家组 4		专家组 5		专家组 6	
	D_1	D_2	D_1	D_2	D_1	D_2	D_1	D_2	D_1	D_2	D_1	D_2
D_1	1	1/3	1	1/2	1	1/3	1	1/2	1	1	1	1/2
D_2	3	1	2	1	3	1	2	1	1	1	2	1

表 4-15　资源协同子系统(S_5)序参量判断矩阵

	专家组 1		专家组 2		专家组 3		专家组 4		专家组 5		专家组 6	
	E_1	E_2	E_1	E_2	E_1	E_2	E_1	E_2	E_1	E_2	E_1	E_2
E_1	1	1/2	1	1/3	1	1/4	1	1/2	1	1	1	1
E_2	2	1	3	1	4	1	2	1	1	1	1	1

表 4-16　制度协同子系统(S_6)序参量判断矩阵

	专家组 1		专家组 2		专家组 3		专家组 4		专家组 5		专家组 6	
	F_1	F_2	F_1	F_2	F_1	F_2	F_1	F_2	F_1	F_2	F_1	F_2
F_1	1	2	1	2	1	2	1	2	1	2	1	3
F_2	1/2	1	1/2	1	1/2	1	1/2	1	1/2	1	1/3	1

根据式(4-3)～式(4-6)计算各子系统序参量专家权重系数(λ_A～λ_F)及各子系统中序参量权重(W_A～W_F)。

$$\lambda_A=(0.194\,9,0.170\,7,0.137\,1,0.094\,7,0.186\,2,0.213\,6)$$

$$\lambda_B=(0.212\,7,0.091\,2,0.058\,0,0.212\,7,0.212\,7,0.212\,7)$$

$$\lambda_C=(0.201\,7,0.201\,7,0.201\,7,0.201\,7,0.136\,6,0.056\,6)$$

$$\lambda_D=(0.142\,9,0.214\,3,0.142\,9,0.214\,3,0.071\,4,0.214\,3)$$

$$\lambda_E=(0.221\,4,0.163\,1,0.124\,0,0.221\,4,0.106\,9,0.163\,1)$$

$$\lambda_F=(0.192\,3,0.192\,3,0.192\,3,0.192\,3,0.192\,3,0.038\,5)$$

$$W_A=(0.498\,2,0.231\,5,0.270\,3);W_B=(0.335\,4,0.664\,6)$$

$$W_C=(0.679\,9,0.320\,1);W_D=(0.321\,4,0.678\,6)$$

$$W_E=(0.334\,6,0.665\,4);W_F=(0.668\,3,0.331\,7)$$

同理，专家通过判断各序参量下，各二级指标对各序参量的重要性，给出判断矩阵，见表 4-17～表 4-29。

表 4-17　信息协同子系统二级指标判断矩阵(信息共享程度 A_1)

	专家组 1		专家组 2		专家组 3		专家组 4		专家组 5		专家组 6	
	A_{11}	A_{12}	A_{11}	A_{12}	A_{11}	A_{12}	A_{11}	A_{12}	A_{11}	A_{12}	A_{11}	A_{12}
A_{11}	1	3	1	2	1	3	1	3	1	2	1	2
A_{12}	1/3	1	1/2	1	1/3	1	1/3	1	1/2	1	1/2	1

表 4-18　信息协同子系统二级指标判断矩阵(信息处理能力 A_2)

	专家组 1				专家组 2				专家组 3			
	A_{21}	A_{22}	A_{23}	A_{24}	A_{21}	A_{22}	A_{23}	A_{24}	A_{21}	A_{22}	A_{23}	A_{24}
A_{21}	1	3	2	3	1	4	3	4	1	2	2	2
A_{22}	1/3	1	1/3	1/3	1/4	1	1/4	1/4	1/2	1	1/2	1/2
A_{23}	1/2	3	1	2	1/3	4	1	2	1/2	2	1	1
A_{24}	1/3	3	1/2	1	1/4	4	1/2	1	1/2	2	2	1
	专家组 4				专家组 5				专家组 6			
	A_{21}	A_{22}	A_{23}	A_{24}	A_{21}	A_{22}	A_{23}	A_{24}	A_{21}	A_{22}	A_{23}	A_{24}
A_{21}	1	2	1	2	1	2	1	2	1	3	2	3
A_{22}	1/2	1	1/2	1/2	1/2	1	1/3	1/2	1/3	1	1/2	1/4
A_{23}	1	2	1	2	1	3	1	1	1/2	2	1	1/2
A_{24}	1/2	2	1/2	1	1/2	2	1	1	1/3	4	2	1

表 4-19　信息协同子系统二级指标判断矩阵(信息管理平台 A_3)

	专家组 1		专家组 2		专家组 3		专家组 4		专家组 5		专家组 6	
	A_{31}	A_{32}	A_{31}	A_{32}	A_{31}	A_{32}	A_{31}	A_{32}	A_{31}	A_{32}	A_{31}	A_{32}
A_{31}	1	2	1	2	1	1/2	1	1	1	2	1	2
A_{32}	1/2	1	1/2	1	2	1	1	1	1/2	1	1/2	1

表 4-20　组织协同子系统二级指标判断矩阵(组织结构 B_1)

	专家组 1			专家组 2			专家组 3			专家组 4			专家组 5			专家组 6		
	B_{11}	B_{12}	B_{13}	B_{11}	B_{12}	B_{13}	B_{11}	B_{12}	B_{13}	B_{11}	B_{12}	B_{13}	B_{11}	B_{12}	B_{13}	B_{11}	B_{12}	B_{13}
B_{11}	1	3	2	1	2	3	1	1	2	1	1	3	1	1	4	1	1	2
B_{12}	1/3	1	1	1/2	1	2	1	1	2	1	1	2	1	1	3	1	1	2
B_{13}	1/2	1	1	1/3	1/2	1	1/2	1/2	1	1/3	1/2	1	1/4	1/3	1	1/2	1/2	1

表 4-21　组织协同子系统二级指标判断矩阵(组织协作 B_2)

	专家组 1		专家组 2		专家组 3		专家组 4		专家组 5		专家组 6	
	B_{21}	B_{22}	B_{21}	B_{22}	B_{21}	B_{22}	B_{21}	B_{22}	B_{21}	B_{22}	B_{21}	B_{22}
B_{21}	1	1	1	2	1	1	1	2	1	1/2	1	2
B_{22}	1	1	1/2	1	1	1	1/2	1	2	1	1/2	1

表 4-22　目标协同子系统二级指标判断矩阵(目标设置 C_1)

	专家组 1			专家组 2			专家组 3			专家组 4			专家组 5			专家组 6		
	C_{11}	C_{12}	C_{13}	C_{11}	C_{12}	C_{13}	C_{11}	C_{12}	C_{13}	C_{11}	C_{12}	C_{13}	C_{11}	C_{12}	C_{13}	C_{11}	C_{12}	C_{13}
C_{11}	1	1	2	1	2	3	1	2	2	1	1	3	1	1	3	1	1	2

续上表

	专家组 1			专家组 2			专家组 3			专家组 4			专家组 5			专家组 6		
	C_{11}	C_{12}	C_{13}	C_{11}	C_{12}	C_{13}	C_{11}	C_{12}	C_{13}	C_{11}	C_{12}	C_{13}	C_{11}	C_{12}	C_{13}	C_{11}	C_{12}	C_{13}
C_{12}	1	1	2	1/2	1	2	1/2	1	2	1	1	2	1	1	3	1	1	1
C_{13}	1/2	1/2	1	1/3	1/2	1	1/2	1/2	1	1/3	1/2	1	1/3	1/3	1	1/2	1	1

表 4-23　目标协同子系统二级指标判断矩阵(目标管理 C_2)

	专家组 1			专家组 2			专家组 3			专家组 4			专家组 5			专家组 6		
	C_{21}	C_{22}	C_{23}	C_{21}	C_{22}	C_{23}	C_{21}	C_{22}	C_{23}	C_{21}	C_{22}	C_{23}	C_{21}	C_{22}	C_{23}	C_{21}	C_{22}	C_{23}
C_{21}	1	2	1/3	1	1/2	1/2	1	1/2	1/3	1	1	1/3	1	1/2	1/3	1	1	1/2
C_{22}	1/2	1	1/3	2	1	1/2	2	1	1/2	1	1	1/2	2	1	1	1	1	1
C_{23}	3	3	1	2	2	1	3	2	1	3	2	1	3	1	1	2	1	1

表 4-24　过程协同子系统二级指标判断矩阵(过程控制 D_1)

	专家组 1			专家组 2			专家组 3			专家组 4			专家组 5			专家组 6		
	D_{11}	D_{12}	D_{13}	D_{11}	D_{12}	D_{13}	D_{11}	D_{12}	D_{13}	D_{11}	D_{12}	D_{13}	D_{11}	D_{12}	D_{13}	D_{11}	D_{12}	D_{13}
D_{11}	1	2	1/2	1	1	1/2	1	2	1/3	1	2	1/2	1	3	2	1	2	2
D_{12}	1/2	1	1/2	1	1	1/2	1/2	1	1/3	1/2	1	1/3	1/3	1	1	1/2	1	1
D_{13}	2	2	1	2	2	1	3	3	1	2	3	1	1/2	1	1	1/2	1	1

表 4-25　过程协同子系统二级指标判断矩阵(过程衔接 D_2)

	专家组 1		专家组 2		专家组 3		专家组 4		专家组 5		专家组 6	
	D_{21}	D_{22}	D_{21}	D_{22}	D_{21}	D_{22}	D_{21}	D_{22}	D_{21}	D_{22}	D_{21}	D_{22}
D_{21}	1	2	1	2	1	2	1	1	1	1	1	3
D_{22}	1/2	1	1/2	1	1/2	1	1	1	1	1	1/3	1

表 4-26　资源协同子系统二级指标判断矩阵(资源规划 E_1)

	专家组 1		专家组 2		专家组 3		专家组 4		专家组 5		专家组 6	
	E_{11}	E_{12}	E_{11}	E_{12}	E_{11}	E_{12}	E_{11}	E_{12}	E_{11}	E_{12}	E_{11}	E_{12}
E_{11}	1	2	1	2	1	1	1	1	1	2	1	1
E_{12}	1/2	1	1/2	1	1	1	1	1	1/2	1	1	1

表 4-27　资源协同子系统二级指标判断矩阵(资源配置 E_2)

	专家组 1		专家组 2		专家组 3		专家组 4		专家组 5		专家组 6	
	E_{21}	E_{22}	E_{21}	E_{22}	E_{21}	E_{22}	E_{21}	E_{22}	E_{21}	E_{22}	E_{21}	E_{22}
E_{21}	1	2	1	2	1	2	1	2	1	3	1	3
E_{22}	1/2	1	1/2	1	1/2	1	1/2	1	1/3	1	1/3	1

表 4-28　制度协同子系统二级指标判断矩阵(制度制定 F_1)

	专家组 1			专家组 2			专家组 3			专家组 4			专家组 5			专家组 6		
	F_{11}	F_{12}	F_{13}	F_{11}	F_{12}	F_{13}	F_{11}	F_{12}	F_{13}	F_{11}	F_{12}	F_{13}	F_{11}	F_{12}	F_{13}	F_{11}	F_{12}	F_{13}
F_{11}	1	1	3	1	2	2	1	2	2	1	1	2	1	1	3	1	1	3
F_{12}	1	1	2	1/2	1	2	1/2	1	2	1	1	2	1	1	3	1	1	3
F_{13}	1/3	1/2	1	1/2	1/2	1	1/2	1/2	1	1/2	1/2	1	1/3	1/3	1	1/3	1/3	1

表 4-29　制度协同子系统二级指标判断矩阵(制度效果 F_2)

	专家组 1		专家组 2		专家组 3		专家组 4		专家组 5		专家组 6	
	F_{21}	F_{22}	F_{21}	F_{22}	F_{21}	F_{22}	F_{21}	F_{22}	F_{21}	F_{22}	F_{21}	F_{22}
F_{21}	1	1/2	1	1	1	1/2	1	1/3	1	1	1	1
F_{22}	2	1	1	1	2	1	3	1	1	1	1	1

根据式(4-3)～式(4-6)计算各二级指标专家权重系数(λ_{Ai}～λ_{Fi})及权重(W_{Ai}～W_{Fi})。

λ_{A1}=(0.166 7,0.166 7,0.166 7,0.166 7,0.166 7,0.166 7)

λ_{A2}=(0.194 7,0.138 5,0.199 3,0.153 9,0.169 6,0.144 0)

λ_{A3}=(0.184 2,0.184 2,0.131 6,0.184 2,0.184 2,0.131 6)

λ_{B1}=(0.106 8,0.153 9,0.196 9,0.208 6,0.162 8,0.171 1)

λ_{B2}=(0.181 8,0.181 8,0.181 8,0.181 8,0.090 9,0.181 8)

λ_{C1}=(0.178 1,0.131 8,0.176 7,0.209 5,0.156 7,0.147 3)

λ_{C2}=(0.117 1,0.214 8,0.192 6,0.186 3,0.143 6,0.145 6)

λ_{D1}=(0.212 4,0.183 0,0.161 7,0.196 9,0.117 7,0.128 3)

λ_{D2}=(0.214 3,0.214 3,0.214 3,0.119 0,0.119 0,0.119 0)

λ_{E1}=(0.166 7,0.166 7,0.166 7,0.166 7,0.166 7,0.166 7)

λ_{E2}=(0.200 0,0.200 0,0.200 0,0.200 0,0.100 0,0.100 0)

λ_{F1}=(0.177 4,0.177 4,0.177 4,0.112 9,0.177 4,0.177 4)

λ_{F2}=(0.207 7,0.141 1,0.141 1,0.159 8,0.175 2,0.175 2)

W_{A1}=(0.708 3,0.291 7)

W_{A2}=(0.404 7,0.115 1,0.262 7,0.217 5)

W_{A3}=(0.548 2,0.451 8)

W_{B1}=(0.462 1,0.354 1,0.183 8)

W_{B2}=(0.575 8,0.424 2)

$W_{C1}=(0.4494,0.3621,0.1885)$

$W_{C2}=(0.2051,0.2911,0.5038)$

$W_{D1}=(0.3400,0.2026,0.4575)$

$W_{D2}=(0.6369,0.3631)$

$W_{E1}=(0.5833,0.4167)$

$W_{E2}=(0.6833,0.3167)$

$W_{F1}=(0.4444,0.3825,0.1730)$

$W_{F2}=(0.4126,0.5874)$

4.3.3 技术接口管理协同度确定

协同度是反映接口管理协同效应的重要指标，铁路工程技术接口管理协同系统的协同度是指在各子系统及各因素相互作用、相互影响下，整个铁路工程建设过程中接口管理工作协调一致的程度。本研究在学习复合系统协调度模型的基础上，构建铁路工程技术接口管理协同度评价模型，对接口管理过程的协同度进行计算，其主要包括序参量有序度、子系统有序度以及系统协同度三个方面。

4.3.3.1 序参量有序度

在系统内部，各子系统在运行过程中形成有序与无序的关联模式，在协同度评价模型中用序参量有序度对其进行表示。

设铁路工程技术接口管理协同系统 S 是一个包含多个协同子系统的复杂系统，将其表示为 $S=\{S_1,S_2,S_3,\cdots,S_n\}$，其中，$S_n$ 表示接口管理协同系统 S 中的第 n 个协同子系统。同时铁路工程技术接口管理协同子系统的序参量分量为 $x_i=(x_{i1},x_{i2},\cdots,x_{ik})$，其中 $i\geqslant 1$，$\beta_{ij}\leqslant x_{ij}\leqslant \alpha_{ij}$，$j\in[1,k]$，$\beta_{ij}$ 和 α_{ij} 为接口管理协同系统序参量分量的临界上限值和临界下限值。当子系统 S_i 的有序度随着序参量分量的值 $x_{ij}(1\leqslant j\leqslant l_1)$ 增大而增大时，序参量分量的值具有正功效；当子系统 S_i 的有序度随着序参量分量的值 $x_{ij}(l_1+1\leqslant j\leqslant k)$ 增大而减小时，序参量分量的值具有负功效。序参量分量 x_{ij} 有序度计算公式如下：

$$\mu(x_{ij})=\begin{cases}\dfrac{x_{ij}-\beta_{ij}}{\alpha_{ij}-\beta_{ij}},j\in[1,l_1]\\[2ex]\dfrac{\alpha_{ij}-x_{ij}}{\alpha_{ij}-\beta_{ij}},j\in[l_1+1,k]\end{cases}\tag{4-7}$$

当序参量分量有序度 $\mu_i(x_{ij})$ 越大，则表明其对接口管理协同子系统的贡献越大。

序参量有序度可以通过对二级指标有序度的集成计算得到，一般可通过线性加权法或几何平均法进行计算，但单一的线性加权和平均法存在一定的弊端，因此，为了提高子系统有序度的准确性，需结合两种方法进行计算，计算公式如下：

$$\mu(x_i)=\frac{\sum_{j=1}^{n}W_{ij}\mu(x_{ij})+\sqrt[n]{\prod_{j=1}^{n}\mu(x_{ij})}}{2} \tag{4-8}$$

式中，$\sum_{j=1}^{n}W_{ij}\mu(x_{ij})$ 为通过线性加权法计算得到的序参量有序度；$\sqrt[n]{\prod_{j=1}^{n}\mu(x_{ij})}$ 为通过几何平均法计算得到的序参量有序度。

4.3.3.2　子系统有序度

在计算序参量有序度的基础上计算接口管理协同子系统 S_i 的有序度，其方法是对序参量有序度进行集成，同样采用线性加权法和几何平均法相结合的方法计算子系统有序度，计算公式如下：

$$\mu(S_i)=\frac{\sum_{i=1}^{n}W_{i}\mu(x_{i})+\sqrt[n]{\prod_{i=1}^{n}\mu(x_{i})}}{2} \tag{4-9}$$

式中，$\sum_{i=1}^{n}W_{i}\mu(x_{i})$ 为通过线性加权法计算得到的子系统有序度，$\sqrt[n]{\prod_{i=1}^{n}\mu(x_{i})}$ 为通过几何平均法计算得到的子系统有序度。

4.3.3.3　系统协同度

通过各个子系统的有序度来反映技术接口管理系统整体的协同度，各个子系统的有序程度会对系统整体协同度产生影响，为技术接口管理系统的协同度测量提供准则。

基于铁路工程技术接口的全生命周期，将技术接口协同管理的时间划分为接口规划、分析、设计、实施、验证、维护六个阶段。假定子系统在初始时刻 t_0，即接口规划阶段，各子系统的有序度为 $\mu_i^0(S_i)$；当系统演变到 t_1 时刻时，子各系统的有序度为 $\mu_i^1(S_i)$。则在 t_0—t_1 时间段，技术接口管理协同系统的协同度(degree of management snergy)为

$$\mathrm{DMS}=\theta\sum_{i=1}^{6}W_i\left|\mu_i^1(S_i)-\mu_i^0(S_i)\right| \quad (i=1,2,\cdots,6) \tag{4-10}$$

$$\theta=\frac{\min\{\mu^1(S_i)-\mu^0(S_i)\}}{\left|\min\{\mu^1(S_i)-\mu^0(S_i)\}\neq 0\right|} \tag{4-11}$$

DMS∈[−1,1]，其大小与接口管理系统的协同度程度成正比，值越大，表明接口管理系统的协同程度越高；值越小，表明系统的协同程度越低。

$\mu^1(S_i)-\mu^0(S_i)$反映系统从 t_0 时刻到 t_1 时刻系统序参量有序度的变化情况，其中 θ 的值没有大小，正负反映系统协同度的正负，当 θ 的值为正时，表示系统的协同度为正；当 θ 的值为负时，表明系统的协同度为负。

结合铁路工程技术接口管理特征，通过梳理相关参考文献[72-74]，将接口管理协同系统

的协同度划分为六个等级，见表 4-30。

表 4-30 协同度等级划分

等级划分	协同度评价	说　明
[－1.0,－0.6]	高度不协同	各子系统之间以及各子系统内部都不能协调配合，整个系统处于杂乱无章的状态
(－0.6,－0.2]	中度不协同	各子系统之间以及各子系统内部基本没有协调配合，整个系统处于无序状态
(－0.2,0.0]	低度不协同	各子系统之间以及各子系统内部有一定的协调配合，整个系统有序程度低
(0.0,0.2]	低度协同	各子系统之间以及各子系统内部基本能够协调配合，配合程度低，整个系统基本可以保持正常运行
(0.2,0.6]	中度协同	各子系统之间以及各子系统内部的协调配合程度较好，整个系统运行状态较为有序
(0.6,1.0]	高度协同	各子系统之间以及各子系统内部都能协调配合，整个系统处于有序运行状态

4.4 成果应用

为了验证铁路工程技术接口管理协同度评价模型的可行性，本节选取工程实例进行协同度评价，根据评价结果找出接口管理过程中的薄弱环节，从而提出铁路工程技术接口管理协同度提升策略，为铁路工程技术接口管理提供一定参考。

4.4.1 工程概况

选取某山区铁路某标段工程作为研究对象。该区域山高谷深、气候极端恶劣，其特殊的地理位置及复杂多变的环境使得该区域桥隧占比高，参建单位众多，利益关系复杂，施工环境变化多端，标准化管理难度大，给铁路工程技术接口管理带来了一定困难。因此对该区域技术接口管理协同度水平进行研究有很大必要性。

4.4.2 接口管理协同度计算与结果分析

4.4.2.1 数据来源与处理

通过问卷调查的方式，邀请专家对某山区铁路某标段工程技术接口管理各个阶段的协同情况采用 10 分制法进行打分，1 分为最差值，10 分为理想值。以每个指标得分的平均值作为接口管理协同系统分析的基础数据，见表 4-31。

表 4-31 各阶段接口管理协同情况专家评分值

子系统	序参量	二级指标	规划阶段	分析阶段	设计阶段	实施阶段	验证阶段	维护阶段
S_1	A_1	A_{11}	5.95	6.40	7.12	9.01	7.30	7.84
		A_{12}	6.04	6.58	7.66	9.55	7.12	7.75
	A_2	A_{21}	6.13	6.40	7.21	9.10	7.21	7.57
		A_{22}	5.95	6.31	7.21	9.01	7.93	8.20
		A_{23}	6.22	6.85	7.39	9.28	8.20	7.75
		A_{24}	6.04	6.40	7.03	8.92	7.84	8.11
	A_3	A_{31}	5.86	6.85	7.57	9.46	7.57	7.84
		A_{32}	5.77	6.40	6.49	8.38	7.30	8.02
		A_{33}	4.60	5.14	6.22	8.11	6.67	6.94
S_2	B_1	B_{11}	4.60	5.05	5.95	7.93	6.58	6.85
		B_{12}	4.78	5.05	6.13	8.02	6.67	7.03
		B_{13}	4.60	4.87	5.77	7.75	6.76	6.94
	B_2	B_{21}	4.69	5.41	6.40	8.20	6.67	7.75
		B_{22}	5.50	5.95	6.40	8.20	7.48	7.30
S_3	C_1	C_{11}	5.77	6.04	6.76	9.01	7.30	7.39
		C_{12}	5.32	5.68	6.40	8.65	7.30	7.30
		C_{13}	5.77	5.86	6.49	8.74	7.48	7.39
	C_2	C_{21}	5.86	6.49	7.12	8.92	7.12	7.48
		C_{22}	5.50	6.31	6.94	8.65	7.30	7.48
		C_{23}	5.50	5.77	6.22	8.20	6.58	6.85
S_4	D_1	D_{11}	5.05	5.23	6.31	8.20	6.40	7.30
		D_{12}	4.60	5.50	6.67	8.65	7.12	7.57
		D_{13}	4.69	4.78	6.40	8.56	6.76	7.30
	D_2	D_{21}	4.87	5.32	6.94	8.92	7.39	7.48
		D_{22}	3.79	4.24	5.32	7.30	6.22	6.40
S_5	E_1	E_{11}	4.15	4.60	5.68	7.75	6.40	6.76
		E_{12}	4.24	4.51	5.77	7.75	6.49	6.85
	E_2	E_{21}	4.15	4.33	5.23	7.30	6.13	7.12
		E_{22}	4.69	4.96	5.95	8.02	6.94	7.03
S_6	F_1	F_{11}	4.87	5.32	6.31	8.20	7.12	7.12
		F_{12}	4.60	4.78	5.68	7.75	6.49	6.94
		F_{13}	4.60	4.60	5.50	7.48	6.40	6.67
	F_2	F_{21}	4.60	4.60	5.50	7.30	6.22	6.40
		F_{22}	5.95	6.40	7.12	9.01	7.30	7.84

4.4.2.2 系统协同度计算

1. 二级指标有序度计算

铁路工程技术接口管理协同评价指标均为正向指标，根据表 4-29 及式(4-7)计算各二级指标的有序度，计算结果见表 4-32。

表 4-32 二级指标有序度

子系统	序参量	二级指标	规划阶段	分析阶段	设计阶段	实施阶段	验证阶段	维护阶段
S_1	A_1	A_{11}	0.55	0.60	0.68	0.89	0.70	0.76
		A_{12}	0.56	0.62	0.74	0.95	0.68	0.75
	A_2	A_{21}	0.57	0.60	0.69	0.90	0.69	0.73
		A_{22}	0.55	0.59	0.69	0.89	0.77	0.80
		A_{23}	0.58	0.65	0.71	0.92	0.80	0.75
		A_{24}	0.56	0.60	0.67	0.88	0.76	0.79
	A_3	A_{31}	0.54	0.65	0.73	0.94	0.73	0.76
		A_{32}	0.53	0.60	0.61	0.82	0.70	0.78
		A_{33}	0.40	0.46	0.58	0.79	0.63	0.66
S_2	B_1	B_{11}	0.40	0.45	0.55	0.77	0.62	0.65
		B_{12}	0.42	0.45	0.57	0.78	0.63	0.67
		B_{13}	0.40	0.43	0.53	0.75	0.64	0.66
	B_2	B_{21}	0.41	0.49	0.60	0.80	0.63	0.75
		B_{22}	0.50	0.55	0.60	0.80	0.72	0.70
S_3	C_1	C_{11}	0.53	0.56	0.64	0.89	0.70	0.71
		C_{12}	0.48	0.52	0.60	0.85	0.70	0.70
		C_{13}	0.53	0.54	0.61	0.86	0.72	0.71
	C_2	C_{21}	0.54	0.61	0.68	0.88	0.68	0.72
		C_{22}	0.50	0.59	0.66	0.85	0.70	0.72
		C_{23}	0.50	0.53	0.58	0.80	0.62	0.65
S_4	D_1	D_{11}	0.45	0.47	0.59	0.80	0.60	0.70
		D_{12}	0.40	0.50	0.63	0.85	0.68	0.73
		D_{13}	0.41	0.42	0.60	0.84	0.64	0.70
	D_2	D_{21}	0.43	0.48	0.66	0.88	0.71	0.72
		D_{22}	0.31	0.36	0.48	0.70	0.58	0.60
S_5	E_1	E_{11}	0.35	0.40	0.52	0.75	0.60	0.64
		E_{12}	0.36	0.39	0.53	0.75	0.61	0.65
	E_2	E_{21}	0.35	0.37	0.47	0.70	0.57	0.68
		E_{22}	0.41	0.44	0.55	0.78	0.66	0.67

续上表

子系统	序参量	二级指标	规划阶段	分析阶段	设计阶段	实施阶段	验证阶段	维护阶段
S_6	F_1	F_{11}	0.43	0.48	0.59	0.80	0.68	0.68
		F_{12}	0.40	0.42	0.52	0.75	0.61	0.66
		F_{13}	0.40	0.40	0.50	0.72	0.60	0.63
	F_2	F_{21}	0.40	0.40	0.50	0.70	0.58	0.60
		F_{22}	0.55	0.60	0.68	0.89	0.70	0.76

2. 序参量有序度计算

以各二级指标有序度为基础，根据表 4-32 及二级指标权重，结合式(4-8)，计算各序参量有序度，见表 4-33；并根据计算结果绘制雷达图，直观反映各序参量在不同阶段的有序度，如图 4-8～图 4-13 所示。

表 4-33　序参量有序度

子系统	序参量	规划阶段	分析阶段	设计阶段	实施阶段	验证阶段	维护阶段
S_1	A_1	0.553 9	0.607 9	0.703 4	0.913 5	0.692 0	0.756 0
	A_2	0.566 5	0.610 8	0.690 4	0.898 6	0.748 6	0.761 7
	A_3	0.535 2	0.626 0	0.671 5	0.881 9	0.715 6	0.769 5
S_2	B_1	0.405 1	0.454 0	0.567 0	0.780 5	0.626 6	0.659 1
	B_2	0.404 6	0.457 2	0.561 8	0.772 9	0.635 4	0.700 9
S_3	C_1	0.505 0	0.545 5	0.613 8	0.843 9	0.707 8	0.703 5
	C_2	0.520 4	0.582 4	0.652 4	0.862 0	0.699 0	0.717 3
S_4	D_1	0.446 2	0.501 8	0.602 3	0.819 6	0.637 9	0.694 7
	D_2	0.418 6	0.445 4	0.625 5	0.857 1	0.669 8	0.708 6
S_5	E_1	0.328 0	0.378 1	0.498 1	0.722 7	0.589 1	0.618 2
	E_2	0.356 1	0.381 9	0.505 3	0.729 7	0.594 3	0.662 5
S_6	F_1	0.414 5	0.448 9	0.556 3	0.779 4	0.654 1	0.671 0
	F_2	0.400 0	0.400 0	0.500 0	0.709 1	0.589 1	0.613 6

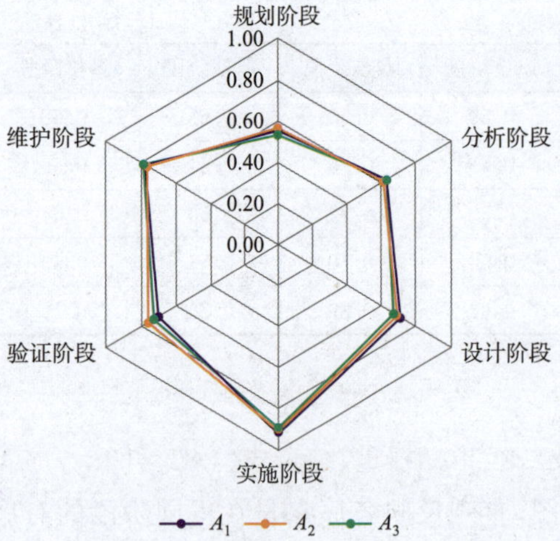

图 4-8　信息协同子系统(S_1)序参量有序度雷达图

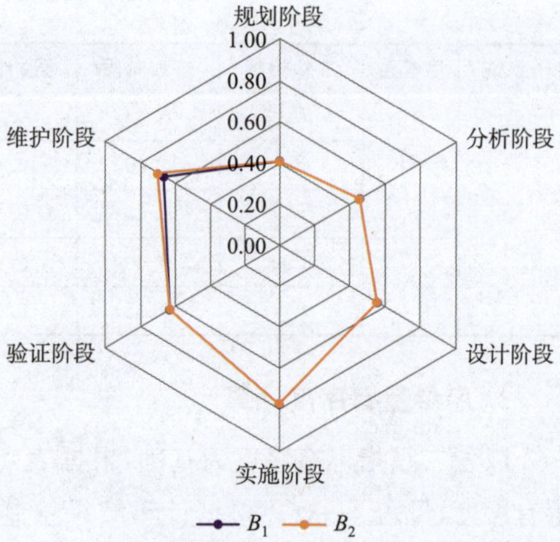

图 4-9　组织协同子系统(S_2)序参量有序度雷达图

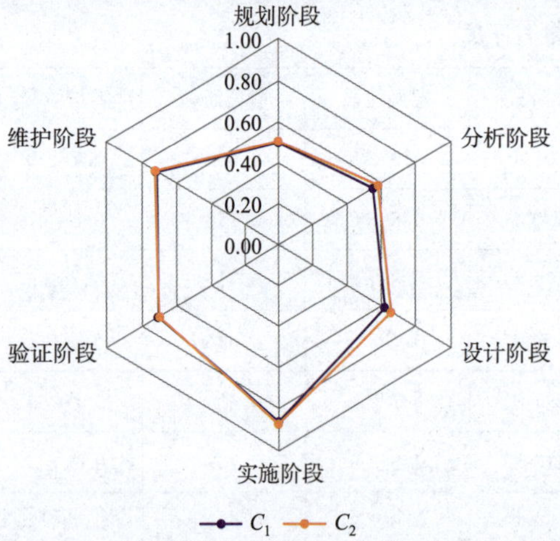

图 4-10　目标协同子系统(S_3)序参量有序度雷达图

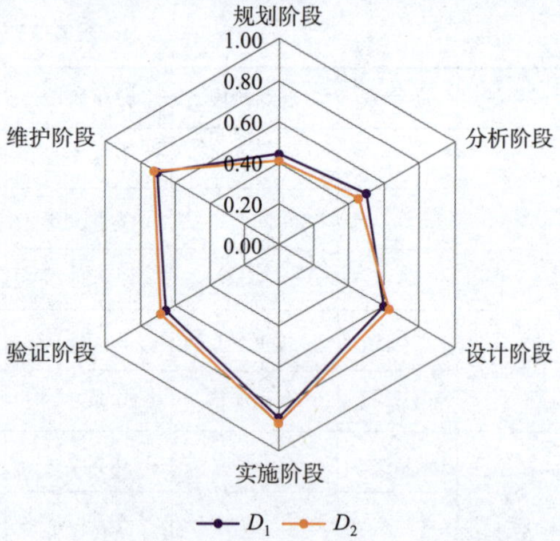

图 4-11 过程协同子系统(S_4)序参量有序度雷达图

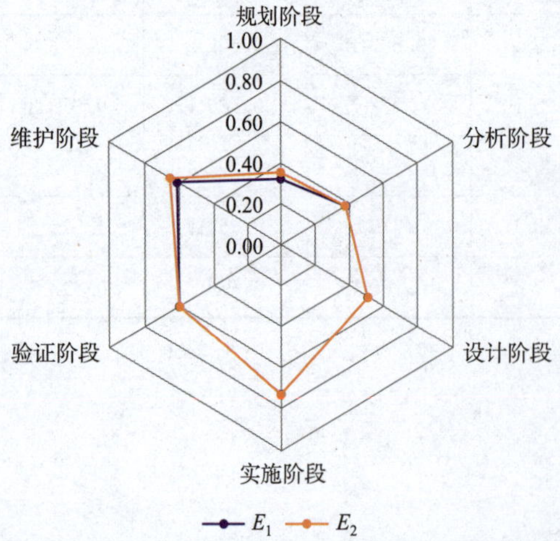

图 4-12　资源协同子系统(S_5)序参量有序度雷达图

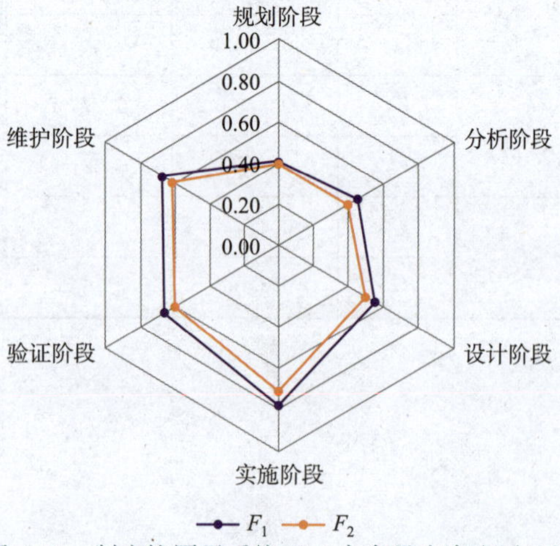

图 4-13　制度协同子系统(S_6)序参量有序度雷达图

3. 子系统有序度计算

以各序参量有序度为基础，根据表4-15及各子系统权重，结合式(4-9)计算各子系统有序度，计算结果见表4-34；并根据计算结果绘制雷达图和曲线图，直观反映各子系统在不同阶段的有序度，如图4-14～图4-20所示。

表4-34　子系统有序度

子系统	规划阶段	分析阶段	设计阶段	实施阶段	验证阶段	维护阶段
S_1	0.551 8	0.614 1	0.690 1	0.899 7	0.715 0	0.761 7
S_2	0.404 8	0.455 9	0.564 0	0.776 1	0.631 7	0.683 3
S_3	0.511 3	0.560 5	0.629 5	0.851 3	0.704 2	0.709 1
S_4	0.429 8	0.468 1	0.615 9	0.841 6	0.656 6	0.702 9
S_5	0.344 2	0.380 3	0.502 3	0.726 8	0.592 2	0.643 8
S_6	0.408 4	0.428 2	0.532 5	0.749 7	0.626 7	0.646 8

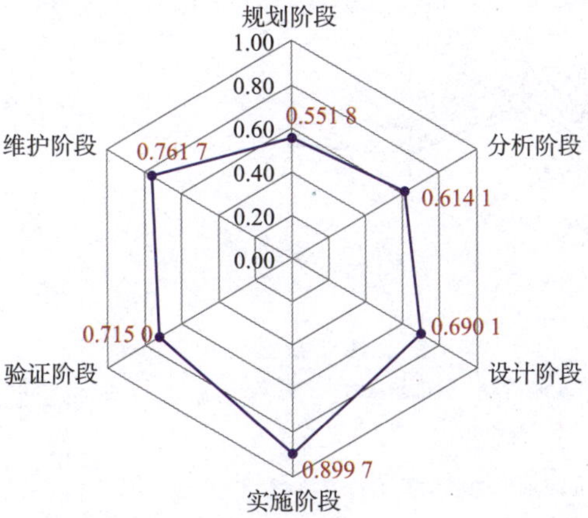

图4-14　信息协同子系统(S_1)有序度雷达图

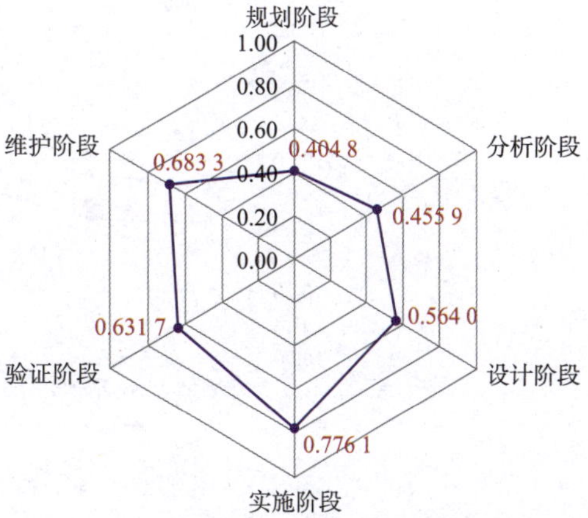

图4-15　组织协同子系统(S_2)有序度雷达图

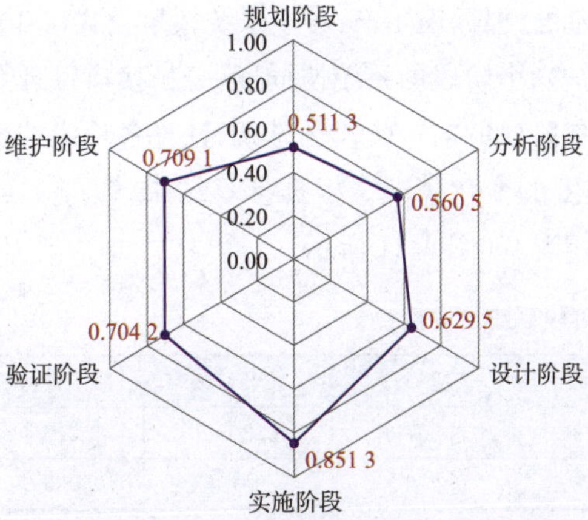

图4-16　目标协同子系统(S_3)有序度雷达图

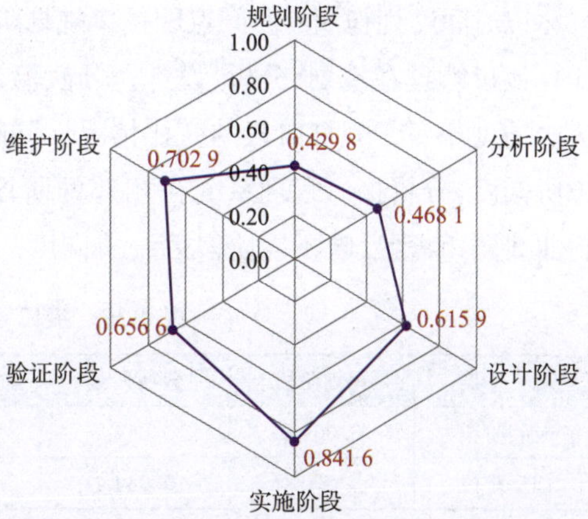

图4-17　过程协同子系统(S_4)有序度雷达图

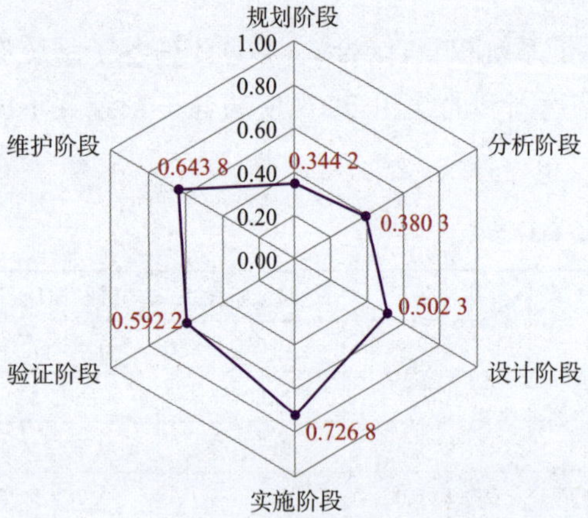

图 4-18 资源协同子系统（S_5）有序度雷达图

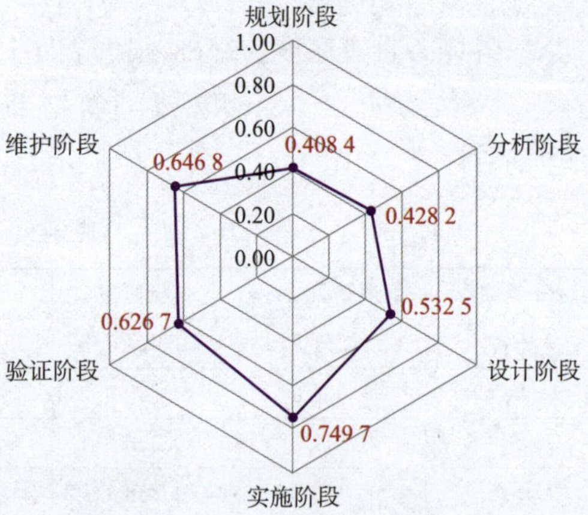

图 4-19 制度协同子系统（S_6）有序度雷达图

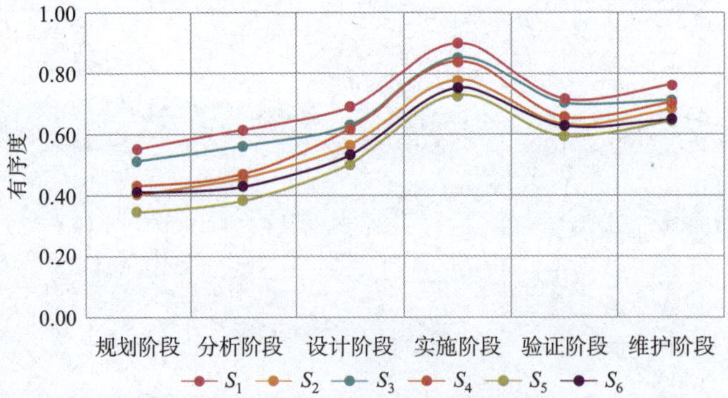

图 4-20 各子系统不同阶段有序度曲线图

4. 系统协同度计算

以时间序列初期的时间点即接口规划阶段为基准，根据表 4-34、各子系统权重及式(4-10)计算接口管理在规划、分析、设计、实施、验证、维护六个阶段的系统协同度，分析接口管理系统协同度相对于规划阶段的变化情况。同时，以各阶段的前一阶段为基期，计算各阶段的系统协同度，分析接口管理系统在相邻两阶段协同度的变化情况。根据计算结果(表 4-3)绘制曲线图，直观反映不同阶段系统协同度的变化情况，如图 4-21 所示。

表 4-35 接口管理各阶段系统协同度

基　期	规划阶段	分析阶段	设计阶段	实施阶段	验证阶段	维护阶段
规划阶段	0.000 0	0.044 1	0.140 9	0.357 6	0.203 6	0.240 4
前一阶段	0.000 0	0.044 1	0.096 8	0.216 7	−0.154 0	0.036 9

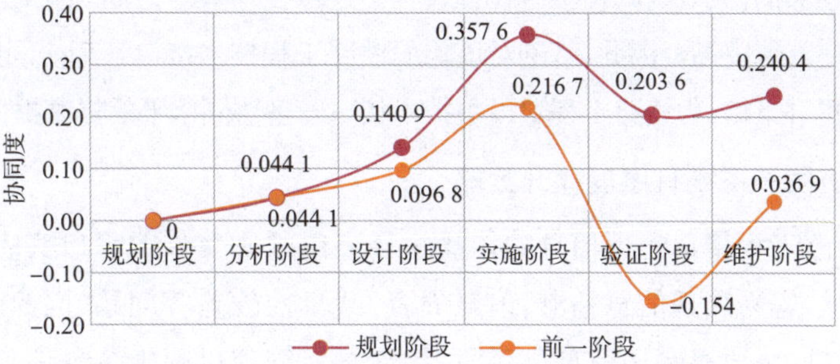

图 4-21　各阶段接口管理协同度曲线图

4.4.2.3　结果分析

1. 子系统有序度

从表 4-32 和图 4-14～图 4-20 可以看出，接口管理各子系统有序度基本均衡，没有出现明显的偏差。六个子系统有序度在规划阶段较低，从规划到实施阶段有序度持续上升，设计和实施阶段最高，从实施阶段又开始降低，这与接口管理实际情况相符合，因为从项目一开始对接口逐渐的重视使得各子系统有序度随之提高，而后随着对接口实施的逐步完成，对接口重视程度的降低使得各子系统有序度又随之降低。通过图 4-20 可知，在各子系统中，信息协同子系统有序度最高，对技术接口管理协同系统起到关键作用；其次为目标协同子系统和过程协同子系统；而资源、组织、制度子系统有序度相对较低，是接口管理中的薄弱环节，直接影响着铁路工程技术接口管理系统的协同水平，须重点关注。

2. 系统协同度

对于接口管理系统协同度，分别以规划阶段为基期和以各阶段前一阶段为基期进行分析，从表 4-35 和图 4-21 可以看出，协同度最高分别为 0.357 6 和 0.216 7，因此从总体上来说，接口管理协同度处于中等水平。

从整个技术接口管理系统的协同度来看，以接口规划阶段作为初始时刻直到接口实施阶段期间，技术接口管理系统的协同度不断上升，说明在技术接口实施过程中，各参建单位通过充分的交流，使得接口管理各个方面不断完善，相互配合，协同度不断提升。但在技术接口的实施到验证阶段期间，随着接口任务的逐渐完成，接口参与方的工作重心不断转移，导致相关接口问题不能及时发现并处理，造成系统协同度降低，出现负值。而后维护阶段通过对接口问题及时反馈与处理，使得系统协同度又得到提高。

4.4.3　接口管理协同度提升策略

通过研究分析，发现某山区铁路某标段工程技术接口管理协同度处于中等水平，技术接口管理各子系统能够在一定程度上满足系统运作的要求，但由于该标段铁路工程项目的复杂性以及对接口管理缺乏足够的认识，因此在接口管理过程中还存在一些不协同现象，这表明接口管理各个子系统有序度还有待提高。因此，基于对该标段铁路工程技术接口管理协同度的分析，提出各个子系统协同度提升策略，为铁路工程建设中技术接口管理协同水平的提高提供一定参考。

4.4.3.1 信息协同子系统有序度提升策略

目前对于铁路工程接口管理信息的传播途径多以纸质文件或者口头表达为主，文件传阅、审批速度较慢，容易出现信息粘滞、信息失真、共享性较差等问题，因此对于信息协同子系统有序度的提升，主要是利用信息化手段，提高接口管理过程中各种信息的传递与交流，以满足接口管理过程中信息共享及协同工作的要求，解决传统信息传递方式所带来的工作效率低下、信息传递及时性差及可靠性缺乏等一系列问题。

随着信息技术的发展和广泛使用，将信息技术应用于铁路工程接口管理工作，以数字化为技术支撑，以信息化进行要素配置，构建基于铁路工程接口库的接口信息管理平台，从而提高铁路工程建设的信息化水平。接口信息管理系统是工程项目信息管理的组成部分，应统一规划建设。铁路工程接口信息管理系统可采用三层体系结构，包括数据层、业务逻辑层以及用户展现层(图 4-22)，三层架构具有较好的扩展性，各层次之间独立性强[76]。数据层主要对接口数据进行操作；业务逻辑层主要实现接口数据访问层和用户展现层之间的衔接；用户展现层提供用户交互功能。

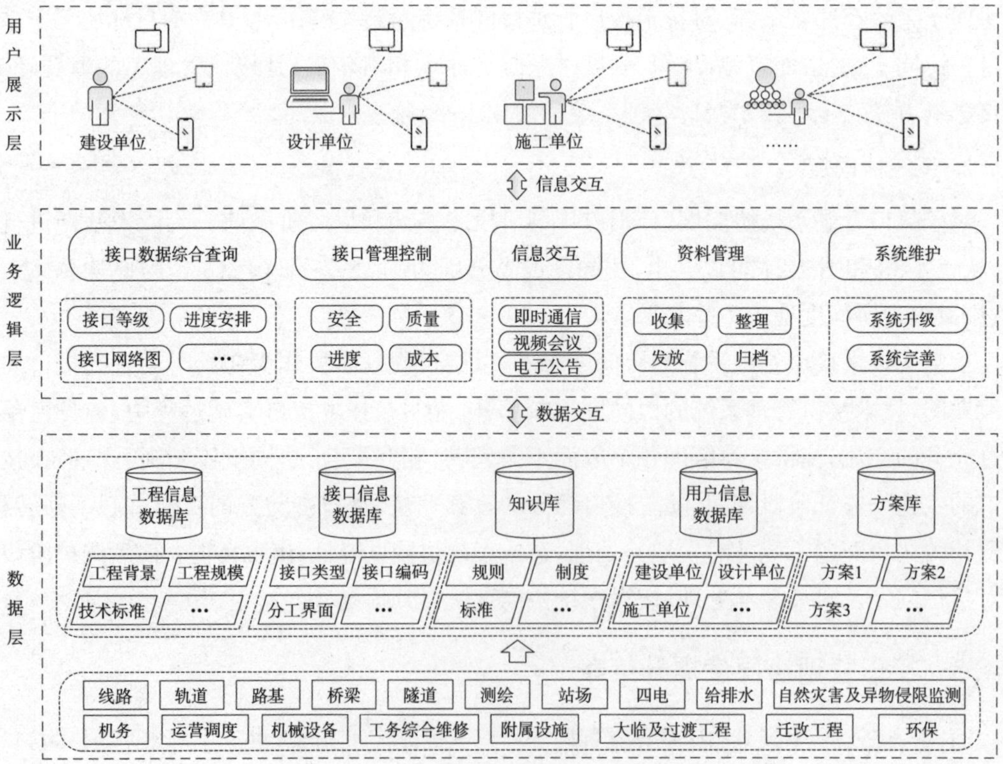

图 4-22　铁路工程接口信息管理系统架构

1. 数据层

数据层是铁路工程接口信息管理系统的数据支撑，主要包括工程信息数据库、接口数据库、知识库、用户信息库及方案库等。其中工程数据库是铁路工程项目相关的基础数据，如工程背景、工程规模以及主要的技术标准等；接口数据库是接口相关的数据，如接口类型，接口编码、接口参与方、接口设计内容及分工界面、接口问题、接口模型及可视化数据等；知识库是接口实施及管理相关的各种规则、规定、制度以及其他与接口实施、管理相关的知识；用户信息库是接口各参与方相关数据，主要包括各参与方在接口管理中的角色以及责任、分工；方案库是存放多个经过认可的接口实施和管理方案，以满足不同工程建设环境的需要。

2. 业务逻辑层

业务逻辑层是接口信息管理系统的核心部分，主要包括铁路工程接口数据综合查询模块、管理控制模块、信息交互模块、资料管理模块以及信息管理系统维护模块。在铁路工程接口数据综合查询模块，主要是对铁路工程各阶段接口数据，如接口类型、接口等级、接口责任单位、接口管理计划、进度安排、处理方案以及接口问题等基本信息的查询；接口管理控制模块主要对铁路工程接口全生命周期进行管理和控制，通过对接口实施情况进行记录和跟踪，与接口管理计划进行对比，接口各责任方可实时监控接口在各个阶段的进展和执行情况，对于所出现的接口问题及时采取措施并处理，为接口管理目标以及整个铁路工程建设项目目标实现提供了保障；信息交互模块主要通过视频会议、即时通信及电子公告管理等方式，使各参与方之间实现实时的数据协同及共享，提高接口管理的效率；接口资料管理模块主要是对接口管理过程中不同形式、不同内容的资料进行收集、处理、发放及最终的归档，通过信息管理平台规范资料流转过程，完善接口资料存储、整理与查询功能，实现接口全生命周期的完整资料管理；系统维护模块主要是系统开发与维护人员对接口管理信息系统进行管理和维护工作，在保证系统稳定性、安全性的基础上，对系统功能不断进行完善，以更好地适应和满足铁路工程接口管理实际需求。

3. 用户展现层

用户层即接口相关参与方，如建设单位、设计单位、施工单位、监理单位、咨询单位等，各接口相关参与方可根据其访问权限，通过移动终端，如手机、平板、电脑等，实时访问接口信息管理系统，以此查询接口相关数据并完成相关任务活动。

铁路工程接口信息管理平台是接口信息及时传输、各参与方之间及时交流的有力工具，通过提高铁路工程各系统参建方之间技术接口信息质量传递效果（附录 A），实现高效的技术接口信息交换（附录 B），有效提升接口管理信息协同子系统的有序度。

4.4.3.2　组织协同子系统有序度提升策略

铁路工程技术接口涉及多个专业、多个阶段、多个参与方，为了保证接口的顺利实施以及铁路工程建设项目目标的实现，各参与方之间必须保持密切的协调配合，在此过程中接口协调难度大，有必要成立标准化的接口管理组织结构，统筹规划铁路工程接口管理工作，承担接口管理的决策、指挥、审批以及监督等责任，并从专业角度负责各项接口工作的协调与配合，处理接口实施过程中出现的各种接口问题。

接口管理是铁路工程项目管理层面的活动，因此需要立足于项目管理组织层面，根据铁路工程项目本身的特点，将接口管理组织结构划分为领导层、协调层及实施层三个层次，在保证接口管理权威性的同时注重不同层次之间的互动。标准化的接口管理组织主要包括接口管理人员的标准化与接口管理人员职责的标准化，其中接口管理人员标准化主要包括人员数量及素质的配置。

4.4.3.3 目标协同子系统有序度提升策略

铁路工程接口管理过程涉及众多不同单位，根据利益相关者理论，不同参与方对于接口管理的侧重点不尽相同，导致各方接口管理目标也存在一定差异。铁路工程接口管理是以实现铁路工程项目整体目标为导向的综合性管理工作，对各参与方而言，其接口管理目标必须与铁路工程项目目标保持一致，为总目标服务，因此建设单位需要分析不同参与方之间的目标冲突，建立相应目标管理机制，明确各参与方在不同阶段的接口管理目标，并制定相应接口管理目标实施方案，以此解决目标冲突问题，保证接口管理总体目标达到控制水平，从而提升接口管理目标协同子系统有序度。

4.4.3.4 过程协同子系统有序度提升策略

接口管理贯穿于整体铁路工程建设全生命周期，在不同阶段有不同的接口管理任务，可从以下两方面进行过程协同子系统有序度的提升。

1. 强化接口全生命周期协同

根据铁路工程项目全寿命周期，可将接口生命周期划分为六个不同阶段，不同阶段之间相互联系、相互影响，前一阶段工作是后续各阶段接口管理工作的基础，因此各阶段之间良好的衔接关系是铁路工程技术接口得以顺利实施的前提和关键。目前对于接口管理工作重视程度不够，在铁路工程建设项目前期对接口认识不足，导致各种接口问题出现，因此，需要在项目规划及分析阶段，就将接口纳入考虑范围，重视各阶段之间的衔接。

2. 强化各阶段接口管理流程的标准化以及各阶段的循环反馈

接口实施和管理过程中，不同建设阶段对应不同的管理任务、存在不同的接口问题。各阶段接口管理流程的标准化有利于接口的顺利实施。在及时处理接口问题的同时进行接口问题的记录和反馈，有助于进一步明确各阶段接口管理任务、优化接口管理流程，如设计阶段出现的新接口，可以反馈到分析阶段，作为接口识别的补充；实施阶段出现的设计上的问题，可以反馈到设计阶段，作为设计阶段设计方案的补充和完善；验证阶段主要对前期接口管理工作效果进行验证，以此找出各阶段管理中的薄弱环节，从而有针对性地提出相关管理措施;维护阶段主要是对新的接口问题、接口需求进行反馈,以完善铁路工程接口管理体系。

4.4.3.5 资源协同子系统有序度提升策略

资源的合理规划与配置是接口顺利实施的保证,也是铁路工程接口管理协同度提升的重要因素。提升资源协同子系统有序度需要明确接口资源的需求以及不同接口资源之间的相互关系,建立并完善"资源需求—资源计划—资源分配"的三级资源管理体系。

不同阶段、不同参与主体对接口实施过程中的资源需求不同,因此从项目一开始就必须明确接口资源需求计划,包括接口资源类别、数量等。根据以往铁路工程接口管理经验以及各部门上报的资源需求计划,通过资源的预测分析以及资源调整等手段,结合工程实际情况,统筹安排接口实施过程所需的各种资源,对资源进行动态、灵活、合理地配置,避免接口资源闲置与浪费。

4.4.3.6 制度协同子系统有序度提升策略

铁路工程接口管理需要依照一定的标准制度来执行,清晰、明确、合理的接口管理制度是规范接口管理工作,明确不同阶段、不同参与方职责分工,加强铁路工程接口管理质量,提升接口管理水平的重要保障,可从以下几方面进行制度协同子系统有序度的提升。

1. 接口专职人员管理制度

为了保证各参与方对接口责任分工有清晰明确的认识,保证接口信息及时有效传递,应建立接口专职人员管理制度。各参与方需配备一定数量且具有接口管理要求素质的管理人员专门负责接口管理工作,避免各参与方对接口问题忽视、对接口问题责任推卸。对于接口管理人员,建设指挥部定期组织召开例会,对接口施工及管理过程中存在的问题进行分析,并提出解决方案;同时通过建立相应的接口管理培训制度,使各参与方掌握更多的接口知识,如接口的施工工序、验收标准等,对接口有更清晰、深刻的认识,更好地指导接口管理工作。

2. 接口文件确认制度

接口管理涉及多个参与方,对于接口管理过程中形成的文件,必须经过参与方确认并签字,如在接口设计过程中,涉及接口设计说明和接口界面分工,接口各参与方必须对各部分内容进行确认,在保证接口界面划分合理的基础上,明确各自的分工与责任,以避免接口具体实施过程中推诿扯皮现象的出现。

3. 接口文件审核制度

对于不同时期、不同建设阶段形成的接口文件,如接口设计文件、接口实施方案等,必须通过经验丰富的接口管理人员或者其他相关专家审核,及时发现接口文件中不合理的地方并进行纠正,从而避免在接口实施过程中出现差错、碰漏,减少设计变更、方案变更等。

4. 编制接口作业手册及作业指导书

根据铁路工程项目实际情况及接口管理需求,对于重点接口,业主组织设计、咨询、监理、施工等单位编制接口管理作业手册及作业指导书，进一步明确接口施工技术标准、施工工艺、接口验收、注意事项等内容，从而规范接口施工，使其满足设计以及验收标准，确保接口质量。

5. 接口管理绩效考核制度

在明确接口各参与方接口管理责任分工的基础上，建立接口管理绩效考核制度，确保接口实施质量；同时根据各参与方责任分工及相关合同文件，制定相关奖罚制度，以提高各参与方接口管理积极主动性。

对于接口管理制度的制定，需要根据具体工程建设项目动态变化及时进行调整、补充并完善，更好地规范接口管理工作，提高铁路工程接口实施质量和接口管理效率。

第5章 铁路工程技术接口信息化管理

为解决铁路工程建设由于多方参与、多专业协调、多工种交叉作业产生的技术接口管理问题，提高铁路工程技术接口管理水平，实现全过程、全要素、全方位的技术接口管理，首先结合全生命周期理论，在第 3 章对铁路工程技术接口规划、分析、设计、实施、验证、维护等各阶段的理论和方法工具进行了研究，构建了一套完整的技术接口管理体系，为铁路工程技术接口数字化管理平台的构建奠定了重要的数据基础；然后在第 4 章，从信息协同子系统的角度出发，提出了随着信息技术的发展和广泛使用，将信息技术应用于铁路工程接口管理工作并构建铁路工程接口信息化管理平台的必要性。

因此，本章结合协同工作原理，将信息技术用于铁路工程技术接口管理工作中，通过分析铁路工程技术接口信息化管理模块，提出铁路工程技术接口信息化管理平台架构，依据铁路工程特点和建设过程的实际状况，制定铁路工程技术接口信息化管理流程，对技术接口数据进行采集、分析、处理，并结合本体理论，采用知识图谱实现接口的可视化查询，保证各参建单位在设计、施工等阶段实时、动态地对技术接口进行集成化、标准化、精细化管理，提高接口的信息传递和管理效率，实现各参建方的协同工作。

5.1 铁路工程技术接口信息化管理模块分析

通过对铁路工程技术接口一体化管理体系的构建，结合协同工作理论，运用计算机网络化的信息技术构建铁路工程技术接口管理信息系统，以信息系统为基础，建立技术接口信息化管理平台，实现实时在线的技术接口集中管理。技术接口信息化管理系统中各模块内容见表 5-1。

表 5-1 铁路工程技术接口管理模块设计内容

模　块	子模块	内　容
技术接口管理控制	接口识别	接口关系增加、接口关系删除、接口关系编辑
	接口设计	接口编码、接口处理方案、单位职责及分工、接口管理计划、接口标准
	接口实施	接口数据标准化、接口问题、质量控制、进度控制、费用控制、安全控制、接口成果
	接口验证	接口评价指标、接口测试方法、接口测试计划、接口评判标准、接口评价结论、接口问题库、接口问题整改、接口验证报告

续上表

模　块	子模块	内　容
技术接口数据综合查询	接口数据查询	接口代码查询、接口主题查询、接口类型查询、接口等级查询、接口范围查询、接口责任单位查询、接口管理计划查询、接口处理方案查询、接口进度查询、接口问题查询、接口评价指标查询、接口评价结论查询
	接口图表显示	接口识别表、接口网络图、接口管理矩阵、接口管理控制表、接口管理进度跟踪矩阵、接口问题网络图、接口问题记录表、接口评价指标体系
信息交互	电子公告管理	消息发布、通知公告、历史查询、交流论坛
	电子邮件管理	接收处理、发送处理、文件夹处理、地址簿处理
	网络视频会议管理	音频处理、视频处理、文字显示、管理与控制
	即时通信管理	状态变更、系统广播、单点登录、聊天会话、日志记录、文件传输
资料管理	资料收录与发放	资料录入、资料发放、收发记录、资料下载、资料打印
	资料整理	资料归类、资料统计、资料查询
	资料立卷	自动立卷、立卷查询
系统维护	单位管理	增加单位、删除单位、修改单位、查看单位
	用户管理	增加用户、删除用户、修改用户、配置用户、密码管理
	权限管理	配置单位权限、配置用户权限
	系统软件管理	系统软件初始设置、系统软件更新、版本管理、系统保密设置
	系统日志管理	日志查询、日志管理

5.2 铁路工程技术接口信息化管理平台架构

为了对技术接口全生命周期进行统筹管理，将信息化管理理念融入技术接口一体化管理体系中，提出技术接口信息化管理平台架构（图 5-1），利用 BIM、GIS 等技术对铁路工程接口的基础数据进行采集、分析，通过网络层进行数据传输；并运用信息化管理平台对接口数据进行处理，在用户界面层进行数据呈现，使得数据互联互通、实时共享，提高接口的信息传递和管理效率，优化接口管理流程，实现各参建方的协同工作。

1. 接口数据层

接口数据层是接口数据库的整理与展现，可实现数据集成和数据共享。接口数据库为接口数据层提供最基本的技术接口信息。

在铁路工程接口信息化管理平台中，根据铁路工程各个子系统的划分，BIM 建模者可以从建设、设计、施工、物料供应等相关单位获得铁路工程各子系统之间技术接口相关资料，构建技术接口模型并输入到技术接口相关数据库中，见表 5-2。

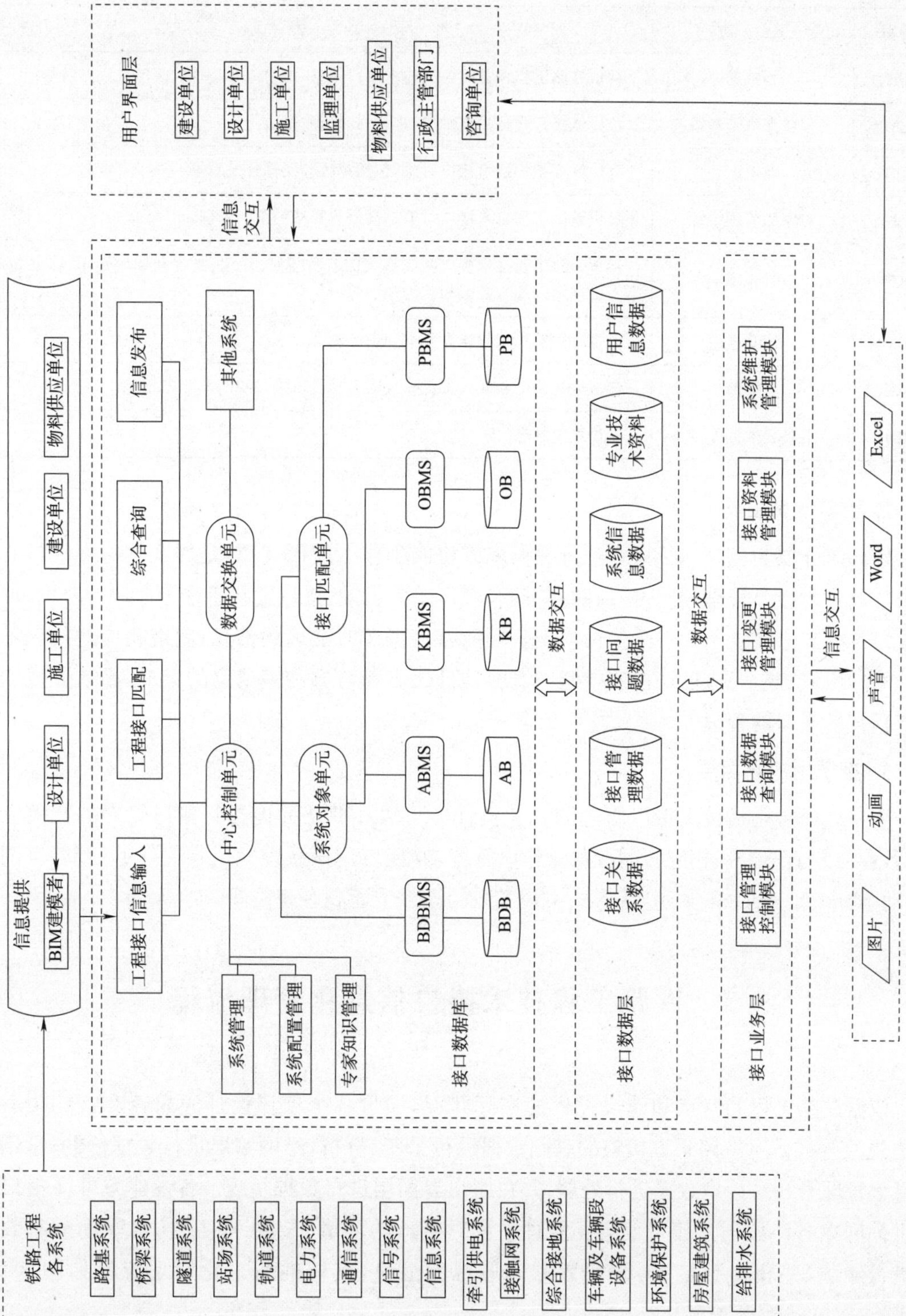

图 5-1　铁路工程接口信息化管理平台架构

表 5-2 接口数据库应用管理模块

缩写	名 称	功 能
PB	工程数据库	存放铁路工程相关的各类技术接口信息，为生成各类技术接口对象提供基础
PBMS	工程数据库管理系统	负责铁路工程相关技术接口数据的管理
OB	对象库	存放铁路工程技术接口对象，包括算法和换算公式库等
OBMS	对象库管理系统	负责铁路工程技术接口对象的模型和算法的统一管理
KB	知识库	存放铁路工程技术接口匹配有关的各种规则、规定、制度和领域知识，主要包括匹配规则以及与匹配相关的知识等
KBMS	知识库管理系统	负责有关铁路工程建设各类知识的管理
AB	方案库	存放经过认可和确认验证的铁路工程技术接口的匹配方案
BDB	备份数据库	备份系统数据

2. 接口业务层

接口业务层为各技术接口责任方提供多方协同工作的应用支撑，是体系架构中的核心部分。通过对接口管理控制、接口数据查询、接口变更管理、接口资料管理等模块的查询，使得接口各参与方在技术接口全生命周期阶段能够获得及时准确的信息，制定相应的接口管理计划和质量、成本、进度等控制措施，实现多阶段、多参与方和多要素的集成，高效完成铁路工程技术接口的管理。

3. 接口用户界面层

用户界面层是指技术接口管理的相关责任方可以在此层面内进行接口管理的相关操作，各参与方能够根据相应访问权限操作该系统，并能应用该系统完成相关任务活动，以图片、动画、声音、excel 和 word 等形式实现各方的高效沟通和有序协调。

5.3 铁路工程技术接口信息化管理流程

依据铁路工程的特点和建设过程的实际状况，通过各个模块设计的内容，结合 BIM、GIS、遥感等技术对铁路工程接口的基础数据进行采集、分析，经网络层进行数据传输，运用信息化管理平台对接口数据进行处理，并在用户界面层进行数据呈现。各参建方可在接口全生命周期各阶段通过接口信息化管理平台对接口的环境、参数、业务、仿真等动静态数据进行加载，并获得环境、工艺等数据的可视化渲染，具体的信息化管理流程如图 5-2 所示。

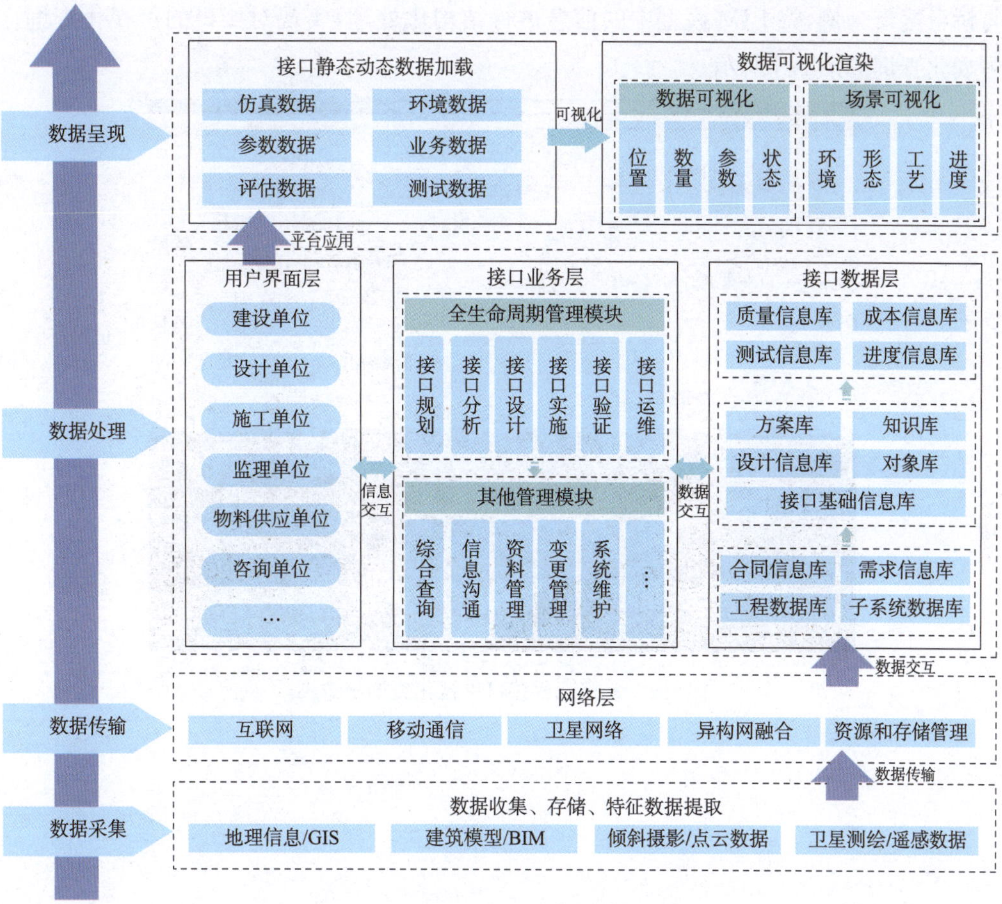

图 5-2　铁路工程接口信息化管理流程

通过铁路工程接口信息化管理流程，业主可以系统全面地实时监控各参与方在不同阶段对技术接口的执行情况；随着各参与方对接口详细数据的上传，各级部门领导可以根据上传的数据在线查看某个技术接口的具体位置、质量、成本、进度、安全等最新状况；施工单位可以根据设计单位上传的数据明确各类技术接口的具体实施标准，节约建设成本，提高建设质量。信息化管理平台将铁路工程技术接口的数据进行集成，可为在建工程技术接口的处理方案提供宝贵的经验，有效提高技术接口的管理效率，减少管理过程中不必要的成本费用，确保铁路工程整个建造过程的顺利实施。

5.4　铁路工程技术接口信息化管理可视化呈现

通过对铁路工程各子系统的划分，识别各子系统之间的技术接口，以建立的铁路工程技术接口框架为基础，结合本体理论，采用知识图谱对技术接口体系进行呈现，以路基地基处理与桥台接口为例,将 BIM 模型中的信息进行结构化处理,实现对接口的可视化查询。接口可视化查询如图 5-3 所示。

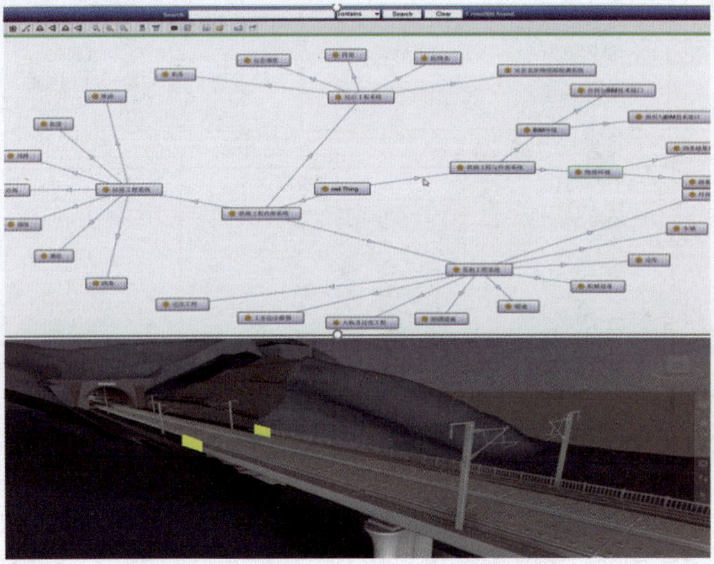

图 5-3　铁路工程接口可视化查询示意图

第6章 铁路工程技术接口创新管理总结与展望

本章凝练了国家自然基金委重大专项项目的研究成果，主要对各部分研究内容进行了总结，同时也在全面识别铁路工程技术接口以及准确分析导致技术接口问题发生的影响因素等方面进行了相应的展望。

6.1 总　　结

(1)为提高接口管理效率，降低接口管理复杂度，结合三角模糊数确信度算子，利用fuzzy DEMATEL模型对铁路桥梁工程与其他工程技术接口进行研究分析，找出“路桥过渡段、桥隧连接”是铁路桥梁技术接口的关键接口；“电力电缆上、下桥预留，通信电缆上、下桥预留，信号电缆上、下桥预留”是铁路桥梁技术接口的相似接口。

(2)为明确接口的隶属关系，明晰接口双方的责任主体，根据《铁路工程实体结构分解指南(1.0版)》(T/CRBIM 001—2014)，提出了接口编码规则，编制了接口编码表，确定了接口类型，详细地阐述了接口设计说明和接口分工界面。

(3)依据技术接口进度管理计划，考虑技术接口施工潜在风险影响，构建了耦合BBNs和CSRAM的技术接口实施进度风险分析模型，通过调整风险发生概率，对风险因素进行敏感性分析，并利用Monte Carlo法对技术接口实施进度风险进行仿真。结果表明：接口管理是否落实是导致进度变化的主要原因；其次是作业人员的技术水平。

(4)在实现技术接口进度优化的基础上，分析质量、成本、安全与进度之间的关系，构建铁路工程技术接口关键要素均衡优化模型，基于技术接口对关键要素的作用机理，利用ANP确定均衡优化函数的决策偏好系数，然后采用ASF-PICEA-g算法对均衡优化模型进行动态演化求解，得到整体模型最优解下各关键要素的较优解，为接口施工时各类资源的均衡分配提供参考。

(5)结合质量链理论，采用DSM法构建技术接口工序质量链网络图，提出一种基于工序能力指数的技术接口工序质量链网络分析方法。通过计算质量链网络图中各工序质量控制点的BPCI、MPCI、CMPCI，定量判定施工单位的技术接口工序质量管理能力，查找导致接口进度延误的技术接口问题。

(6)以 WSR 系统方法论为基础,识别出导致技术接口问题的因素;并运用 K-Means^{++}算法对施工技术接口问题影响因素隶属度进行聚类分析,划分因素的等级,对其进行差异化管理,从根源上减少接口问题的产生,提高接口管理效率。

(7)为减少接口问题的发生,使接口活动稳定、高效进行,确保铁路工程接口功能实现,基于铁路工程建设特点以及接口管理任务需求提出相关假设,构建了铁路工程接口施工主体合作行为演化博弈模型,通过仿真分析各因素对施工主体间接口合作的影响,明确各因素对接口合作的影响机理,从而提出了针对性的建议。

(8)为了对接口前期各阶段任务的实施效果进行检验,从技术接口管理成熟度角度出发,构建了技术接口管理评价指标体系,利用变权-靶心贴近度模型对接口管理水平进行分析,找到技术接口管理中的薄弱环节,提出相应的管控措施进行重点管理。

(9)为了对接口系统内部故障传播情况进行有效动态评估,基于脆性联系熵,结合铁路工程桥隧接口的故障发展形式,构建了接口故障传播过程中的非合作博弈模型,并针对典型案例进行铁路工程桥隧接口故障分析应用,梳理出桥隧连接段接口系统的故障传播链,提出周期性维护策略,从而实现技术接口管理循环反馈。仿真结果表明,铁路工程桥隧接口系统内部存在连锁性的故障传播情况,接口间的脆性联系熵是接口产生连锁性故障的关键因素。

(10)在分析铁路工程技术接口管理协同复杂性的基础上,通过信息、组织、目标、过程、资源、制度六方面构建了铁路工程技术接口管理协同系统,基于序参量有序度、子系统有序度、系统协同度三个层次建立了铁路工程技术接口管理协同度评价模型,并选取某山区铁路某标段作为研究对象进行实例验证,找出接口管理过程中的薄弱环节,提出了相应的管理协同度提升策略。结果表明,该标段工程接口管理协同度处于中等水平,其中,在设计和实施阶段,接口管理协同程度最高,且在接口管理过程中,信息协同子系统有序度最高,在整个接口管理协同系统中发挥着主要作用。

(11)为了对技术接口全生命周期进行统筹管理,将信息化管理理念融入技术接口一体化管理体系中,提出技术接口信息化管理平台架构。依据铁路工程的特点和建设过程的实际状况,制定铁路工程技术接口信息化管理流程,并结合本体理论,采用知识图谱法实现接口的可视化查询,实时、动态地对技术接口进行集成化、标准化、精细化管理,实现各参建方的协同工作,有效提高铁路建设过程效率与效益。

6.2 展　望

(1)某些复杂铁路工程由于特殊的地理位置和地质环境约束,必须引入新设备、新技术、新工艺等,使得铁路工程会产生特有的接口。本研究利用分析分解法将铁路工程各子系统及各专业分解为具体的组成结构,从中分析可能存在的技术接口,但无法保证所有的接口都被识别，因此还需要对铁路工程的内部结构特征进行更加深入的分析，进行多次的实地调研和专家访谈，从而完善目前识别的接口清单。

(2)铁路工程结构复杂、接口数量众多，本研究参考大量文献，尽可能地分析导致技术接口问题出现的影响因素，但面对环境恶劣的铁路工程项目，其技术接口管理活动实施难度较大，无法保证能够全面、正确地分析技术接口问题产生的所有影响因素，后续还需要深入研究。

(3)对于铁路工程技术接口管理协同系统的研究，从信息、组织、目标、过程、资源、制度六个方面建立了铁路工程技术接口管理协同系统，但铁路工程技术接口管理作为一项复杂的系统工程，还需进一步从其他不同方面补充完善技术接口管理协同系统的构成，并对每一部分进行更深入地研究，使得铁路工程技术接口管理协同系统更加完整和科学。

(4)根据技术接口管理现状，本研究从多个不同角度提出了铁路工程技术接口管理协同度提升策略，以提高技术接口管理效率，但考虑不够全面，还需从其他更多视角提出技术接口管理协同度提升策略，进一步完善、细化并将研究结果落实到工程实践中。

参考文献

[1] 张锦，徐君翔. 基于可拓理论的艰险山区铁路施工风险预警[J]. 安全与环境学报，2020，20(3)：824-831.

[2] 吴必良. 肯尼亚蒙内铁路建设项目管理方案研究[D]. 天津：河北工业大学，2019.

[3] 肖莹. 高速铁路项目施工接口管理研究[D]. 长沙：中南大学，2012.

[4] T. C. PAVITT，A. G. F. GIBB. interface management within construction：In particular，building facade[J]. Journal of Construction Engineering and Management，2003，129(1)：8-15.

[5] 喻茗雪. 城市轨道交通工程综合联调接口管理研究[D]. 北京：北京交通大学，2019.

[6] 齐英. 面向关键指标的核电工程接口管理体系研究[D]. 哈尔滨：哈尔滨工程大学，2008.

[7] 琚倩茜. 面向联合调试的地铁设备系统多属性集成接口管理研究[D]. 武汉：华中科技大学，2017.

[8] NOOTEBOOM U. interface management improves on-time，on-budget delivery of megaprojects[J]. Journal of Petroleum Technology，2004，56(8)：32-34.

[9] SHOKRI S，AHN S，CZERNIAWSKI T，et al. Current state of interface management in mega-construction projects：Construction Research Congress 2014：Construction in a Global Network[C].

[10] 全国投资建设项目管理师考试专家委员会. 2014 年全国投资建设项目管理师考试教材：投资建设项目组织[M]. 北京：中国计划出版社，2014.

[11] 沈文欣，唐文哲，昂奇，等. 国际工程 EPC 项目接口管理研究[J]. 项目管理技术，2016，14(12)：59-64.

[12] 代波. 系统工程理论与方法技术及其在管理实践中的应用研究[D]. 大连：东北财经大学，2011.

[13] 罗斯利纳・阿布・瓦希德. 德尔菲法分析外审质量提升所需能力[J]. 中国质量，2020(7)：89-93.

[14] 周承汉. 基于三角模糊数的高速铁路线站位方案比选[J]. 铁道科学与工程学报，2016，13(3)：435-440.

[15] 江登英，张徐军. 基于 TFNCD 算子的三角模糊数多属性群决策[J]. 系统工程与电子技术，2019，41(9)：2065-2071.

[16] 糜万俊，江文奇，戴跃伟. 三角模糊数去模糊化对 VIKOR 妥协解的影响研究[J]. 运筹与管理，2019，28(10)：77-82.

[17] SERAFIM OPRICOVIC，GWO -HSHIUNG TZENG. defuzzification within a multicriteria decision model[J]. International Journal of Uncertainty，Fuzziness and Knowledge-Based Systems，2003，11(5)：635-652.

[18] FENG CHANGLI，MA RUIZE. identification of the factors that influence service innovation in manufacturing enterprises by using the fuzzy DEMATEL method[J]. Journal of Cleaner Production，2020：253.

[19] ASMITA P，AMIT K. commentary on“evaluating the criteria for human resource for science and technology(HRST) based on an integrated fuzzy AHP and fuzzy DEMATEL approach”[J]. Applied

Soft Computing,2017,51:351-352.
[20] 刘俊.城市交通道路工程建设接口管理方法及其应用研究[D].长沙:湖南大学,2013.
[21] 付学彬.安装工程自动化仪表专业界面的划分与配合[J].安装,2016(9):48-49.
[22] 李俊辉.业主方建设项目施工阶段组织界面管理研究[D].青岛:青岛理工大学,2012.
[23] 徐一帆,吕建伟,史跃东,等.基于贝叶斯学习的复杂系统研制风险演化分析[J].系统工程理论与实践,2019,39(6):1580-1590.
[24] 肖尧,钟登华,任炳昱,等.基于CSRAM的引水隧洞施工进度风险分析[J].水力发电学报,2017,36(3):90-100.
[25] 闫玉亮.耦合优化ICSRAM和BBNs方法的心墙堆石坝施工进度风险分析[D].天津:天津大学,2017.
[26] 王卫东,雷晓鸣,杜香刚,等.基于蒙特卡洛和BIM的CRTSⅢ型板式无砟轨道铺设工期仿真[J].中南大学学报(自然科学版),2019,50(7):1655-1661.
[27] 钟登华,李正,吴斌平,等.基于Pareto解的面板堆石坝施工工期-质量-成本均衡优化研究[J].天津大学学报:自然科学与工程技术版,2016,49(10):1001-1007.
[28] 袁剑波,毛红日,戴坤阳.非线性关系下绿色施工管理多目标权衡研究[J].科技进步与对策,2017,34(9):33-37.
[29] 郑雨茜,鲍学英.基于ANP和扩展TOPSIS法的青藏铁路冻土路基安全性分析[J].铁道科学与工程学报,2018,15(3):605-613.
[30] WESHAH N,GHANDOUR W E,JERGEAS G,et al. factor analysis of the interface management (IM) problems for construction projects in alberta [J]. Canadian Journal of Civil Engineering,2013.
[31] 王峰.高速铁路工程系统接口技术研究[D].北京:中国铁道科学研究院,2013.
[32] 杜洁洁.基于多偏好协同的高维目标进化算法研究[D].杭州:浙江工业大学,2018.
[33] 王丽萍,陈宏,杜洁洁,等.偏好向量引导的高维目标协同进化算法[J].软件学报,2020,31(12):3716-3732.
[34] ZHONG D H,HU W,WU B P,et. al. dynamic time-cost-quality tradeoff of rockfill dam construction based on real-time monitoring [J]. Journal of Zhejiang University-Science A (Applied Physics & Engineering),2017,18 (1):1-19.
[35] 徐建军,卢睿.基于广义随机Petri网的铁路四电工程建设全过程质量控制研究[J].铁道学报,2019,41(11):18-25.
[36] 赵冬梅.ZM公司EPC项目质量控制流程改进研究[D].西安:西安理工大学,2020.
[37] 刘文博.基于DSM的航天建设项目管网设计流程优化研究[D].北京:清华大学,2017.
[38] F. K. WANG;T. C. T. DU. using principal component analysis in process performance for multivariate data[J]. The International Journal of Management Science,2000,28(2),185-194.
[39] 顾晓光,马义中,刘健,等.基于单值数据过程能力指数的多元质量特性稳健参数设计[J].系统工程与电子技术,2017,39(2):362-368.
[40] 中国铁路总公司.铁路工程施工组织设计规范:Q/CR 9004—2018 [S].北京:中国铁道出版社,2018.
[41] 邓聪颖,叶波,苗建国,等.基于K-means++聚类与概率神经网络的数控机床变位姿动态特性模糊评

估[J]. 仪器仪表学报,2020,41(12): 227-235.
[42] JINXIAN ZHAO,FEI SUN,WEI MENG. Fuzzy comprehensive evaluation of subway shield construction risk based on WSR and combined weighting[J]. Iop Conference Series: Earth and Environmental Science, 2020,525(1):1-7.
[43] 琚倩茜,姜红丙. 城市轨道交通工程关键接口识别方法研究[J]. 铁道科学与工程学报,2020,17(10): 2672-2679.
[44] SONI K G,PATEL A. Comparative analysis of K-means and K-medoids algorithm on IRIS data[J]. International Journal of Computational Intelligence Research,2017,13(5): 899-906.
[45] 苏勇,黄烨,周冬. 基于网格结构的二次 CLARANS 聚类算法[J]. 计算机应用与软件,2013,30(3): 287-290.
[46] 程乐峰. 电力市场多群体策略博弈的长期演化稳定均衡理论研究[D]. 广州:华南理工大学,2019.
[47] 汤洪霞,曹吉鸣,徐松鹤,等. 综合设施管理组织 BIM 应用合作行为的演化博弈分析[J]. 工业工程与管理,2020,25(4):1-8.
[48] 秦学珍. 海外铁路项目接口管理的方法[J]. 铁道建筑,2014,(8):123-127.
[49] 刘宇路. 铁路建设项目专业接口管理初探[J]. 铁道运营技术,2020,26(3):60-62.
[50] 刘尚希,王志刚,程瑜,等. 应对高成本发展阶段的新思路:从政策驱动转向创新驱动[J]. 财政研究, 2019,(12):40-47.
[51] 张壮,李琳琳,魏振华,等. 基于变权-投影灰靶的指控系统动态效能评估[J]. 系统工程与电子技术, 2019,41(4):801-809.
[52] 李科宏,张亚东,郭进,等. 高速铁路运营安全管理成熟度模型及评价[J]. 中国铁道科学,2019,40(5): 138-144.
[53] 屈云龙. 基于可拓理论的公路工程项目管理成熟度评价研究[D]. 西安:西安建筑科技大学,2017.
[54] 赵克勤,宣爱理. 集对论:一种新的不确定性理论方法与应用[J]. 系统工程,1996,(1):18-23,72.
[55] C. E. SHANNON. A mathematical theory of communication [J]. ACM SIGMOBILE Mobile Computing and Communications Review,2001,5(1):3-55.
[56] GANG HE,KEYU BAO,WENWEN WANG ,et al. Assessment of ecological vulnerability of resource-based cities based on entropy-set pair analysis[J]. Environmental Technology,2021,42(12):1874-1884.
[57] 曹然. 复杂系统连锁故障的分析与预防研究[D]. 哈尔滨:哈尔滨工程大学,2015.
[58] 管杜娟,郭鹏. 基于脆性联系熵的项目组合脆性风险分析[J]. 管理学报,2015,12(10):1553-1561.
[59] 孙文,梁庆国,刘青霞,等. 强震作用下黄土隧道洞口段地震动放大效应研究[J]. 地震工程学报,2021, 43(4):935-943.
[60] 王继尧. 基于熵和集对分析理论的复杂系统的脆性研究[D]. 哈尔滨:哈尔滨理工大学,2005.
[61] 刘延宏,刘玉明,魏强,等. 复杂艰险山区铁路工程建设一体化协同管理体系与运行机制研究[J]. 中国铁路,2021(8):33-40.
[62] 何倩儒. 高速公路标段划分与界面管理研究[D]. 北京:清华大学,2009.
[63] 权基琢鋆. 工程项目合约治理对承包商合作行为的影响[D]. 天津:天津大学,2017.
[64] 王春. 高速铁路信号工程施工阶段接口管理与分析[J]. 科技展望,2015(24):19-20.

[65] 薛颖芳. 公共项目多主体协同治理研究[D]. 天津:河北工业大学,2017.

[66] 吴小倩. 铁路工程项目管理协调机制研究[D]. 长沙:中南大学,2012.

[67] 黄莹,周福新,李清立. 基于质量链的建设工程项目质量协同管理研究[J]. 工程管理学报,2016,30(4):116-120.

[68] 张志强. 基于界面的煤矿井下工程协同管理体系与方法研究[D]. 北京:中国矿业大学(北京),2014.

[69] 邹博文. 高速公路项目群管理协同度研究[D]. 长沙:长沙理工大学,2018.

[70] 高华. 水电工程 EPC 项目管理协同度评价研究[D]. 西安:西安理工大学,2019.

[71] 安进,徐廷学,曾翔,等. IGAHP 赋权下的导弹质量状态环境指标物元评估[J]. 火力与指挥控制,2018,43(7):60-64.

[72] 来坦娜. 装配式建筑项目管理协同评价研究[D]. 北京:北京交通大学,2020.

[73] 陈丹. 建筑施工企业项目群管理协同度评价研究[D]. 济南:山东大学,2021.

[74] 许强,丁帅,安景文. 北京市科技创新系统演化协同度研究:基于复合系统协同度模型[J]. 企业经济,2017,36(10):134-140.

[75] 邹陈. 新建拉林铁路主要工程地质问题探讨[J]. 铁道工程学报,2016,33(4):26-30.

[76] 沈兵,吴毅平,李海刚. 基于三层架构模式的基础能源管理系统[J]. 控制工程,2009,(S2):202-204.

附录 A 铁路工程技术接口信息交互耦合协调分析

为提高铁路工程各系统参建方之间技术接口信息质量传递效果，提出一种多系统技术接口复合网络信息质量耦合协调分析方法。结合复杂网络理论，运用改进的 IDEF 建模技术（ICAM DEFinition method，IDEF0v）、设计结构矩阵（design structure matrix，DSM）建立铁路工程多系统技术接口复合网络，在此基础上从复杂网络拓扑结构和信息质量两个方面构建技术接口复合网络信息质量的耦合协调度评价指标体系，通过计算多系统技术接口复合网络的信息质量耦合协调度，分析各系统间技术接口信息质量传递的效果，以便找寻影响各参建方对于技术接口信息质量传递的管理薄弱点及着力点，进行重点管理，从而加强系统间的信息交互。

A.1 铁路工程多系统技术接口复合网络信息传递

技术接口是各工程系统之间、各施工单位交叉配合的关键部位，各参建方之间的接口信息交互对接口质量至关重要。故管理者需掌握施工过程所覆盖范围及信息流动状况，明确项目系统组成、活动关联及信息流动，为后续施工的分析、仿真及优化奠定基础。因此本研究采用 IDEF0v 明确技术接口信息传递方式，运用 DSM 法构建技术接口信息传递关系结构矩阵，并结合复杂网络理论（complex network theory，CNT）构建多系统技术接口复合网络。

1. 技术接口信息传递

IDEF0v 是一种过程建模工具，主要描述系统功能活动及活动之间的联系。本研究采用 IDEF0v 法从信息流的角度分析技术接口实施活动的逻辑与时序关联性，对技术接口实施活动及其信息流的传递进行系统性的可视化分析与描述。

IDEF0v 法采用结构化的方法建立图形模型，基本图形为盒子，代表施工项目中一个相对独立的工作或任务。与盒子相连的箭头代表与活动关联的各种信息流，该信息流反映的是活动的信息而不是过程，通过信息流动体现活动的先后顺序，信息流中的信息包括具体数据块（文档、图纸、说明）、施工数据等。本研究中盒子代表技术接口实施活动；四周箭头分别代表本专业内部信息流从活动上端输入，其他专业信息流从活动左端输入，外部资源信息流从活动下端输入，接口实施活动产生的信息流从右端输出，如图 A-1 所示。

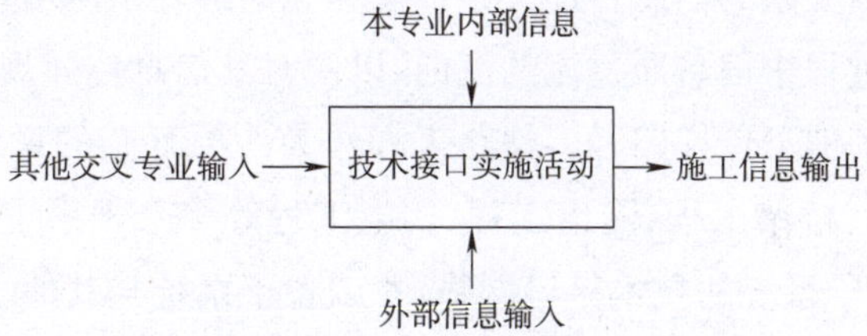

图 A-1　技术接口实施活动信息流图

IDEF0v 描述的是技术接口实施活动的信息要求，有助于项目管理者在接口实施前进行信息监控，有利于与接口相关的不同专业之间进行信息协同。

2. 多系统技术接口复合网络

（1）基于 DSM 的技术接口信息流矩阵

尽管 IDEF0v 描述了信息在技术接口实施活动之间的传输方式和逻辑，可以反映技术接口的各种串行、并发、迭代和循环过程，并构成一个数量庞大、关系复杂的信息流网络，但其仅为图形语言，无法进行量化。由于 DSM 为 N 阶方阵，N 为任务数量，是一种反映任务间关系的方阵，可以简洁直观表达任务之间的信息流向。因此采用 DSM 法描述技术接口实施活动之间的信息流向，以便对该信息流网络进行规划和管理，同时将 IDEF0v 模型与 DSM 建立联系，使信息流模型从可视化的图形描述语言转换成结构化的矩阵表达，便于优化处理。

通过信息流的输入、输出，采用 DSM 矩阵，在各个技术接口实施活动之间建立对应关系，如图 A-2 所示。若两个活动之间发生信息联系，则交叉处用"•"表示，以此构成了代表任务及其相关性的矩阵网格—技术接口 DSM 初始矩阵。DSM 矩阵通过解耦和撕裂两种矩阵技术进行优化，得到技术接口实施活动的最终优化和执行顺序，以达到最小化信息反馈及信息反馈影响面。

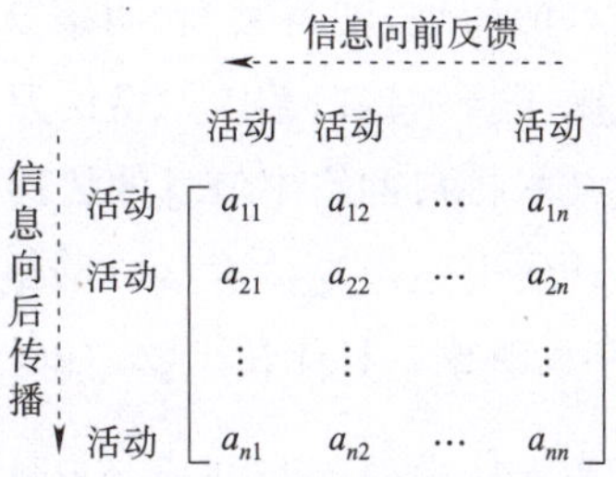

图 A-2　DSM 技术接口信息流示意图

（2）构建多系统技术接口复合网络

CNT 是将社会和自然中的复杂系统抽象化并进行理论分析，对系统中复杂的关系、信息等形成的网络进行阐述，从结构全局的角度揭示复杂系统背后隐藏的规律，突出强调了系统结构的拓扑特征，已被证明是解决项目问题的强大系统工程工具。运用 CNT，将铁路工程各系统技术接口之间复杂的信息传递关系抽象为有向的复杂网络，采用可视化的方法，分析技术接口信息传递过程中信息质量流的流向，以便对其信息传递规律进行深入分析，更好地描述接口实施阶段的信息传递路径。铁路工程作为一项复杂的系统工程，根据其功能需求，可划分为路基工程、桥梁工程、隧道工程、四电工程等多个子系统，结合 CNT，以技术接口为网络节点，构建各子系统的技术接口网络，并以各子系统与其他子系统的技术接口为节点，构建多系统技术接口复合网络。

为对接口进行系统管理，需对各技术接口简单编码，便于后续处理，其中一级编码代表技术接口涉及的工程子系统，分别为 01 路基工程系统、02 桥梁工程系统、03 隧道工程系统、04 四电工程系统；二级编码代表技术接口顺序号。

A.2　技术接口信息质量耦合协调度评价指标体系构建

耦合度是描述系统或要素相互影响的程度，协调度是两种或两种以上系统或要素之间的良性循环关系，耦合协调度反映了各系统耦合关系中良性耦合程度的大小。以耦合度量化铁路工程各系统之间相互作用程度的强弱，反映铁路工程系统间通过技术接口的信息传递而产生的关联程度；以协调耦合度量化各系统间技术接口信息质量传递效果，反映铁路工程各系统间的协同发展程度。基于上述考虑，本研究从复杂网络拓扑结构和信息质量两个方面构建技术接口信息质量耦合协调度评价指标体系。

1. 复杂网络拓扑指标

基于 CNT 对技术接口复合网络的统计拓扑参数进行定量分析。

以建立的 DSM 矩阵为基础，转换为由数字 0、1 表示的邻接矩阵，1 表示两个技术接口实施活动之间存在信息传递，反之为 0。以此为基础计算其构成的网络拓扑指标。

在多系统技术接口复合网络中，网络直径、节点数、边数均反映了技术接口网络规模的大小。度就是节点影响力、重要性的体现，度越大，表明该技术接口信息质量传递效果对网络的信息交互越重要；平均度反映了技术接口整体网络信息传递复杂程度；平均路径长度反映了节点的分离程度，可以度量技术接口网络中信息的传递效率和性能；集聚系数刻画了技术接口网络内部的集聚程度；平均集聚系数为技术接口网络中与某技术接口有信息关联的相邻技术接口之间信息交互的平均概率。具体技术接口网络拓扑指标见表 A-1。

表 A-1　网络拓扑指标具体内容

维度	指　标	解　释	公　式
网络规模	节点数	网络节点数为矩阵 A 的维度数，即技术接口总数	—
	边数	节点之间相连边的总数，表示技术接口之间存在信息交互	—
	网络直径	d_{ij} 表示节点 i、j 之间的最短距离，为两个技术接口之间最少信息传递节点数	$\phi=\max\{d_{ij}\}$　　(A-1)

续上表

维度	指 标	解 释	公 式
拓扑结构	平均度	度指每个技术接口的信息直接传递给其他技术接口的个数，取网络中所有节点度的均值作为网络的平均度	$k_i = \sum_j a_{ij}$ (A-2) $\bar{k} = \sum_{i=1}^{n} k_i / n$ (A-3)
	平均路径长度	d_{ij} 表示节点 i、j 之间的最短距离，为两个技术接口之间最少信息传递节点数	$D = \sum_{i \neq j} d_{ij} / (n^2 - n)$ (A-4)
	平均集聚系数	l_i 为节点 i 相连的节点间实际相连边的总数。其中，节点 i 相邻的节点间最大可能存在边数为排列组合 $C_{k_i}^2$ 条	$C_i = \frac{l_i}{C_{k_i}^2} = \frac{2l_i}{k_i(k_i - 1)}$ (A-5)

2. 技术接口信息质量指标

技术接口信息质量是指技术接口相关方所得到的接口信息满足其使用要求的程度。技术接口信息质量包含接口信息的内在质量（intrinsic information quality，IIQ）、接口的表达质量（representational information quality，RIQ）和情境质量（contextual information quality，CIQ）三个维度。技术接口信息质量各维度具体信息见表 A-2。

表 A-2 技术接口信息质量评价指标具体内容

维 度	指 标	解 释
内在质量（IIQ）	正确性	接口信息内容本身反映接口的客观程度，内容符合专业规定、行业标准
	客观性	接口信息内容以客观事实为依据，符合实际工程中的客观情况，满足接口方的实际需求
	可靠性	接口信息内容来源权威可靠，是接口方可信任、可验证的信息
表达质量（RIQ）	准确性	接口信息传递方能够清晰表达接口信息内容，表达准确，无歧义、无语法错误以及逻辑错误等
	简洁性	接口信息内容表达简练，格式紧凑，简洁明了
	易懂性	接口信息的表达方式使得接口方很容易理解接口信息内容，从而保证接口信息的传递效用
	一致性	接口信息内容的表达技术、表达格式、表达符号的统一程度
情境质量（CIQ）	时效性	接口信息内容传递及时、内容更新迅速，满足接口方的最新工作需求
	完整性	接口信息内容具有足够的广度和深度，包含了接口所需要的全方位信息，涵盖了任务的需求，没有遗漏
	相关性	接口信息内容与信息接收方需求的匹配程度，与接口方当前工作任务或决策需求紧密相关
	适量性	接口内容的信息量适中，满足接口方使用需求，信息既不冗余，也不缺失

根据以上两个角度的指标分析，建立技术接口网络信息质量耦合协调度评价指标体系，如图 A-3 所示。

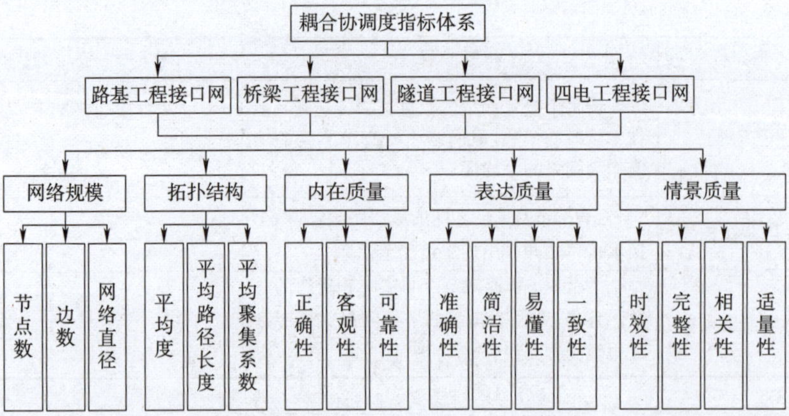

图 A-3　技术接口网络信息质量耦合协调度评价指标体系

A.3　耦合协调度评价模型

结合信息质量协调耦合度评价指标，探究各系统技术接口网络之间的信息质量耦合协调程度。

1. 数据处理

步骤 1：根据式(A-1)～式(A-5)以及部分搜集数据，计算第 g 个子系统对应第 h 个指标的值 x_{gh}，作为原始数据集 $X=\{x_{gh}\}_{m\times q}$，其中 $g=1,2,\cdots,m$，$m=4$，表示 4 个铁路工程子系统；$h=1,2,\cdots,q$，$q=17$，表示技术接口网络信息质量耦合协调评价的 17 个指标。

步骤 2：利用极差法对原始数据集进行归一化处理，得到 $Y=\{y_{gh}\}_{m\times q}$，$y_{gh}\in[0,1]$。

$$y_{gh}=\begin{cases}\dfrac{x_{gh}-\min(x_{gh})}{\max(x_{gh})-\min(x_{gh})},x_{gh}\text{ 为正向指标}\\[2ex]\dfrac{\max(x_{gh})-x_{gh}}{\max(x_{gh})-\min(x_{gh})},x_{gh}\text{ 为负向指标}\end{cases}\tag{A-6}$$

2. 各指标权重计算

利用熵权法计算各指标的熵值 H_h，进而计算权重 $W=\{w_h\}_{1\times q}$。

$$H_h=\frac{-\sum_{j=1}^{n}(f_{gh}\cdot\ln f_{gh})}{\ln q}\tag{A-7}$$

$$f_{gh}=\frac{y_{gh}}{\sum_{h=1}^{q}y_{gh}}\tag{A-8}$$

特别地，当 $f_{gh}=0$ 时，$f_{gh}\cdot\ln f_{gh}=0$。

$$w_h=\frac{1-H_h}{m-\sum_{g=1}^{m}H_h}\tag{A-9}$$

3. 耦合协调度计算

发展指数表示各信息质量指标贡献程度影响技术接口子系统发展优劣程度的大小，可划分为整体发展指数和各指标下的发展指数。对于第 g 个铁路工程子系统技术接口网络，整体指标下的发展指数 U_g 见式(A-10)；第 h 指标下的发展指数 u_{gh} 见式(A-11)。

$$U_g = \sum_{i=1}^{q} w_h \cdot y_{gh} \tag{A-10}$$

$$u_{gh} = w_h \cdot y_{gh} \tag{A-11}$$

式中，当 $y_{gh}=0$ 时，令 $u_{gh}=0.001$。

综合协调指数表示在不同信息质量指标下，各技术接口系统之间的发展协调程度，可划分为技术接口复合网络系统的整体综合协调指数 T_m 和 h 指标下双、三、四系统耦合作用的综合协调指数 t_{hs}，$T^*=\{t_{hs}\}_{q\times v}$，$s=1,2,\cdots,v$，$v=C_4^2+C_4^3+C_4^4=11$。一般认为各工程系统的重要性相同，因此设定待定系数 $\beta_g=1/m$。

$$T_m = \sum_{g=1}^{m} \beta_g U_g \tag{A-12}$$

$$t_{hs}=\begin{cases} t_{i-j}^{h}=\dfrac{1}{2}(u_{ih}+u_{jh}), i\neq j, 1\leqslant s\leqslant 6 \\ t_{i-j-k}^{h}=\dfrac{1}{3}(u_{ih}+u_{jh}+u_{kh}), i\neq j\neq k, 7\leqslant s\leqslant 10 \\ t_{i-j-k-l}^{h}=\dfrac{1}{4}(u_{ih}+u_{jh}+u_{kh}+u_{lh}), i\neq j\neq k\neq l, s=11 \end{cases} \tag{A-13}$$

式中，i、j、k、l 为 1～4 之间的整数。

耦合度表示不同工程系统之间通过技术接口信息传递而产生的相互作用的强弱程度，可划分为复合网络系统的整体耦合度 C_m 和 h 指标下双、三、四系统耦合作用的耦合度 C_{hs}，$C^*=\{c_{hs}\}_{q\times v}$。

$$C_m=\left\{\frac{U_1\times U_2\times\cdots\times U_m}{[(U_1+U_2+\cdots+U_m)/m]^m}\right\}\frac{1}{m} \tag{A-14}$$

$$c_{hs}=\begin{cases} c_{i-j}^{h}=\left\{\dfrac{u_{ih}\cdot u_{jh}}{[(u_{ih}+u_{jh})/2]^2}\right\}^{\frac{1}{2}}, i\neq j, 1\leqslant s\leqslant 6 \\ c_{i-j-k}^{h}=\left\{\dfrac{u_{ih}\cdot u_{jh}\cdot u_{kh}}{[(u_{ih}+u_{jh}+u_{kh})/3]^3}\right\}^{\frac{1}{3}}, i\neq j\neq k, 7\leqslant s\leqslant 10 \\ c_{i-j-k-l}^{h}=\left\{\dfrac{u_{ih}\cdot u_{jh}\cdot u_{kh}\cdot u_{lh}}{[(u_{ih}+u_{jh}+u_{kh}+u_{lh})/4]^4}\right\}^{\frac{1}{4}}, i\neq j\neq k\neq l, s=11 \end{cases} \tag{A-15}$$

耦合协调度表示不同系统通过技术接口信息传递后各系统间的协同发展状况，可划分为复合网络系统的整体耦合协调度 D_m 和 h 指标下双、三、四系统的耦合协调度 d_{hs}^*，$D^*=\{d_{hs}^*\}_{q\times v}$。

$$D_m=\sqrt{T_m \cdot C_m} \tag{A-16}$$

$$d_{hs}^*=\sqrt{t_{hs} \cdot c_{hs}} \tag{A-17}$$

根据以上耦合协调度评价模型，结合耦合类型划分标准及耦合协调等级划分标准分析多系统技术接口复合网络信息质量传递效果。

A.4　成果应用

1. 研究区工程概况

以某山区铁路某标段为例，该区域山高谷深、地势跌宕起伏、气候极端恶劣，沿线包含多座隧道与桥梁，存在一系列特有的地质问题，包括危岩落石、滑坡、岩屑坡、生长期高陡岩质岸坡等，因此本段边坡防护采用高强金属柔性主动、被动防护网（能够拦截和堆存落石的柔性防护网）以及预应力锚索使锚固地层产生压应力区并对加固地层起到加筋作用，有效阻止坡体位移，加强边坡防护。本段隧道进出口均采用双耳墙明洞洞门，洞顶存在危岩落石，采取清除松动危石、采用 M10 浆砌片石对部分危岩落石嵌补、支顶、设置被动防护网进行防护；隧道洞口边仰坡采用锚杆框架梁护坡、骨架护坡，以稳定边仰坡，防止围岩风化、雨水渗透而坍塌。以上技术接口所涉及环境特征及综合考虑方案均需要技术接口参建方之间进行有效、高质量的信息交流，否则将造成严重的损失。因此对该标段桥梁工程、隧道工程、路基工程及四电工程系统之间的技术接口（表 A-3）进行识别，为构建多系统技术接口复合网络图做铺垫。

表 A-3　多系统技术接口基本信息

编　号	技　术　接　口　名　称	信息 1	信息 2
010201	路基地基处理与桥台基础接口	路基	桥梁
010202	路基与横向结构物地基处理接口	路基	桥梁
010203	路基过渡段与桥台接口	路基	桥梁
010204	路基过渡段与横向结构物接口	路基	桥梁
010205	路基与桥台边坡挡护接口	路基	桥梁
010206	路基与横向结构物边坡挡护接口	路基	桥梁
010207	路基与横向结构物排水接口	路基	桥梁
010208	路基与倒虹吸接口	路基	桥梁
010209	路基与渡槽及公跨铁桥接口	路基	桥梁
010301	路基与隧道地基处理接口	路基	隧道
010302	路基过渡段与隧道接口	路基	隧道
010303	路基与隧道边坡挡护接口	路基	隧道
010304	洞口边坡防护与路基边坡防护接口	路基	隧道

续上表

编 号	技 术 接 口 名 称	信息 1	信息 2
010305	路基与隧道排水接口	路基	隧道
010306	隧道洞口电缆槽与路基电缆槽接口	路基	隧道
010401	路基与综合接地系统接口	路基	四电
010402	路基与电缆槽接口	路基	四电
010403	路基与上下路基电缆槽接口	路基	四电
010404	路基与过轨管接口	路基	四电
010405	路基与电缆井接口	路基	四电
010406	路基与接触网基础接口	路基	四电
010407	路基声屏障基础接口	路基	四电
020301	桥隧连接型式	桥梁	隧道
020302	桥台与洞身接口	桥梁	隧道
020303	桥隧相连边坡防护	桥梁	隧道
020304	桥隧相连水沟接口	桥梁	隧道
020305	电缆槽槽道衔接	桥梁	隧道
020401	桥梁综合接地	桥梁	四电
020402	电缆上下桥预留	桥梁	四电
020403	电缆槽预留	桥梁	四电
020404	接触网支柱及拉线基础	桥梁	四电
020405	漏缆挂设	桥梁	四电
020406	声屏障基础	桥梁	四电
020407	桥梁地段箱盒安装预留	桥梁	四电
020408	桥上转辙机安装	桥梁	四电
020409	桥涵防雷	桥梁	四电
030401	隧道综合接地	隧道	四电
030402	电缆槽预留	隧道	四电
030403	隧道内电缆过轨接口	隧道	四电
030404	电缆余长电缆腔预留	隧道	四电
030405	隧道内道岔转辙设备安装接口	隧道	四电
030406	隧道接触网基础及下锚接口	隧道	四电

2. 复合网络图

根据所识别的技术接口，依据 IDEF0v 法分析各技术接口信息的输入和输出过程，将各技术接口信息输入、输出状态进行相互关联，建立技术接口 DSM 矩阵(表 A-4)。

表 A-4　多系统技术接口原始 DSM 矩阵

技术接口		0102									0103						0104							0203					0204									0304					
		01	02	03	04	05	06	07	08	09	01	02	03	04	05	06	01	02	03	04	05	06	07	01	02	03	04	05	01	02	03	04	05	06	07	08	09	01	02	03	04	05	06
0102	01					●																																					
	02						●	●	●	●																																	
	03	●																																									
	04		●																																								
	05																																										
	06								●	●																																	
	07						●			●											●																						
	08																																										
	09																																										
0103	01	●											●	●	●																												
	02			●							●																																
	03											●																															
	04																		●																								
	05															●					●																						
	06										●	●			●																												
0104	01			●								●																															
	02			●								●					●					●																					
	03													●				●				●																					
	04																																										
	05																	●		●		●																					
	06			●								●																															
	07																●																										

续上表

技术接口		0102									0103						0104							0203					0204									0304					
		01	02	03	04	05	06	07	08	09	01	02	03	04	05	06	01	02	03	04	05	06	07	01	02	03	04	05	01	02	03	04	05	06	07	08	09	01	02	03	04	05	06
0203	01																																										
	02																							•		•																	
	03																							•																			
	04																								•																		
	05																								•						•								•				
0204	01																•													•	•	•	•	•									
	02																																										
	03																	•														•		•									
	04																																										
	05																																										
	06																															•											
	07																														•												
	08																														•												
	09																												•														
0304	01																																						•				•
	02																																										
	03																																						•				
	04																																						•				
	05																																						•				
	06																																										

通过对矩阵进行分析，有大量信息流联系点出现在上三角，表明由于受到后续技术接口的影响而存在大量信息反馈，因此有必要进行优化重组，减少信息反馈，优化技术接口实施顺序。优化后的矩阵如图 A-4 所示。

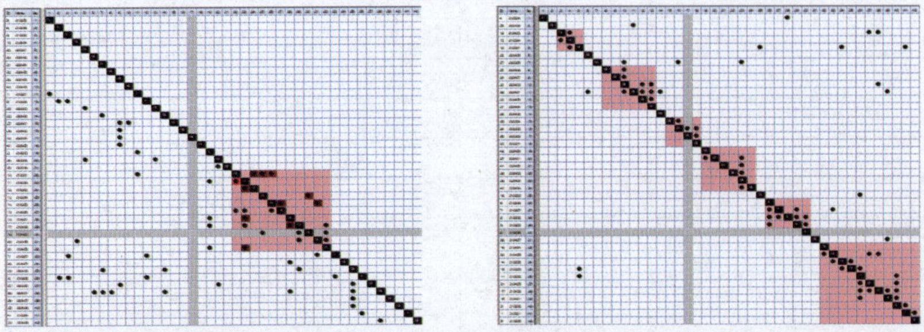

(a)技术接口信息迭代区域　　(b) 优化后技术接口施工顺序

图 A-4　多系统技术接口 DSM 优化矩阵

由图 A-4 可知，通过优化技术接口实施顺序，可打破技术接口间的信息依赖关系，减少技术接口间的信息迭代。图 A-4(a)粉色区域为技术接口信息迭代区域，通过优化可显示该区域技术接口简化迭代的百分比；图 A-4(b)显示了技术接口优化后的实施顺序，粉色区域表示该技术接口实施时应重视与其他技术接口的信息交互，避免多次的信息反馈与迭代。

根据 DSM 矩阵中技术接口间的信息流传递，绘制多系统技术接口复合网络拓扑图，如图 A-5 所示。由图 A-5 可看出，020401、010402、020403 出入度较大，与其他技术接口的信

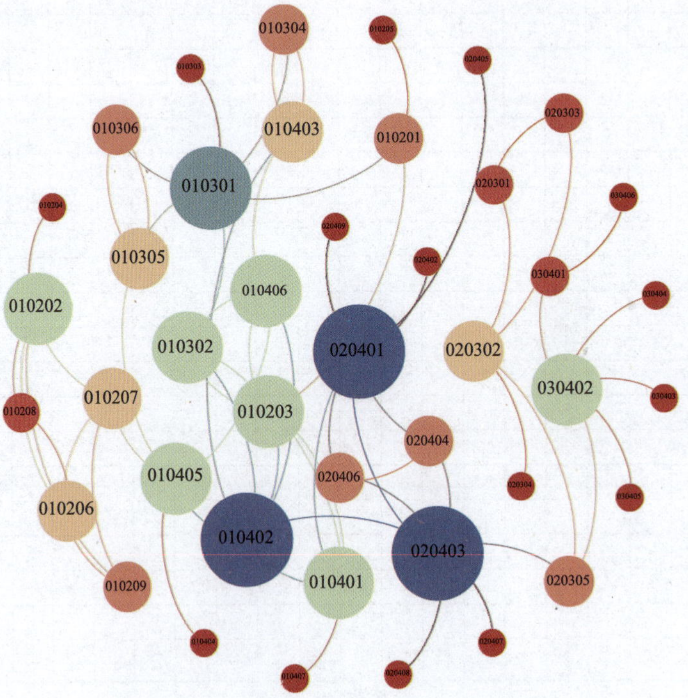

图 A-5　多系统技术接口复合网络拓扑图

息联系最为密切,应为该标段技术接口管理的重点。

利用式(A-1)~式(A-5)对多系统技术接口复合网络的网络拓扑结构进行定量分析,得到各指标值,见表A-5。由表A-5可知,技术接口复合网络的节点数、边数、网络直径均提高;网络规模增加,平均度、平均路径长度等均有一定程度提升;而平均集聚系数却有所降低,表明随着网络中关键技术接口节点的增加,技术接口信息传递的复杂程度增加,信息质量的传递效率降低,使得节点的聚集程度降低。

表A-5 各系统技术接口网络拓扑指标值

指　标	节点数	边数	网络直径	平均度	平均路径长度	平均集聚系数
路基接口网	32	38	8	1.727	3.267	0.18
桥梁接口网	23	28	2	1.217	1.429	1.188
隧道接口网	16	15	2	0.938	1.348	0.068
四电接口网	22	26	4	1.182	1.64	0.103
接口复合网	42	63	8	1.5	3.293	0.143

3. 耦合协调度计算与分析

(1)数据来源及处理

通过MATLAB计算指标1~6(表A-5);利用网络问卷调查,分别邀请该段负责路基、桥梁、隧道、四电工程的接口管理人员对指标7~17进行专家打分(打分标准为:[1,3)为差,[3,5)为较差,[5,7)一般,[7,9)较好,[9,10)好),最后选取该系统所有专家得分的平均值作为最终结果,得到如表A-6所示的原始数据。根据式(A-6)对表A-6的数据进行极差法变换,得到表A-7的标准化数据。

表A-6 各系统技术接口网络耦合协调度评价指标原始数据

指　标	1节点数	2边数	3网络直径	4平均度	5平均路径长度	6平均聚集系数	7正确性	8客观性	9可靠性
路基接口网	32	38	8	1.727	3.267	0.18	8.5	8.9	9.1
桥梁接口网	23	28	2	1.217	1.429	1.188	7.5	8.1	8.4
隧道接口网	16	15	2	0.938	1.348	0.068	8.2	7.9	8.9
四电接口网	22	26	4	1.182	1.64	0.103	6.9	7.4	8.3

指　标	10准确性	11简洁性	12易懂性	13一致性	14时效性	15完整性	16相关性	17适量性
路基接口网	9.2	8.8	7.9	8.3	7.5	8.2	9.1	7.8
桥梁接口网	8.1	9.2	8.6	6.6	8.8	7.6	8.3	6.3
隧道接口网	7.4	8.4	7.4	7.6	9.1	8.1	7.6	8.7
四电接口网	7.9	7.9	6.8	7.8	7.1	6.5	7.7	8.4

表 A-7 标准化数据

指标	1 节点数	2 边数	3 网络直径	4 平均度	5 平均路径长度	6 平均聚集系数	7 正确性	8 客观性	9 可靠性
路基接口网	1.000 0	1.000 0	1.000 0	1.000 0	0.000 0	0.106 7	1.000 0	1.000 0	1.000 0
桥梁接口网	0.437 5	0.565 2	0.000 0	0.353 6	0.957 8	1.000 0	0.375 0	0.466 7	0.125 0
隧道接口网	0.000 0	0.000 0	0.000 0	0.000 0	1.000 0	0.000 0	0.812 5	0.333 3	0.750 0
四电接口网	0.375 0	0.478 3	0.333 3	0.309 3	0.847 8	0.033 3	0.000 0	0.000 0	0.000 0
指标	10 准确性	11 简洁性	12 易懂性	13 一致性	14 时效性	15 完整性	16 相关性	17 适量性	
路基接口网	1.000 0	0.692 3	0.611 1	1.000 0	0.200 0	1.000 0	1.000 0	0.625 0	
桥梁接口网	0.388 9	1.000 0	1.000 0	0.000 0	0.850 0	0.647 1	0.466 7	0.000 0	
隧道接口网	0.000 0	0.384 6	0.333 3	0.588 2	1.000 0	0.941 2	0.000 0	1.000 0	
四电接口网	0.277 8	0.000 0	0.000 0	0.705 9	0.000 0	0.000 0	0.066 7	0.875 0	

(2)复合网络耦合协调度

利用式(A-7)~式(A-9)计算各评价指标权重为

$w=[0.0588, 0.0547, 0.0706, 0.0620, 0.0389, 0.0754, 0.0574, 0.0633, 0.0635, 0.0622, 0.0587, 0.0606, 0.0490, 0.0583, 0.0519, 0.0689, 0.0457]$

从权重计算结果可知,网络直径、平均聚集系数、相关性对技术接口信息质量的耦合协调度影响较大;平均路径长度、一致性、适量性对其影响较小。

通过式(A-10)、式(A-12)、式(A-14)、式(A-16)计算多系统技术接口复合网络的整体协调耦合度,具体计算结果见表 A-8。

表 A-8 技术接口复合网络耦合协调度各指标结果

指标		结果
各系统发展指数	U_1	0.788 2
	U_2	0.509 0
	U_3	0.378 7
	U_4	0.222 9
复合网络系统整体指标综合协调指数	T	0.474 7
整体耦合度	C	0.903 7
整体耦合协调度	D	0.655 0

由表 A-8 可知,复合网络整体耦合度为 0.903 7,属于高水平耦合,表明铁路工程各系统之间通过技术接口信息传递而产生的相互作用(关联)程度较强;而复合网络整体耦合协调度为 0.6550,属于高度耦合协调中的初级耦合协调,表明该段铁路工程各系统间技术接口信息质量传递效果一般,符合该标段铁路工程技术接口信息传递实际情况,需进一步加强

各系统间的协同发展程度。

为进一步探究影响技术接口复合网络信息质量耦合协调不足的原因，将不同子系统技术接口网络进行耦合，通过耦合协调度的高低找出影响整体技术接口信息质量传递的关键子系统技术接口网络，通过对其进行重点管控以提高复合网络整体的信息质量传递效果。

(3)子系统间耦合协调度

根据式(A-11)、式(A-13)、式(A-15)、式(A-17)计算不同子系统间(双系统、三系统、四系统)的耦合度(表A-9)和耦合协调度(表A-10)。

表A-9 多系统耦合度计算结果

指标	双系统						三系统				四系统
	1	2	3	4	5	6	7	8	9	10	11
	LQ	LS	LD	QS	QD	SD	LQS	LQD	LSD	QSD	LQSD
1	0.920 3	0.256 5	0.890 7	0.379 6	0.997 0	0.407 4	0.402 7	0.906 1	0.399 7	0.509 1	0.502 5
2	0.960 6	0.265 6	0.935 6	0.348 4	0.996 5	0.376 6	0.412 6	0.949 2	0.413 0	0.481 3	0.514 4
3	0.234 7	0.234 7	0.866 0	1.000 0	0.395 5	0.395 5	0.170 8	0.373 5	0.373 5	0.336 7	0.265 6
4	0.878 6	0.250 0	0.849 5	0.408 5	0.997 8	0.434 1	0.391 3	0.862 7	0.386 7	0.533 8	0.488 2
5	0.319 1	0.312 6	0.338 0	0.999 8	0.998 1	0.996 6	0.440 0	0.451 1	0.447 3	0.997 6	0.537 0
6	0.590 2	0.627 2	0.851 8	0.227 3	0.353 4	0.902 5	0.300 7	0.401 7	0.707 2	0.218 4	0.287 4
7	0.890 7	0.994 6	0.259 5	0.929 7	0.411 9	0.286 7	0.922 8	0.402 8	0.396 6	0.434 3	0.489 7
8	0.931 5	0.866 0	0.247 5	0.986 0	0.355 9	0.415 7	0.896 3	0.393 9	0.386 9	0.496 2	0.495 0
9	0.628 5	0.989 7	0.247 1	0.699 9	0.630 5	0.283 8	0.726 8	0.329 6	0.386 9	0.383 5	0.414 7
10	0.898 0	0.249 6	0.824 9	0.390 5	0.986 0	0.454 8	0.393 4	0.857 3	0.381 8	0.528 2	0.485 3
11	0.983 3	0.958 3	0.306 2	0.895 8	0.256 7	0.403 1	0.929 3	0.399 5	0.454 0	0.400 5	0.495 8
12	0.970 4	0.955 8	0.320 0	0.866 0	0.252 7	0.424 0	0.907 8	0.398 2	0.467 7	0.392 3	0.491 2
13	0.280 0	0.965 8	0.985 0	0.360 0	0.330 5	0.995 9	0.427 0	0.422 8	0.975 6	0.465 3	0.524 6
14	0.785 4	0.745 4	0.539 4	0.996 7	0.278 5	0.257 5	0.810 7	0.401 6	0.371 7	0.392 5	0.449 7
15	0.976 8	0.999 5	0.272 4	0.982 7	0.335 1	0.280 4	0.982 5	0.417 5	0.402 0	0.424 1	0.504 9
16	0.931 5	0.237 5	0.484 1	0.342 1	0.661 4	0.766 3	0.383 2	0.615 4	0.274 4	0.420 1	0.376 7
17	0.361 6	0.973 0	0.986 0	0.289 5	0.308 6	0.997 8	0.435 6	0.450 9	0.981 3	0.423 1	0.524 6

注：用首字母表示子系统(四电工程用"D"表示)，如LQ指路基—桥梁，表示路基技术接口网与桥梁技术接口网的信息质量耦合度，其他同理。

表A-10 多系统耦合协调度计算结果

指标	双系统						三系统				四系统
	1	2	3	4	5	6	7	8	9	10	11
	LQ	LS	LD	QS	QD	SD	LQS	LQD	LSD	QSD	LQSD
1	0.197 2	0.087 6	0.189 8	0.071 2	0.154 3	0.068 5	0.107 1	0.179 4	0.104 4	0.091 0	0.116 2

续上表

指标	双系统						三系统				四系统
	1	2	3	4	5	6	7	8	9	10	11
	LQ	LS	LD	QS	QD	SD	LQS	LQD	LSD	QSD	LQSD
2	0.202 8	0.086 0	0.194 5	0.074 6	0.168 6	0.071 5	0.109 2	0.188 1	0.106 2	0.096 5	0.120 4
3	0.091 7	0.091 7	0.201 9	0.031 6	0.069 6	0.069 6	0.064 3	0.108 8	0.108 8	0.053 5	0.079 9
4	0.192 0	0.088 7	0.185 7	0.068 4	0.143 2	0.066 2	0.105 2	0.172 2	0.102 9	0.086 6	0.112 7
5	0.078 1	0.079 0	0.075 8	0.195 1	0.187 2	0.189 3	0.106 4	0.103 5	0.104 2	0.190 5	0.120 6
6	0.156 9	0.053 3	0.067 1	0.093 2	0.117 3	0.039 8	0.092 0	0.107 3	0.052 2	0.075 8	0.079 0
7	0.187 5	0.227 5	0.087 0	0.178 0	0.068 1	0.082 6	0.196 5	0.103 6	0.117 8	0.100 1	0.124 5
8	0.207 9	0.191 2	0.089 2	0.158 0	0.073 7	0.067 8	0.184 5	0.111 0	0.104 9	0.092 4	0.118 7
9	0.149 8	0.234 5	0.089 3	0.139 4	0.053 1	0.083 1	0.169 8	0.089 2	0.120 3	0.085 0	0.111 6
10	0.196 9	0.088 8	0.181 1	0.070 1	0.143 0	0.064 5	0.107 0	0.172 1	0.101 2	0.086 5	0.112 7
11	0.221 0	0.171 0	0.079 8	0.190 8	0.087 5	0.068 9	0.194 3	0.115 6	0.098 6	0.104 8	0.123 4
12	0.217 7	0.165 4	0.078 0	0.187 0	0.088 2	0.067 0	0.188 8	0.114 4	0.095 3	0.103 4	0.120 8
13	0.083 7	0.193 9	0.202 9	0.073 3	0.076 7	0.177 7	0.105 9	0.109 2	0.191 2	0.099 9	0.121 9
14	0.155 0	0.161 5	0.058 4	0.231 8	0.083 9	0.087 4	0.179 7	0.091 3	0.093 8	0.119 3	0.116 4
15	0.204 3	0.224 4	0.084 9	0.201 3	0.076 1	0.083 6	0.209 7	0.109 7	0.116 8	0.108 6	0.130 7
16	0.217 0	0.091 1	0.133 4	0.075 3	0.110 2	0.046 3	0.114 2	0.147 2	0.082 6	0.072 7	0.100 2
17	0.073 1	0.190 1	0.183 8	0.082 2	0.079 5	0.206 8	0.104 5	0.102 2	0.193 3	0.110 6	0.122 9

注：用首字母表示子系统（四电工程用"D"表示），如 LQ 指路基—桥梁，表示路基技术接口网与桥梁技术接口网的信息质量耦合协调度，其他同理。

为对表 A-9、表 A-10 中的数据进行可视化分析，将数据用热力图显示，如图 A-6、图 A-7 所示。

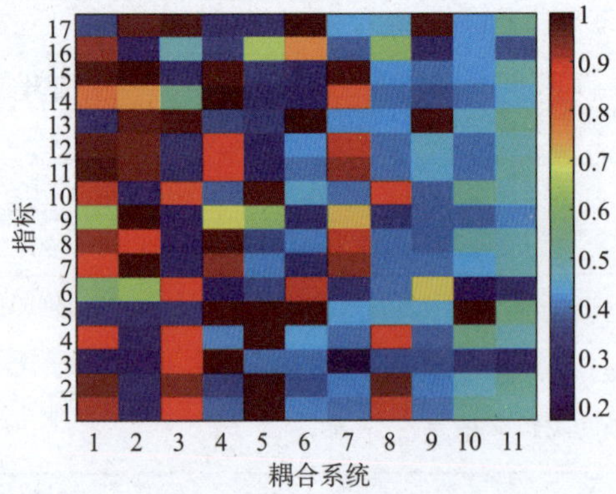

图 A-6　耦合度热力图

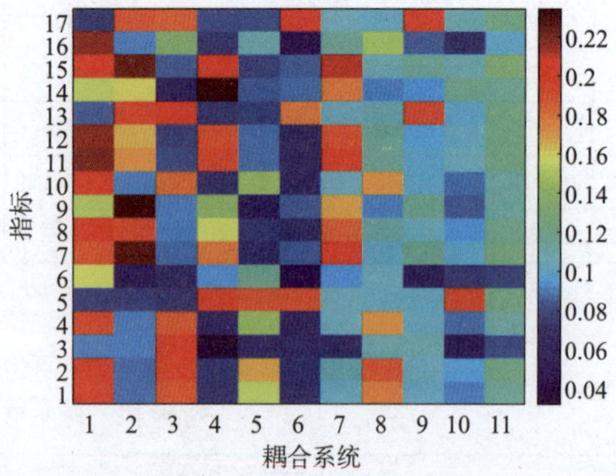

图 A-7　耦合协调度热力图

通过热力图可知，具有较高数值的区域分布在第 1 个耦合系统 LQ（路—桥）系统上，主要反映在指标 2(边数)、11(简洁性)、12(易懂性)、15(完整性)上最高，在指标 3(网络直径)、5(平均路径长度)、13(一致性)、17(适量性)上较低，表明路基与桥梁工程子系统的技术接口信息传递过程中传递路径复杂，尽管技术接口信息内容比较完整、表达简洁易懂，但传递过程中技术接口的信息量冗余，且信息内容表达不统一，给接口信息接收方的使用增加了难度。同时随着参与耦合的子系统增加，大部分指标下的耦合度与耦合协调度都有所下降，表明随着技术接口及参与方的增多，技术接口信息质量传递效果逐渐降低，该分析结果与该段铁路工程技术接口信息实际传递情况相符。

通过耦合度和耦合协调度的热力图对比，可知：多系统技术接口复合网络在 17 个指标下耦合度远大于协调度，随着系统的增加，技术接口信息质量的耦合协调性呈下降趋势。由图 A-7 可知，第五个系统、第六个系统、第八个系统、第九个系统、第十个系统的耦合协调度更低，表明该标段需加强桥梁与四电工程、隧道与四电工程之间的技术接口信息质量传递，以保证技术接口复合网络整体的信息质量耦合协调性。对于四系统耦合在各项指标下的耦合度及耦合协调度进行绘图分析，如图 A-8 所示。

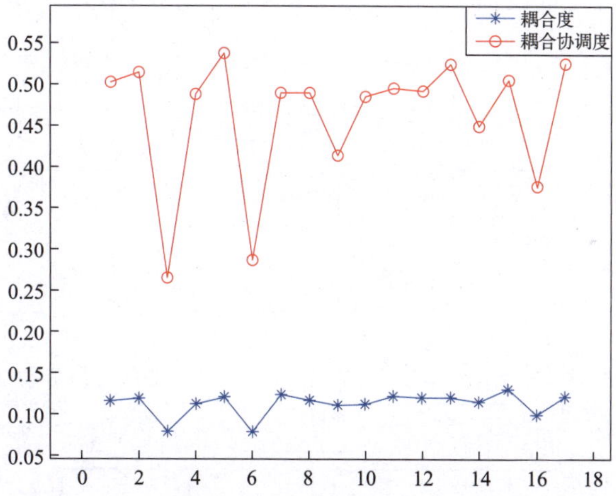

图 A-8　LQSD 系统耦合协调度

由图 A-8 可知，LQSD 复合网络耦合度与耦合协调度数值上相差较大，但反映在指标变化上具有相对一致性，在 2(边数)、5(平均路径长度)、13(一致性)、15(完整性)、17(适量性)等指标较高，表明该标段多系统技术接口复合网络的信息传递过程中在信息标准化处理、内容完整性及信息量等方面较为协调，在 3(网络直径)、6(平均聚集系数)、9(可靠性)、14(时效性)、16(相关性)等指标上较低。因此，为提高该标段多系统技术接口信息质量传递效果，需要进一步加强技术接口信息传递过程中信息的时效性，及时传递更新信息，信息内容应更加符合信息接收方的需求，且信息具有可验证性。通过对以上影响技术接口信息质量的关键因素进行分析以进行重点管理，可为该山区铁路其他标段的技术接口信息质量管理提供参考。

附录 B　铁路工程技术接口信息交换水平评价

为实现高效的技术接口信息交换，提出一种基于 IFAHP-二维云的铁路工程技术接口信息交换水平综合评价模型，确定技术接口信息交换水平，借助 MATLAB 绘制综合评价云图，直观反映综合评价结果，并计算综合评价云与标准云的贴近度，确定最终评价等级。

B.1　技术接口的信息交换

利用任务导向的 DSM 进行精确识别各项接口任务及各接口任务间的信息交换。信息交换是指信息在参与方之间的流通和传递，技术接口信息交换过程如图 B-1 所示。

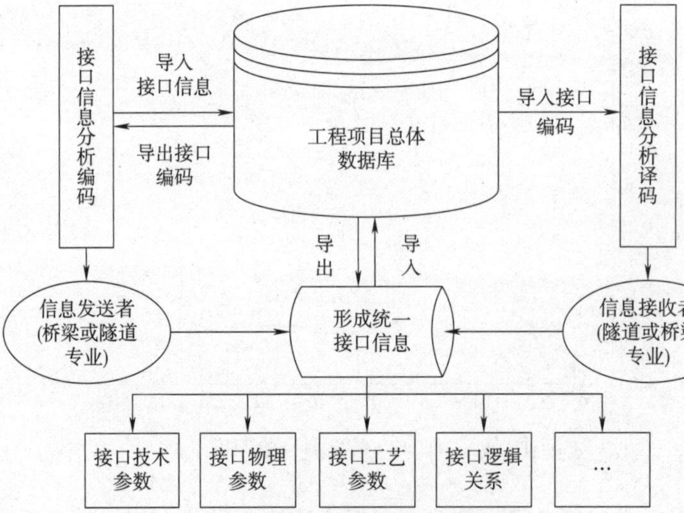

图 B-1　接口信息交换过程

将技术接口用 n 阶 $DSM(i,j)_{n\times n}$ 矩阵表示，n 为桥隧工程接口任务数量，i 和 j 表示桥梁工程和隧道工程的接口任务，如图 B-2 所示。在工程实施过程中，将进度计划中桥梁专业承包商 BC 需要与隧道专业承包商 TC 进行信息交换的工作表示为接口任务 BU，对应 TC 的接口任务为 TU。BC 的接口任务为 $BU_1, BU_2, \cdots, BU_n$；TC 的接口任务为 $TU_1, TU_2, \cdots, TU_n$。以接口任务 BU_1 和接口任务 TU_1 为例，该技术接口信息交换过程如图 B-3 所示。

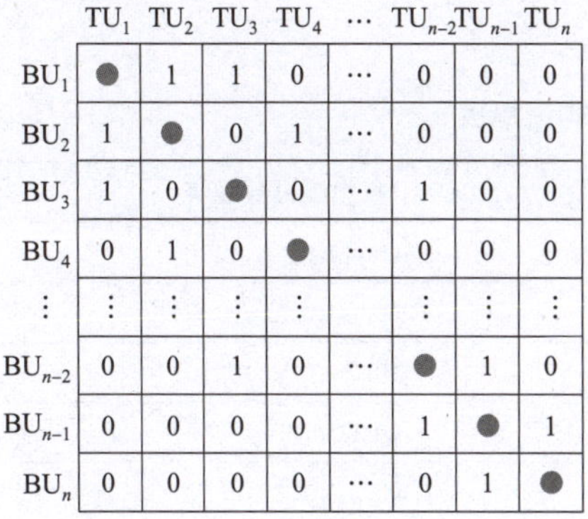

图 B-2　基于接口任务的接口 DSM

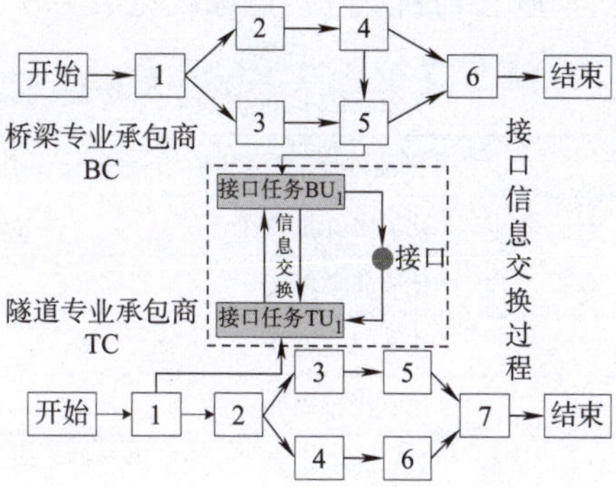

图 B-3　一个接口信息交换过程

B.2　信息交换水平评价指标体系构建

接口信息在两个专业间交换会受到多种因素的影响，这些因素既保障了接口的信息交换，也制约着信息交换的效率和效果。参考现有相关文献，结合技术接口信息交换的特征，考虑技术接口信息交换的实际情况，从信息交换渠道、信息传递能力、信息交换质量、信息交换主体和信息交换速度五个方面出发，筛选出 18 个信息交换制约影响因素，建立的技术接口信息交换水平综合评价体系如图 B-4 所示。

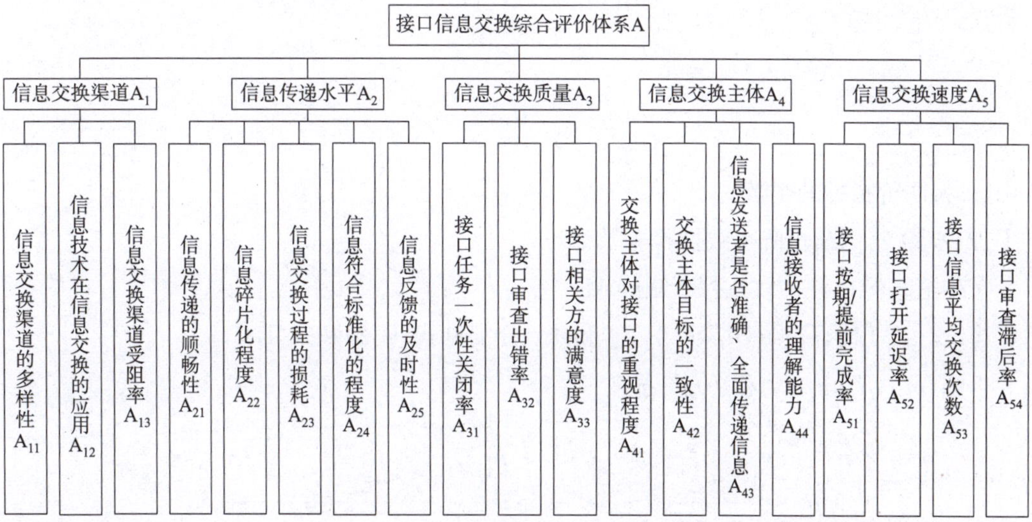

图 B-4　技术接口信息交换综合评价体系

B.3　基于 IFAHP-二维云模型的信息交换水平评价

1. IFAHP 确定指标权重

直觉模糊层次分析法（IFAHP）以直觉模糊集理论为基础，引入犹豫度的概念，使权重确定更合理，其判断矩阵构造标度见表 B-1。

表 B-1　判断矩阵构造标度

重要性比较	直觉模糊数赋值
i 比 j 极其重要	(0.90,0.10,0.00)
i 比 j 非常重要	(0.80,0.15,0.05)
i 比 j 明显重要	(0.70,0.20,0.10)
i 比 j 比较重要	(0.60,0.25,0.15)
i 与 j 同等重要	(0.50,0.30,0.20)
i 比 j 较不重要	(0.40,0.45,0.15)
i 比 j 不重要	(0.30,0.60,0.10)
i 比 j 很不重要	(0.20,0.75,0.05)
i 比 j 极不重要	(0.10,0.90,0.00)

IFAHP 法计算步骤如下：

(1)步骤 1：构建直觉模糊判断矩阵 $\boldsymbol{M}$

专家依据表 B-1 判断指标 i 和指标 j 的相对重要程度，将专家判断数据转化为直觉模糊数，构造直觉模糊判断矩阵 $\boldsymbol{M}$：

$$M(m_{ij})_{n\times n}=\begin{bmatrix}(\mu_{11},\upsilon_{11}) & (\mu_{12},\upsilon_{12}) & \cdots & (\mu_{1n},\upsilon_{1n})\\(\mu_{21},\upsilon_{21}) & (\mu_{22},\upsilon_{22}) & \cdots & (\mu_{2n},\upsilon_{2n})\\ \vdots & \vdots & & \vdots\\(\mu_{n1},\upsilon_{n1}) & (\mu_{n2},\upsilon_{n2}) & \cdots & (\mu_{nn},\upsilon_{nn})\end{bmatrix} \tag{B-1}$$

式中，n 为评价指标的个数。

(2)步骤 2：判断矩阵一致性检验及修正

①构造直觉模糊一致性判断矩阵 $\overline{\boldsymbol{M}}$

当 $j>i+1$ 时，$\overline{m}_{ij}=(\overline{\mu}_{ij},\overline{\upsilon}_{ij})$，$\overline{\mu}_{ij}$ 和 $\overline{\upsilon}_{ij}$ 分别见式(B-2)和式(B-3)；

否则，$\overline{m}_{ij}(\overline{\mu}_{ij},\overline{\upsilon}_{ij})=m_{ij}(\upsilon_{ij},\mu_{ij})$。

$$\overline{\mu}_{ij}=\frac{\sqrt[j-i-1]{\prod_{t=i+1}^{j-1}\mu_{it}\mu_{tj}}}{\sqrt[j-i-1]{\prod_{t=i+1}^{j-1}\mu_{it}\mu_{tj}}+\sqrt[j-i-1]{\prod_{t=i+1}^{j-1}(1-\mu_{it})(1-\mu_{tj})}} \tag{B-2}$$

$$\overline{\upsilon}_{ij}=\frac{\sqrt[j-i-1]{\prod_{t=i+1}^{j-1}\upsilon_{it}\upsilon_{tj}}}{\sqrt[j-i-1]{\prod_{t=i+1}^{j-1}\upsilon_{it}\upsilon_{tj}}+\sqrt[j-i-1]{\prod_{t=i+1}^{j-1}(1-\upsilon_{it})(1-\upsilon_{tj})}} \tag{B-3}$$

②计算 M 是否通过一致性检验

若 M 与 $\overline{M}$ 满足 $d(M,\overline{M})<\tau$（一般情况 τ 取 0.1），则称 M 通过一致性检验。$d(M,\overline{M})$ 为距离测度，见式(B-4)，$\overline{\pi}_{ij}$ 为直觉模糊数 $\overline{m}_{ij}$ 的犹豫度。

$$d(M,\overline{M})=\frac{1}{2(n-1)(n-2)}\times\sum_{i=1}^{n}\sum_{j=1}^{n}(|\overline{\mu}_{ij}-\mu_{ij}|+|\overline{\upsilon}_{ij}-\upsilon_{ij}|+|\overline{\pi}_{ij}-\pi_{ij}|) \tag{B-4}$$

③引入修正因子

若 $d(M,\overline{M})>\tau$，引入一个修正因子 σ 对 M 进行修正（$\sigma\in[0,1]$），使修正后新的直觉模糊判断矩阵 M' 满足一致性检验，见式(B-5)。

若 M' 与 $\overline{M}$ 符合条件 $d(M',\overline{M})<\tau$，称 M' 满足一致性检验；若不满足，调整 σ，直至 M' 符合一致性要求，此时 M' 为最终的判断矩阵。

$$M'=(m'_{ij})_{n\times n},m'_{ij}=(\mu'_{ij},\upsilon'_{ij})$$

$$\begin{cases}\mu'_{ij}=\dfrac{(\mu_{ij})^{1-\sigma}(\overline{\mu}_{ij})^{\sigma}}{(\mu_{ij})^{1-\sigma}(\overline{\mu}_{ij})^{\sigma}+(1-\mu_{ij})^{1-\sigma}(1-\overline{\mu}_{ij})^{\sigma}}\\[2ex]\upsilon'_{ij}=\dfrac{(\upsilon_{ij})^{1-\sigma}(\overline{\upsilon}_{ij})^{\sigma}}{(\upsilon_{ij})^{1-\sigma}(\overline{\upsilon}_{ij})^{\sigma}+(1-\upsilon_{ij})^{1-\sigma}(1-\overline{\upsilon}_{ij})^{\sigma}}\end{cases} \tag{B-5}$$

(3)步骤 3：计算指标权重

基于步骤 2 得到的 M'，计算指标直觉模糊权重 w_j^*：

$$w_j^*=(\mu_{ij}^*,\upsilon_{ij}^*)=\left[\frac{\sum_{i=1}^{n}\mu_{ij}}{\sum_{i=1}^{n}\sum_{j=1}^{n}(1-\upsilon_{ij})},1-\frac{\sum_{i=1}^{n}(1-\upsilon_{ij})}{\sum_{i=1}^{n}\sum_{j=1}^{n}\mu_{ij}}\right] \tag{B-6}$$

利用式(B-7)对 w_j^* 进行量化处理：

$$C(j)=\mu_j^*+\pi_j^*\left(\frac{\mu_j^*}{\mu_j^*+\upsilon_j^*}\right),j=(1,2,\cdots,n) \tag{B-7}$$

最终，得到量化的指标权重 ω_j：

$$\omega_j=C(j)\Big/\sum_{i=1}^{n}C(j) \tag{B-8}$$

2. 基于二维云模型的评价模型

(1)二维云基本理论

云模型用 Ex 表示期望，描述云滴的定性特征；En 表示熵，度量云滴定性特征模糊性的范围；He 表示超熵，是 En 的熵，能够反映云滴凝聚性，体现出定性特征的模糊度和随机度。二维云模型可以综合描述评价两个维度的因素共同影响的随机性和模糊性问题，解决单一维度无法全面描述问题的弊端。

假定 F 为二维随机函数，其分布服从正态分布，Ex 和 Ey 表示两个维度样本的期望值，Enx 和 Eny 分别表示其标准差。符合式(B-9)的云滴 drop(x_i，y_i，μ_i)构成的二维云模型，称为二维正态云模型。

$$\begin{cases}(x_i, y_i)=F(Ex, Ey, En_x, En_y) \\ (P_{x_i}, P_{y_i})=F(En_x, En_y, He_x, He_y) \\ \mu_i=e^{-\frac{1}{2}\left[\frac{(x_i-Ex)^2}{P_{x_i}^2}+\frac{(y_i-E_y)^2}{P_{yi}^2}\right]}\end{cases} \tag{B-9}$$

式中，x_i 和 y_i 为云滴坐标；P_{x_i} 和 P_{y_i} 为条件云滴坐标；μ_i 为隶属度。

(2)标准云

通过咨询专家、查阅相关文献及成果，将指标以十分制评分，均分为五个标准评级区间，各评价等级为 $V=\{$优秀，良好，一般，较差，极差$\}$。评级区间的取值范围、等级描述和数字特征见表 B-2。标准云的数字特征计算见式(B-10)。

表 B-2　标准云评价等级及数字特征

综合评价等级	取值区间	效果等级描述	效率等级描述	综合等级描述	数字特征
优秀	[8,10]	效果极好	效率极高	效率很高且达到极好效果	(9,0.33,0.05)
良好	[6,8)	效果较好	效率较高	效率较高同时达到较好效果	(7,0.33,0.05)
一般	[4,6)	效果一般	效率一般	完成效率一般且达成效果一般	(5,0.33,0.05)
较差	[2,4)	效果较差	效率较低	效率较低同时效果较差	(3,0.33,0.05)
极差	[0,2)	效果极差	效率极低	效率和效果都处于最差水平	(1,0.33,0.05)

$$\begin{cases}\overline{Ex}=\dfrac{x_{z,\min}+x_{z,\max}}{2} \\ \overline{En}=\dfrac{x_{z,\min}-x_{z,\max}}{6} \\ \overline{He}\in\left[\dfrac{Ex}{100},\dfrac{En}{10}\right]\end{cases} \tag{B-10}$$

式中，$\overline{Ex}$，$\overline{En}$ 和 $\overline{He}$ 为标准云的期望、熵和超熵；$x_{z,\max}$ 和 $x_{z,\min}$ 为第 z 个评级区间的上、下限。

(3)综合评价云

接口信息交换的水平由信息交换的效率和效果共同反映，以选取的评价指标为度量，以信息交换水平的效率等级和效果等级作为综合评价结果的二维基础变量进行分析。邀请有丰富经验的专家对指标打分，打分精度取 0.1。每个指标的效率和效果的分值分别形成相应的云滴，全部云滴组成该指标体系的效率云和效果云，称为二维综合评价云。综合评价云的数字特征见式(B-11)，运用逆向云发生器形成二级效率云和效果云的数字特征。

$$
\begin{cases}
Ex = \dfrac{1}{t}\sum\limits_{k=1}^{t} x_k \\
En = \sqrt{\dfrac{\pi}{2}} \times \dfrac{1}{t}\sum\limits_{k=1}^{t} | x_k - Ex | \\
He = \sqrt{| S^2 - En^2 |} \\
S^2 = \dfrac{1}{t-1}\sum\limits_{k=1}^{t} (x_k - Ex)^2
\end{cases}
\tag{B-11}
$$

式中，Ex 为样本期望；t 为样本数量（专家数量）；x_k 为第 k 位专家的打分值；En 为熵；He 为超熵；S^2 为样本方差。

将 IFAHP 得出的效率权重矩阵和效果权重矩阵分别与对应的数字特征矩阵相乘，得到一级效率云和效果云的数字特征：

$$
C = \omega \begin{pmatrix} Ex_1 & En_1 & He_1 \\ \vdots & \vdots & \vdots \\ Ex_n & En_n & He_n \end{pmatrix} = (Ex', En', He')
\tag{B-12}
$$

式中，Ex'，En'和 He'为上一级评价指标的期望、熵和超熵。

(4)综合评价云图

将一级综合评价云的数字特征输入 MATLAB，利用正向云发生器生成综合评价云图，将综合评价云图与标准云图对比，得出技术接口信息交换水平的等级。

(5)贴近度

为避免综合评价云图与两个等级的标准云图都具有相近性，从而影响评价等级的判断，利用式(B-13)计算综合评价云图和五个等级标准云图的贴近程度，选取最大贴近度为最终评价等级。

$$
D = \frac{1}{\sqrt{(Ex - \overline{Ex})^2 + (Ey - \overline{Ey})^2}}
\tag{B-13}
$$

式中，D 为贴近度；Ex 和 Ey 为综合评价云效率和效果的期望值；$\overline{Ex}$ 和 $\overline{Ey}$ 为标准云效率和效果的期望值。

B.4 成果应用

选取某山区铁路某标段技术接口为研究对象，邀请 8 位有丰富铁路工作经验的专家根据实地调研对指标信息交换的效率和效果进行打分，利用式(B-1)～式(B-8)计算得到综合评价效率云的二级指标的 IFAHP 权重为 w=(0.069 7，0.075 4，0.076 4，0.061 9，0.044 3，0.072 3，0.056 7，0.059 5，0.054 6，0.050 9，0.064 4，0.047 9，0.057 2，0.045 7，0.050 5，0.041 9，0.037 8，0.032 9)；一级指标权重为 w=(0.145 1，0.311 6，0.165 0，0.215 2，0.163 1)。

同理得出效果云的二级指标 IFAHP 权重为 w=(0.074 9，0.072 5，0.069 7，0.055 6，

0.046 7,0.074 9,0.041 9,0.060 8,0.057 9,0.038 2,0.073 7,0.055 8,0.059 7,0.061 9,0.046 8,0.038 9,0.035 6,0.034 5),一级指标权重为 w=(0.147 4,0.288 8,0.156 9,0.251 1,0.155 8)。

将二级指标的分值代入式(B-11)得出二级效率云和效果云的数字特征;再由式(B-12)得出一级指标评价云的数字特征,进一步得到信息交换水平综合评价云的数字特征。将算得的综合评价云的数字特征和标准云数字特征输入 MATLAB 中,利用正向云发生器代码生成三维综合评价云图,如图 B-5 所示。为使综合评价等级更清晰,给出信息交换水平的综合评价云俯视图,如图 B-6 所示。

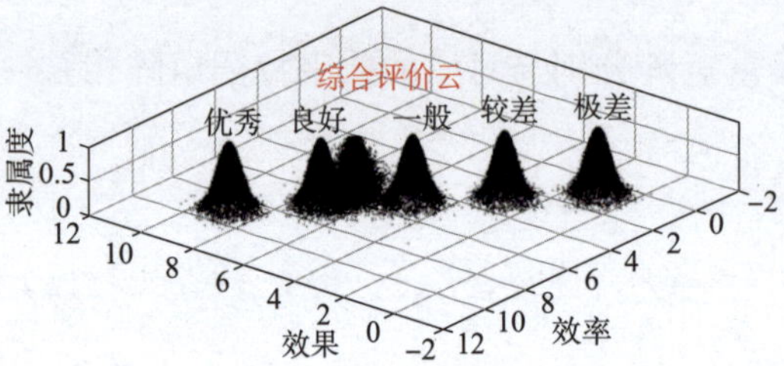

图 B-5 综合评价云图

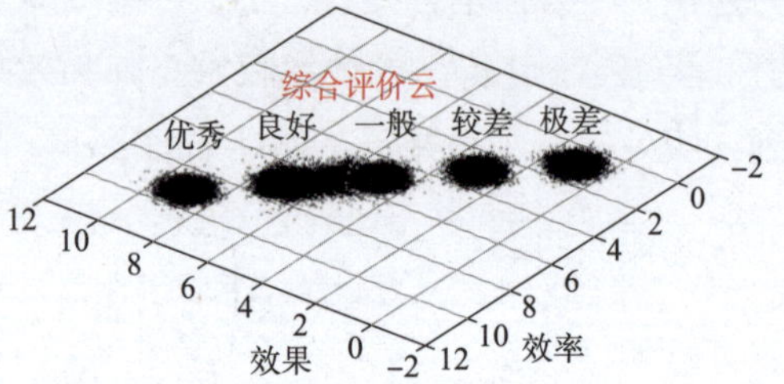

图 B-6 综合评价云俯视图

根据式(B-14)计算综合评价云与标准云的贴近度,计算结果为 D_1=0.134 7、D_2=0.215 5、D_3=0.557 2、D_4=0.968 8、D_5=0.259 7。根据贴近度计算结果,得到技术接口信息交换的水平处于良好等级,技术接口信息交换水平有待优化提升。